JN241147

営業なし・広告なしで
問い合わせ月1,000件／月400件受注してわかった

営業してない相手から
"契約したい"と言わせる

マーケティング
の
全施策
60

株式会社SAKIYOMI｜執行役員CMO

田中龍之介

Ryunosuke Tanaka

ブックダム

この4つの重要な問いに
答えることができますか？

Q1 マーケ施策の優先度は、どのように決めるべきですか？
→事業の勝ち筋が見つかる&売上UP

〈 BtoBマーケ戦略の考え方は大きく3パターン 〉

1 ▶ 事業/経営視点：優先順位は受注に近い順

2 ▶ 顧客/業界別：顧客視点×ビジネスモデルで4つに分類

3 ▶ ボトルネック別：基準値との比較→課題を特定する

⌄

第2章を参照して戦略を見直す

Q2 BtoBマーケの施策は何から取り組めば良いですか？
→全60施策の優先順位がわかる&リード数UP

⌄

第3章を参照してマーケ施策を見直す

Q3 リードが増えても、受注が増えない原因は何ですか？

→各マーケ施策の設計を見直す＆アポ率/受注率アップ

第2章を参照してマーケ施策の設計を見直す

Q4 自社のマーケにおいて何が一番ネックですか？

→数値でボトルネックを特定できる＆受注数UP

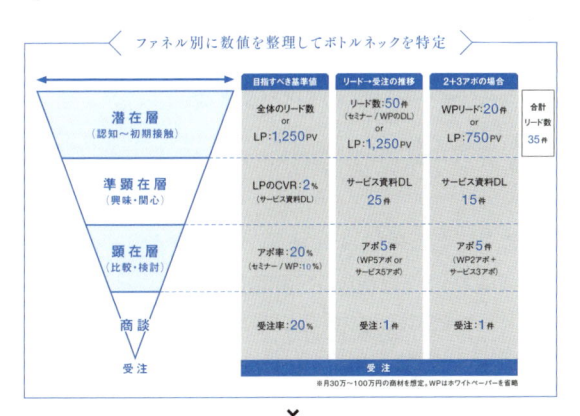

第2章を参照してボトルネックを見直す

CONTENTS

第3章

全60のマーケティング施策 ~各施策のKPIと成功例~

CONTENTS

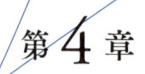

第4章

【本質論】
マーケティングとは○○である。

第5章
誰もが失敗する！
7つのよくあるマーケ課題と解決策

第 6 章

月間5,000リード獲得までの 全戦略とプロセス（4年分）

終 章

これらのテクニックではなく "本当に重要なもの"

〈 本書の全体像 〉

Step1
**BtoBマーケティングを
正しく理解する**

〈0章〉
未経験→たった4年で平均5,000/月リードを
獲得できた本当の理由

〈1章〉
マーケが弱い＝不戦敗になる時代

Step2
**BtoBマーケティングの
戦略を学ぶ**

〈2章〉
マーケティング戦略は全部で3パターン
→「今、どのマーケ施策に注力すべきか」
　が見つかる！

Step3
**BtoBマーケティングの
施策を学ぶ**

〈3章〉
全60のマーケティング施策
－各施策のKPIと成功例－
→実際に改善したい施策のポイントと参考例を
　辞書のように探すなら3章をチェック！

Step4
**BtoBマーケティングの
本質を学ぶ**

〈4章〉
【本質論】
マーケティングとは〇〇である

Step5
実践データを学ぶ

〈5章〉
誰もが失敗する！
7つのよくあるマーケ課題と解決策

〈6章〉
月間5,000リード獲得までの全戦略とプロセス
（4年分）

Step6
**特典のテンプレを
受け取って実践する**

〈公式LINEで配布〉
・数値管理シート
・各施策の穴埋めテンプレ
・合計150以上のマーケ図解集

－ 事業成長に必要なすべてを網羅 －

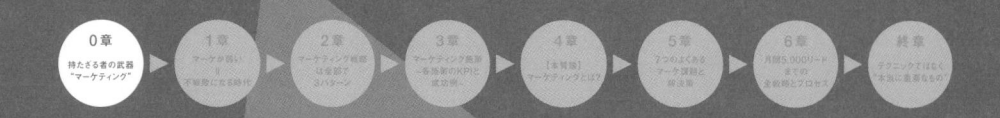

0章
持たざる者の武器
"マーケティング"

1章
マーケが弱い
＝下剋上な時代

2章
マーケティング戦略
は全部で3パターン

3章
マーケティング施策
〜各施策のKPIと
成功例〜

4章
【本質編】
マーケティングとは？

5章
7つのよくある
マーケ課題と解決策

6章
月間5,000リード
までのマーケ
全戦略とプロセス

終章
テクニックではなく
"本当に重要なもの"

第0章

未経験→たった4年で平均5,000/月 リードを獲得できた本当の理由

人もお金もブランドも"まだ"一切ない
「持たざる者」が逆転できる勝ち筋を
見つけるための武器。

それが「マーケティング」です。

まず、本章ではこの武器を手に入れた結果、
SAKIYOMIが築き上げてきた実績をシェア
します。

きっと、ほとんどの企業が現実では最初の
勝ち筋を見つけられずに苦戦しているはずです。

まずはあなたがこの本の内容を実践することで、
どんな事業成長の未来が待っているのか？

それを実感すると共に、一緒に本書を読み進める
良いスタートを切りましょう。

「今日でこの事業は撤退します」

　次の日、オフィスに行くと私以外のメンバーは誰もいませんでした。
憧れていた先輩も、一緒に歯を食いしばりながら頑張っていた同期も。

　空っぽのオフィスを見て、初めて「今までの当たり前の日常」がもう戻っ
ては来ないことに気づきました。

　コロナ禍の緊急事態宣言の中、たった1日で全てが変わったあの日のこと
は、今でもふとした時にフラッシュバックします。

　最初の1年目は「この時の悔しさ」と「自分の情けなさ」が自分自身を奮
い立たせてくれました。

　私の「マーケティング」に没頭するキャリアはこの日から始まったのです。

はじめまして。株式会社SAKIYOMI 執行役員CMOの田中 龍之介です。

まずは自己紹介として、これまで私が自社のマーケティングにて、1つずつ積み重ねてきた実績を記載します。

24歳で 上場企業グループの **最年少執行役員** CMOに	月間最大 **6,000件の** リード獲得	広告費ゼロで 毎月**1,000件の** リード獲得が安定
新規事業を 連続的に立ち上げ ⇩ 初月から黒字化 2年で事業数は **3つ▶9つに**	コロナで事業撤退 ⇩ 3年で**売上16倍** 組織規模は4名から **500名**に拡大	オウンドメディア 月間**50万**PV YouTube登録者 **2.7万**人 Instagramフォロワー **8.3万**人

章タイトルにある通り、私は**当初"BtoBマーケティング"という言葉すら知らない未経験者**でした。

そして在籍していた会社である当時のSAKIYOMIは……

- 知名度は低く、誰も知らない無名のベンチャー企業
- 競合が多い（後発でInstagram運用支援の業界に参入）
- サービスにこれといった競合優位性はない（これからの段階）
- 資金調達もしていないため、お金に余裕もない（広告費0円からスタート）

- 代表の紹介とアウトバウンドのテレアポで数件案件を受注しただけ
- 従業員も少なく、マーケティングに使えるリソースは自分のリソースのみ
- 社内に相談できる「BtoBマーケティング」の知見者は誰もいない

という状況でした。

　人もお金もブランドも"まだ"一切ない「持たざる者」が、逆転できる勝ち筋を見つけるためには、何かしらの「武器」が必要でした。

　「何もない」状況から事業の急成長を生み出すための武器、それが"マーケティング"でした。

　コロナを機に営業活動がオンライン化され、BtoBであろうとBtoCであろうと、この「マーケティング力の差」が事業成功の分かれ目になることは、なんとなく感じていました。

　実際に、コロナでオフィスにテレアポしても一切つながらず、アウトバウンドでは事業がつぶれると危機感を覚えました。

　このような背景で、SAKIYOMIでゼロから「BtoBマーケティング」を立ち上げるべく、あらゆる記事や本を読みました。

　しかし、その結果わかったことは、世の中の多くのコンテンツが参考にならないという"絶望"でした。

　どうしても、マーケティングの成功事例は有名な大手企業だからこそできる大胆な施策が多く、今の「持たざる者」が明日から何をすれば良いのか、そのリアルで生々しいノウハウは中々表に出てこないのです。

例えば、有名な某外資系企業出身の著者が書いたマーケティング本を読んでも、

「マーケティングの概念は理解できた！」

「とはいえ、ブランド力も潤沢なリソースもない、そんな自分たちが今月の売上目標達成のために、どんなマーケティングをしたら良いかは何も分からない…！」

これが当時の正直な感想でした。

加えて、SAKIYOMIにとって必要な「マーケティング（武器）」は「従来のマーケティング手法」ではありませんでした。それもそのはず、どの競合企業も「従来のマーケティング手法」は当たり前のように実施しているのです。

同じ戦い方をしていると当然
・**ブランド力がある方が有利**
・**社内の人的リソースが多い方が有利**
・**マーケティング予算が多い方が有利**
となってしまいます。

だからこそ、1つずつ自分なりに仮説検証を繰り返し、後発で立ち上げたばかりの自社でも上手くいく、そんな独自の「**マーケティングの勝ちパターン**」を泥臭く模索し続けました。

一時期は、3ヵ月間で100本の記事を書きましたし、広告クリエイティブを1ヵ月間、毎日ひたすら自分で作っていた時もありました。

その結果として、自分なりのマーケティング手法を確立することができ、3年間でBtoBマーケティングの基盤を築き上げ、多くの成果を残すことができきました。

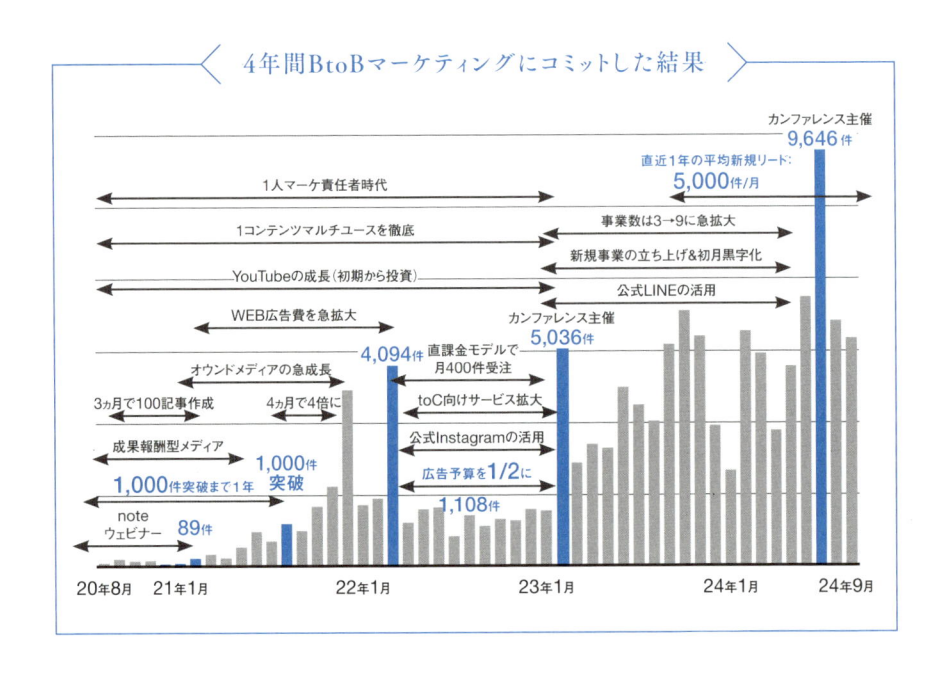

今思えば「持たざる者」で潤沢なリソースがなかったがゆえに、

そして「未経験」だったがゆえに、逆に従来のWEBマーケティングの当たり前にとらわれず、**「最短でゼロからでも成果を出せる」**自分なりの新しい勝ちパターンを見つけることができたのだと思います。

想像してみてください。

> もし、毎月1,000件の問い合わせが、広告費なしで安定して入ってくるようになったら？
>
> もし、前のめりなお客様ばかり商談にきて、受注率が2倍になったとしたら？
>
> もし、自社が業界の第1想起を取り、別業界のTOPとアライアンスを組めたら？
>
> もし、新規サービスを優位な状態から立ち上げられるとしたら？

　無駄なテレアポに疲弊することはなくなります。そして、**営業していない相手から「契約したい」と言われ、労せずして利益が上がるよう**になります。優れたマーケティングは、営業を不要にするのです。その結果、事業のさらなる伸び代に集中することができます。

　どれも夢物語ではなく、**無名のベンチャーだった"SAKIYOMI"が"マーケティング"という武器を手にすることで得たもの**です。

　本書では私が培ってきたこの"武器"を生々しい実践データとともに余すことなく皆さんに全公開します。

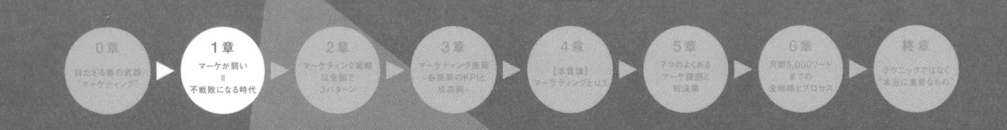

0章
持たざる者の武器
「マーケティング」

1章
マーケが弱い
＝
不戦敗になる時代

2章
マーケティング戦略
は全部で
2パターン

3章
マーケティング施策
→各施策のKPIと
成功例

4章
【水質論】
マーケティングとは？

5章
アラガちよくある
マーケ課題と
解決策

6章
月間5,000リード
までの
全戦略とプロセス

終章
テクニックではなく
"本当に重要なもの"

第1章

マーケが弱い＝不戦敗になる時代

「BtoBマーケティングには勝ちパターンがある」

これは実際に、全マーケ施策を0から
立ち上げた結果、気づいたことです。

「BtoBマーケティングは持たざる者にとって、
　"逆転を可能にする唯一の武器"である」

そんなことを0章では述べましたが、これは
逆に言えば、この武器を持たないことが
"いかに深刻な問題か?"ということでもあります。

世の中に似たようなサービスがありふれた今、
自社のサービスを選んでもらうまでの道のりは
決して簡単ではありません。

だからこそ、思う存分に本書の内容を学び、
"先人の知恵"をうまく活かしながら、

最短距離で事業の成長に、そして社会の発展に
繋げてください。

購入先候補に選定されるのは
3.8社だけという真実

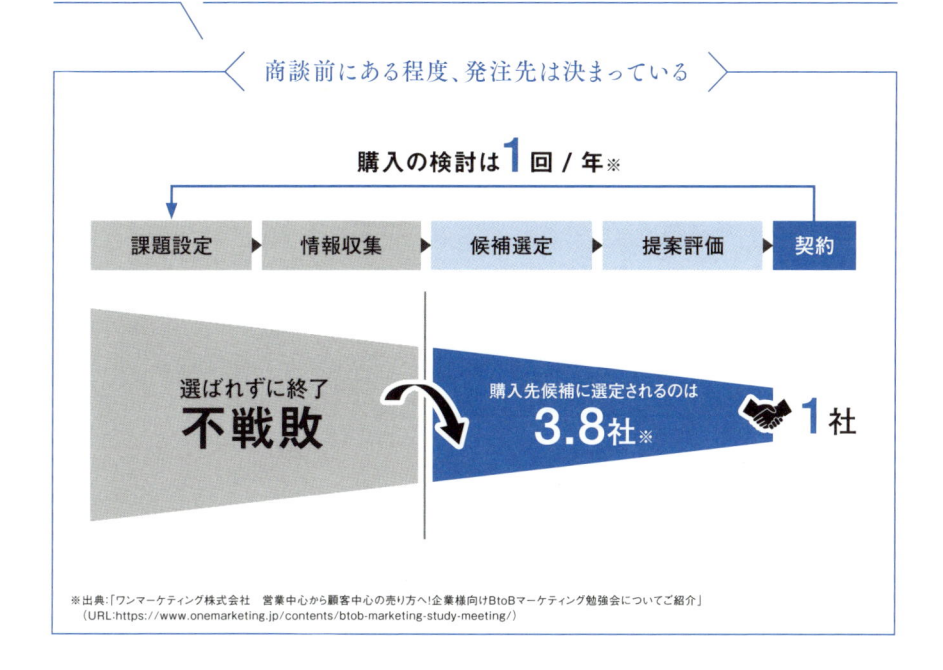

商談前にある程度、発注先は決まっている

購入の検討は **1**回／年※

課題設定 ▶ 情報収集 ▶ 候補選定 ▶ 提案評価 ▶ 契約

選ばれずに終了
不戦敗

購入先候補に選定されるのは
3.8社※　**1**社

※出典：「ワンマーケティング株式会社　営業中心から顧客中心の売り方へ！企業様向けBtoBマーケティング勉強会についてご紹介」
（URL:https://www.onemarketing.jp/contents/btob-marketing-study-meeting/）

　まずは上の図を見てください。コロナの影響で、企業の購買プロセスは劇的に変わりました。以前なら営業マンの巧みなトークが勝負を決めていましたが、今や顧客の57%が商談の前に意思決定を終えています。

　みなさんも直近の経験で、「**商談前にある程度発注先を決めている**」ことが増えているのではないでしょうか？
　コロナ前のオフライン時代と違い、情報収集から比較・検討まで、すべてオンラインで済ませるのが当たり前になりました。

そもそも企業がサービスを導入する際、日常的に認知している企業は4〜5社。その中で実際に問い合わせをするのはたったの3社です。**この「認知される3社」に入らない限り、競争の土俵にすら立てない**のです。そして、この3社に入るためにはBtoBマーケティングが鍵を握ります。

もしあなたが今、アウトバウンドのテレアポや紹介営業に依存して新規開拓をしている場合は、一度立ち止まる必要があります。アウトバウンドの営業スタイルはあくまでもフロー型のため短期的であり、中長期的なアセット（事業の資産）は構築できません。

当然、いつまで経っても「認知される3社」に入れず、アウトバウンド営業への依存による不安定さから脱却できないのです。どの企業も遅かれ早かれ「BtoBマーケティング」に注力することは避けては通れません。

この書籍はまさに
・BtoBマーケティングに注力するきっかけを生み出すこと
・注力した場合の成功率を最大化すること
を目的として執筆しました。

受注が伸びずに悩んでいたり、マーケティングの重要性に気づいてはいるけれども、何をすればいいかわからない状況にある方は本書を読み、私のこれまでの"実践知"を思う存分にインストールして、最短距離で事業成長へと繋げてください。

BtoBマーケティングには勝ちパターンがある

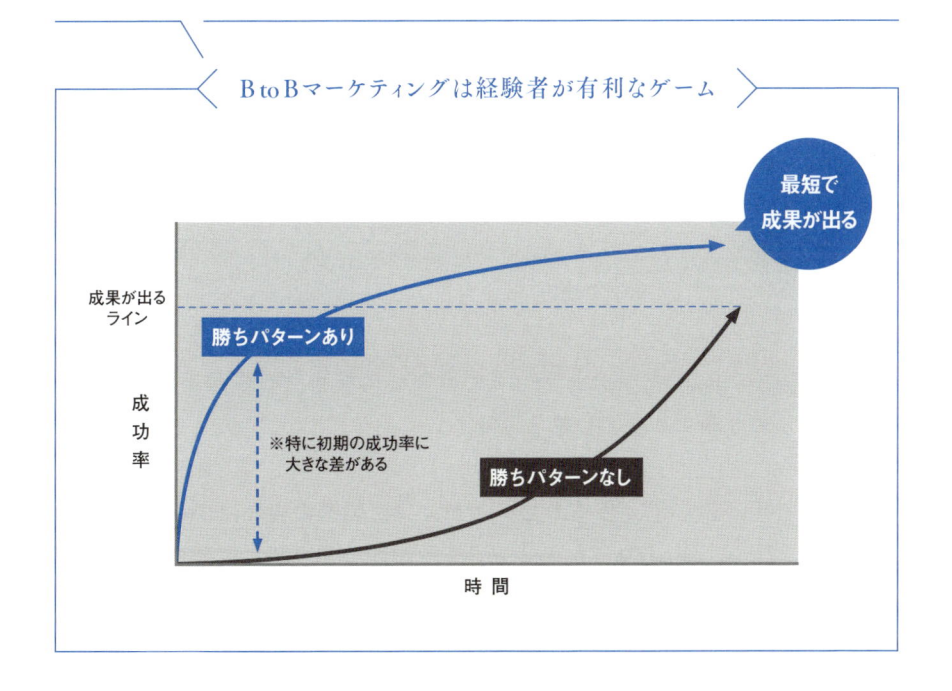

一通りのBtoBマーケティングの施策を経験した今だからわかること。

それは、「BtoBマーケティングはBtoCマーケティングと比べて、**意思決定が合理的なので再現性が高い**」ということです。つまり、経験者ほど有利なゲームなのです。

もしもう一度昔のようにゼロから立ち上げるのであれば、**最短距離で、かつ成功する確率も高めて、取り組める**自信があります。

それだけBtoBマーケティングは、先人の知恵を学ぶことによる恩恵を受

けやすいということであり、それはつまりこの本を通じて皆さんがより再現性高く、成果を出しやすいということです。

対照的に、BtoCマーケティングは勝ちパターンが抽象的で、明確なセオリーが存在しません。

一般の消費者を対象としているため、どうしても顧客属性（年齢、性別、収入、趣味、ライフスタイル）が多様で、それぞれのニーズや好みが異なります。しかも消費者の意思決定は必ずしも合理的ではなく、感情やブランドイメージ、口コミ、広告に影響されます。

したがって、BtoCマーケティングでは個別に最適な戦略が変わり、再現性はどうしても低くなってしまうのです。

それにもかかわらず、**多くのマーケティング関連の書籍はBtoC向けのものであり、私も、BtoBマーケティングをゼロから学ぶ時には頼れる"バイブル"が見つからずに苦労しました。**

そんな経験をしたからこそ、本書は当時の自分のように「これからBtoBマーケティングに注力する方」にとって、先人の知恵が詰まった頼れる"バイブル"となるように徹底的にこだわって作りました。

第2章

マーケティング戦略は全部で3パターン

「やること多すぎ、何から始めればいいの…」

「今取り組んでいる施策で大丈夫…!?」

「誰か教えてくれ…!」

これらは私の実体験にもとづいています。

しかし、他社のマーケターや経営者からも
こういった相談をいただくにつれ、

実は同じように悩んでいる人も多いのでは?と
考え、この2章を執筆することにしました。

もちろん、事業は生き物です。

変化する社会において明確な答えなどありません。
ただ当時、私は先人の知恵や体験談を知ることで
一気に視界が晴れました。

あなたにとって、
この章のフレームワークが、事業を前進させる
ための一つの判断軸となることを願っています。

BtoBマーケティングはやるべきことが山ほどあります。

「どこから手をつければいいの？」

「全部やるのは無理じゃない？」

と悩むことが多いでしょう。しかし、すべてを完璧にやる必要はありません。ポイントは、自分たちの事業戦略上「**ここから始めるべき**」という**優先順位を見極める**ことです。

この章では、以下の3つの視点からBtoBマーケティングの施策を整理し、自社に最適な戦略とその優先順位を見つけるための方法を紹介します。

BtoBマーケ戦略の考え方は大きく3パターン

1 ▶ 事業/経営視点：優先順位は受注に近い順

2 ▶ 顧客/業界別：顧客視点×ビジネスモデルで4つに分類

3 ▶ ボトルネック別：基準値との比較→課題を特定する

---

1. **事業/経営視点**：優先順位は受注に近い順
2. **顧客/業界別**：顧客視点×ビジネスモデルで4つに分類
3. **ボトルネック別**：基準値との比較→課題を特定する

これらの観点から第3章に記載する60個の施策を整理し、自社に最適な戦略を見つける手助けをします。次に、それぞれの視点について詳しく見ていきましょう。

観点1. 事業/経営視点 優先順位は受注に近い順

―自社の事業戦略にもとづいて、最も効果的な施策を見つける―

事業成長のカギはマーケ予算増加の好循環にあり

　元も子もない話をしますが、マーケティングで成功するためには、まず**マーケティング予算を増やす**ことが重要です。そのためには事業を成長させ、売上を増やすことが必要です。

　結果、マーケティング予算が増え、さらに事業を伸ばすための次なる投資ができるようになります。

　そしてここには「規模の経済」のような効果が働きます。
　許容できるマーケティング予算が大きければ大きいほど、同時に動かせるマーケティング施策の数が増えるのです。

　そうすると各マーケティング施策のシナジーが生まれ、ますます各施策の成功確率は上がります。この好循環を作ることは、事業責任者や経営者として欠かせない観点なのです。

受注に近い順に施策を進めるのが成功の鉄則

　この好循環を生み出すためにまず取り組むべきは、マーケティングファネルで考えた時に受注に近い施策です。

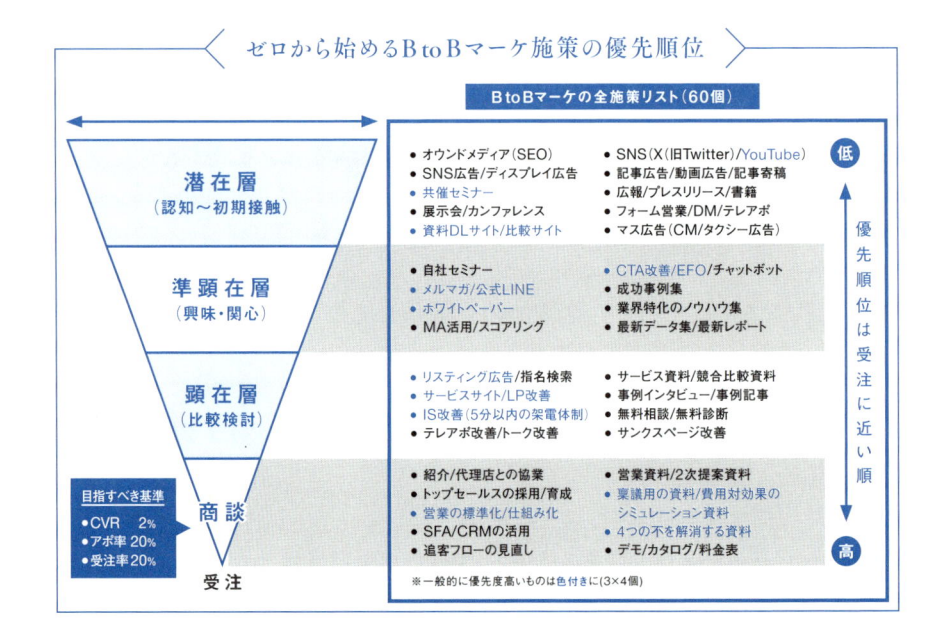

受注に近いということは基本的には、

・施策の実施から受注までのタイムラグが短い（すぐ結果に反映される）

・必要な予算が少ない（工数が少ない）

・難易度が低い（再現性が高い）

ということになります。

　逆に遠いとマス広告やコンテンツマーケティングのようにお金や時間がかかり、再現性も低くなります。また、これらの施策は単発の投資ではあまり意味がなく、中長期的に投資し続けることが重要になってきます。

　「売上が増える→マーケティング予算が増える」の好循環を作るためにも、

真っ先に改善すべきは「受注に近い」営業系の施策やマーケティングの中でも「顕在層」に近いLP改善です。

よくある失敗例：
いきなり潜在層向けにマーケティング施策を打ち、費用対効果が見合わない

　足元が整っていない状態で、ファネルの初期段階（潜在層：認知〜初期接触）に大きな広告予算を投下してしまうことがあります。

〈例：アポ率5％・受注率5％の場合〉
・CPA：2,000円
・アポ単価：4万円
・受注単価：80万円

　CPAはかなり安いにもかかわらず、アポ率と受注率が悪いために、商材の単価によっては費用対効果が見合わない、という判断になってしまうでしょう。でも本来は、この広告のクリエイティブや施策自体は、パフォーマンスが良い可能性があります。

　実際に、

アポ率や受注率が改善した後に今まで成果の出なかった
マーケティング施策を試す

一気に費用対効果が合うようになる

　こんなケースはよくあることです。改めて、次のページで目指すべき数字の基準とセットで整理しておきます。

顕在層 or 潜在層：どこに力を入れるべきか？

▼顕在層向けの施策の特徴（まずはここから）

- 成果が早く出る：短期間で結果が見える
- 難度が低く、再現性が高い：少ない変数でコントロールしやすい
- 予算が少なくて済む：営業マンのスキル改善などで対応可能
- 1件の商談改善で1件の受注につながる
- ただし、ブランドの中長期的な差別化にはならない

▼潜在層向けの施策の特徴

- 成果が出るまで時間がかかる：長期間の施策が必要
- 難度が高く、再現性が低い：複雑な変数が多く絡む
- 予算が大きくなる：マス向けの施策は大きな予算が必要
- 多くのリード改善が必要：
  例）100件のリード改善→10件商談→1件の受注
- ただし、ブランドの中長期的な差別化おいては一番重要

▼目指すべき基準:どの数値を基準に判断すれば良いか？

- LPのCVR2%
- アポ率20%
- 受注率20%

※上記を下から順に整えていきます。

観点2. 顧客/業界別
顧客視点×ビジネスモデルで4パターンに分類

多くの企業が直面している事業課題は、リード数を増やすことです。

例えば、広告やSEOなどの施策が有名ですが、**ユーザーがどこで情報収集しているかを理解しないと、施策がズレてしまいます。**

マーケティング戦略において"差がつく部分"と"共通する部分"

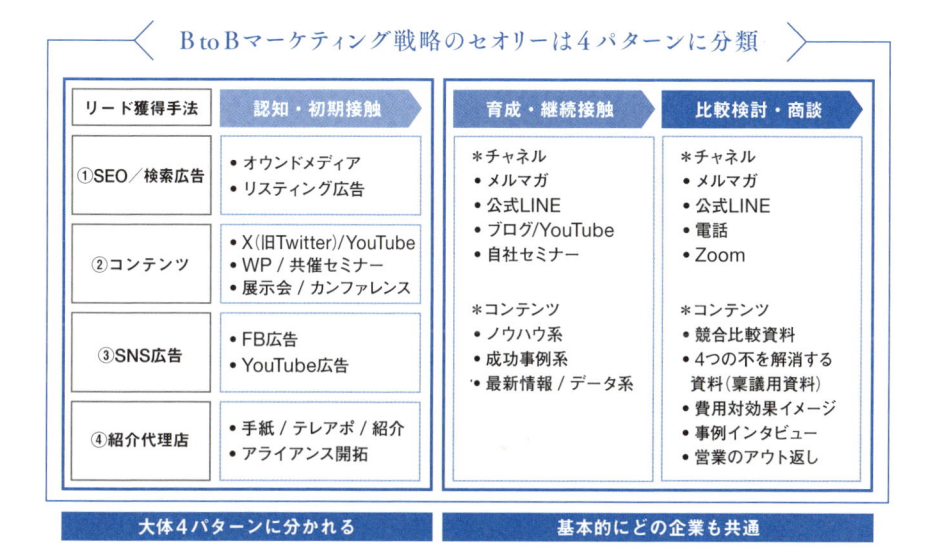

BtoBマーケティング戦略のセオリーは4パターンに分類

リード獲得手法	認知・初期接触
①SEO／検索広告	• オウンドメディア • リスティング広告
②コンテンツ	• X(旧Twitter)/YouTube • WP / 共催セミナー • 展示会 / カンファレンス
③SNS広告	• FB広告 • YouTube広告
④紹介代理店	• 手紙 / テレアポ / 紹介 • アライアンス開拓

育成・継続接触	比較検討・商談
*チャネル • メルマガ • 公式LINE • ブログ/YouTube • 自社セミナー	*チャネル • メルマガ • 公式LINE • 電話 • Zoom
*コンテンツ • ノウハウ系 • 成功事例系 • 最新情報 / データ系	*コンテンツ • 競合比較資料 • 4つの不を解消する資料(稟議用資料) • 費用対効果イメージ • 事例インタビュー • 営業のアウト返し

大体4パターンに分かれる　　**基本的にどの企業も共通**

顧客との接点は、**SEO／検索広告、コンテンツ、SNS広告、紹介・代理店**の4つに分類できます。これらをもとに、60個ある施策の中から自社に最適なものを選び出します。

逆に、顧客との接点を作った後（リード獲得をした後）は、図にある通り、どの企業も基本的には共通した施策を実施します。

　つまり何が言いたいかというと、「**マーケティング戦略（何に注力するかの意思決定）の差分＝顧客との接点をどこで作るのか？**」に大部分が集約されるのです。

　例えば競合サービスに対して、マーケティングで優位に立つことを目指すなら、この **"初期接点の作り方"が勝負を分ける構造になりやすい**ということです。

　さきほど、第1章で「顧客の選ぶ3.8社に入らなければ不戦敗になる時代」だと解説しましたが、その観点からも、より競合との勝敗はこのリード獲得チャネルが左右するようになっています。

> ## Point：「How to play よりも Where to play」
> ### まずは自分たちが戦う場所（マーケチャネル）を見極める

リード獲得チャネルはどの基準で4パターンに分類されるのか？

分岐①検索ボリュームの有無の判断基準

　まずは検索ボリュームが「ある」「なし」で分岐します。

　その理由は、今でもやはりBtoBにおいて情報収集の主流は「Googleの検索」だからです。検索されるかどうかがマーケティング施策の分かれ目となります。

　例えば、「リードを100件獲得したい」とした際に、CVR2％だとすると5,000PVが必要です。5,000PVを獲得するための検索ボリュームがなければ当然目標のリード数には到達しません。

〈検索ボリュームを確認するステップ〉
①自社のサービスジャンルに関連する主要キーワードを5つリストアップ
②上記キーワードの月間平均検索ボリュームをGoogleのキーワードプランナーで調査

〈判断基準：月間平均検索ボリューム〉
・2,000未満：リスティング広告/SEOをメインとする施策は諦める
・2,000〜5,000未満：最低限のボリュームはあるものの、限界がある
・5,000以上：Google検索（リスティング広告/SEO）をメインにする

分岐②ビジネスモデル的に中小企業狙いorエンタープライズ狙い

次の分岐はビジネスモデルとターゲットに注目します。

商材の価格が、数十万円〜数千万円と幅があるor一律で価格が変わらないの2つに分類します。それぞれ前者と後者で、売上を伸ばすための重要な問いが変わるのです。

・**商材価格に幅がある場合**：いかに予算の大きいクライアント（大手）を受注できるのか？
・**商材価格が変わらない場合**：いかに顧客数を増やせるのか？ターゲットの幅をどう広げるか？

これらの2つの分岐をまとめた図がこちらです。

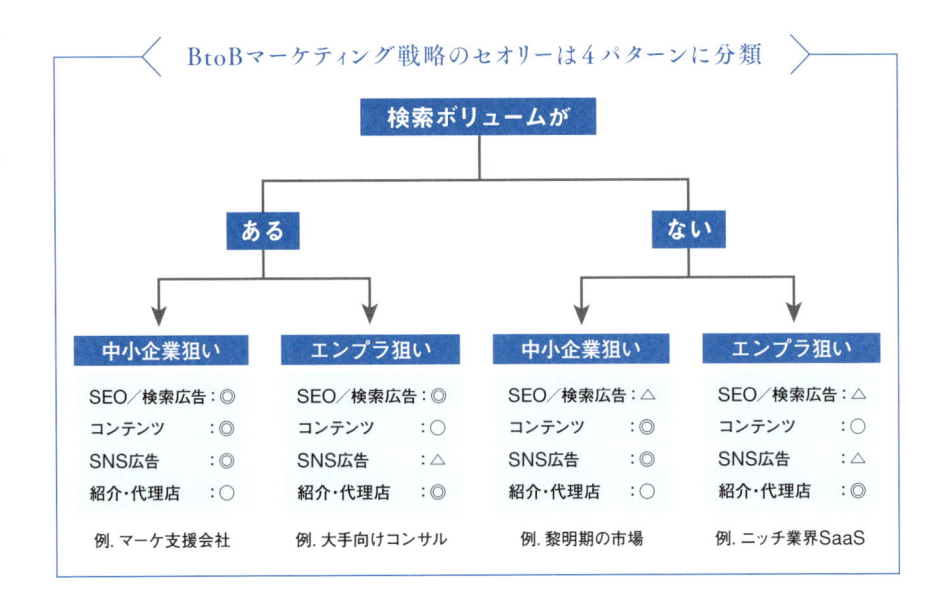

BtoBマーケティング戦略のセオリーは4パターンに分類

検索ボリュームが

ある

中小企業狙い	エンプラ狙い
SEO／検索広告：◎	SEO／検索広告：◎
コンテンツ　　：◎	コンテンツ　　：○
SNS広告　　　：◎	SNS広告　　　：△
紹介・代理店　：○	紹介・代理店　：◎
例. マーケ支援会社	例. 大手向けコンサル

ない

中小企業狙い	エンプラ狙い
SEO／検索広告：△	SEO／検索広告：△
コンテンツ　　：◎	コンテンツ　　：○
SNS広告　　　：◎	SNS広告　　　：△
紹介・代理店　：○	紹介・代理店　：◎
例. 黎明期の市場	例. ニッチ業界SaaS

検索ボリュームが「ある」× 中小企業狙い

- **SEO／検索広告：相性◎**
  - →ユーザーが検索している媒体で自社のコンテンツが出ることが重要
- **コンテンツ：相性◎**
  - →幅広い層のどのリードを獲得してもターゲットになるため、相性が良い（逆に大手企業狙いだと、インバウンドでくるリードの9割は中小企業のため効率が悪い）。
- **SNS広告（マス広告）：相性◎**
  - →SNS広告は幅広い層にアプローチできるため、中小企業狙いの場合には効果的

検索ボリュームが「ある」×エンタープライズ狙い

・SNS広告は効果が薄い
→SNS広告やコンテンツマーケティングは幅広いユーザーに露出し、興味のある一部のユーザーが問い合わせをする流れになります。そのため「大手企業に限定してターゲティングする」ことは難しく、当然効率は悪くなります。

> 例：100件リードを獲得しても大手企業のリードが1件しかない場合、残り99件が無駄になる

有名な企業でたとえるなら、戦略コンサルティング会社のマッキンゼーなどが典型的です。マッキンゼーのSNS広告はみたことがありませんよね。

これまで作り上げてきたブランド力や多くの顧客と繋がりがあるという理由もあるかと思いますが、マッキンゼーのターゲットである大手企業にSNS広告でリーチすることは非効率なので実施していない、とも考えられます。

Q. どうすればエンタープライズを狙えるのか？

大手企業1本狙いの場合は下記のような施策が選択肢になります。

> ①ピンポイントでアウトバウンド営業（DMや紹介営業）を狙う
> ②業界に強いパートナーとアライアンスを組む（大手企業とつながりがある代理店や顧問を通じてアプローチする）
>
> ※多くの事業において、立ち上げフェーズである実績のない期間は、まずは中小企業からシェアを拡大していくケースの方が多い

検索ボリュームが「ない」×中小企業狙い

- **相性が良い施策**
  →コンテンツマーケティング、SNS広告、マス広告
- **相性が悪い施策**
  →SEOやリスティング、検索広告（検索ボリュームがないため十分なリードが獲得できない）

> **Point：業界がニッチではなく、黎明期の場合には新しく市場に受け入れられる「コンセプト」を打ち出すことが有効**

例）ノバセル：運用型テレビCM
  →テレビCMは広告代理店に任せるだけではなく、分析ツールを使いながら運用・分析することをコンセプト化して啓蒙

例）Sales Marker：インテントセールス
  →手当たり次第にアウトバウンド営業をするのではなく、顧客のニーズに合わせてピンポイントで狙い撃ち営業を行うことをコンセプト化して啓蒙

検索ボリュームが「ない」×エンタープライズ狙い

▼**アプローチ方法**
- アウトバウンド営業
- 業界シェアNo.1と第１想起をとり、指名検索を増やす
- 業界特化のメディアや雑誌の活用
- 業界特化の組合や展示会（ニッチ業界ほどレガシーな場所が多い）
- 業界特化・地域特化の代理店とのアライアンス

　ちなみにSAKIYOMIがInstagram支援事業に参入した当初は検索ボリュームが「ある」と「ない」の間ぐらいで、中小企業狙い（月額数十万円の定額支援）でした。

　ただ、Instagram業界は当時、黎明期だったものの、今後間違いなく必須なマーケティングチャネルになることを確信していました。

　「まだ黎明期ではあるものの、必ずニーズは増えていく。それなら今のうちにコンテンツマーケティングを強化しておくべき」と考え注力しました。

　当時は、今の様に言語化できていませんでしたが、施策を積み重ねていった結果、今では毎月1,000件のリードが広告費なしで獲得できるようになりました。

観点3. ボトルネック別
基準値との数値比較→課題を特定する

3つ目の観点は、ファネルごとに目指すべき目標KPIとのギャップが大きい箇所から対策の優先順位を決める、ボトルネック解消型の考え方です。

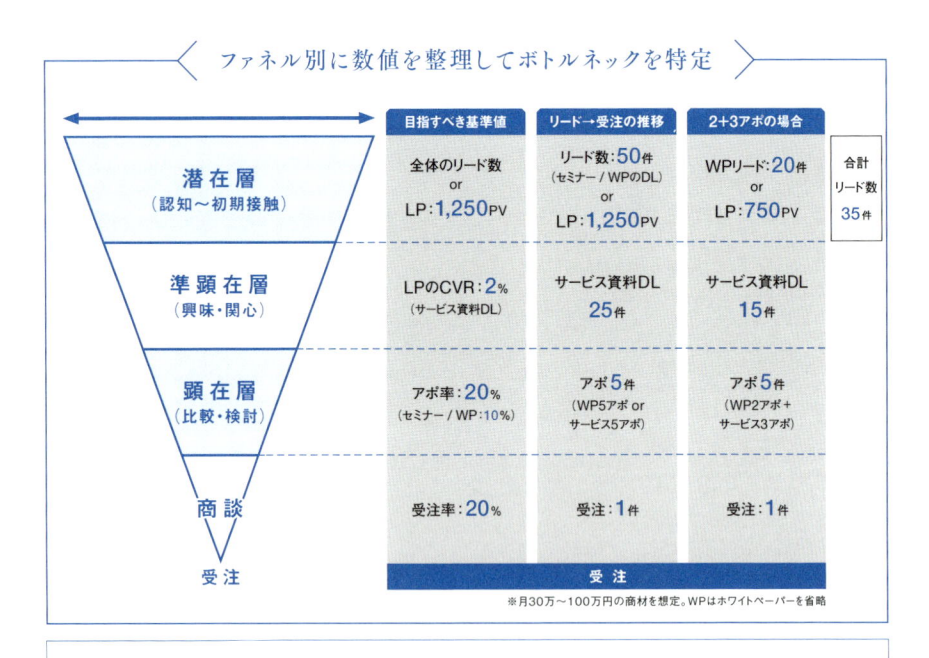

ファネル別に数値を整理してボトルネックを特定

	目指すべき基準値	リード→受注の推移	2+3アポの場合	
潜在層 (認知～初期接触)	全体のリード数 or LP:1,250PV	リード数:50件 (セミナー/WPのDL) or LP:1,250PV	WPリード:20件 or LP:750PV	合計 リード数 35件
準顕在層 (興味・関心)	LPのCVR:2% (サービス資料DL)	サービス資料DL 25件	サービス資料DL 15件	
顕在層 (比較・検討)	アポ率:20% (セミナー/WP:10%)	アポ5件 (WP5アポ or サービス5アポ)	アポ5件 (WP2アポ+ サービス3アポ)	
商談	受注率:20%	受注:1件	受注:1件	
受注	受注			

※月30万～100万円の商材を想定。WPはホワイトペーパーを省略

Point：

① 数値をもとにファネルの各ステージでボトルネックを特定

② そのボトルネックから優先的に改善していくことで、マーケティング施策の効果を最大化し、受注数を増やす。
とくに目指すべき基準値とのギャップが大きい箇所は、改善余地が大きく、改善難易度も低いケースが多い

基準値の目安

商材の単価によって目指すべき基準値は多少変わりますが、月30万〜100万円の商材を想定すると、以下が基準値となります。

- **必要リード数**：アポ率、受注率をもとに割り戻す形で算出
- **アポ率**：サービス資料経由は20 〜 30%。セミナー・ホワイトペーパー経由は10%
- **受注率**：20%

受注1件に必要なリード数は下記の通りです。

- **サービス資料**：25件のリード
- **ホワイトペーパー**：50件のリード

ボトルネックの特定と改善方法

目標の受注数に達していない場合、どこかにボトルネックがあると考えられます。以下の流れでボトルネックを特定し、改善しましょう。

1．各ファネルステージの歩留まり率を確認
- LP：PV数に対する**CVR（2%）**をチェック
- アポ率：リードに対するアポ獲得率（10〜20%）をチェック
- 受注率：アポに対する受注率（20%）をチェック

2．特定したボトルネックに対して施策を実施
- **資料DL数やセミナー参加者数に問題がある場合**
  →LPの改善やセミナー企画の訴求力を見直す
- **アポ率に問題がある場合**

→トークスクリプトやコール体制を見直す

- **・受注率に問題がある場合**

　　　→営業資料やセールスの育成体制を見直す

3．各フローの遷移率で基準をクリア

- マーケティング予算を増やして投資を強化

　　　　　　　　　or

- プロダクトを見直してLTVをさらに引き上げる

例外：ボトルネックの解消を優先しないパターン3選

1．予算に余裕があり同時並行で複数の施策を進める場合

　予算に余裕がある場合は、複数の施策を同時並行で進めることが可能です。この場合、受注に近い部分からの改善だけでなく、リード数の増加やボトルネックの特定と改善も同時に行うことで、効率的に成果を上げられます。

2．第1想起のポジション獲得を最優先にする場合

　特定の業界や市場で第1想起のポジションを獲得することが重要な場合は、そのための施策を最優先に実施します。

　SAKIYOMIでは、Instagram支援事業に参入当初、第1想起のポジションが空いていたことと、競合のコンテンツマーケティングが強くなかったことから、序盤にSEOとYouTubeに先行投資をしていました。

　結果的に、今では強力なリード獲得チャネルとなっているだけでなく、業界内の第1想起獲得に大きく貢献しており、競合優位性の獲得にもつながっています。

3．エンタープライズ一点狙いorPLG型の場合（商談なし）

　エンタープライズを一点狙いする場合や、製品主導の成長（PLG（Product-Led Growth））型のビジネスモデルでは、商談を経ずに直接的にユ

ーザーにアプローチする施策が効果的です。この場合、紹介や代理店を通じたアプローチや、ユーザーが自発的に製品を試す環境を整えることが重要です。

　詳しくは私のYouTubeで解説したのでQRコードからチェックしてみてください。

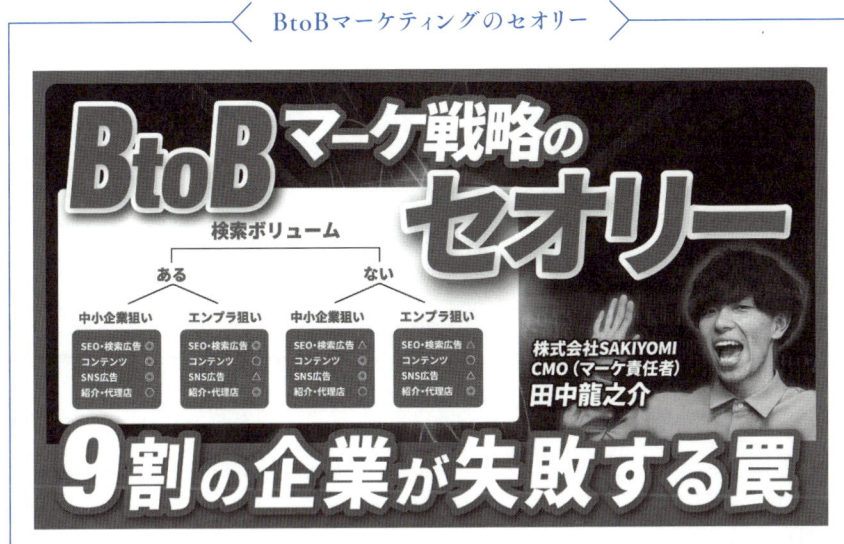

BtoBマーケティングのセオリー

こちらのQRコードより、マーケティング施策の考え方をご確認いただけます。

「階段設計」があらゆるマーケティング施策の費用対効果を左右する

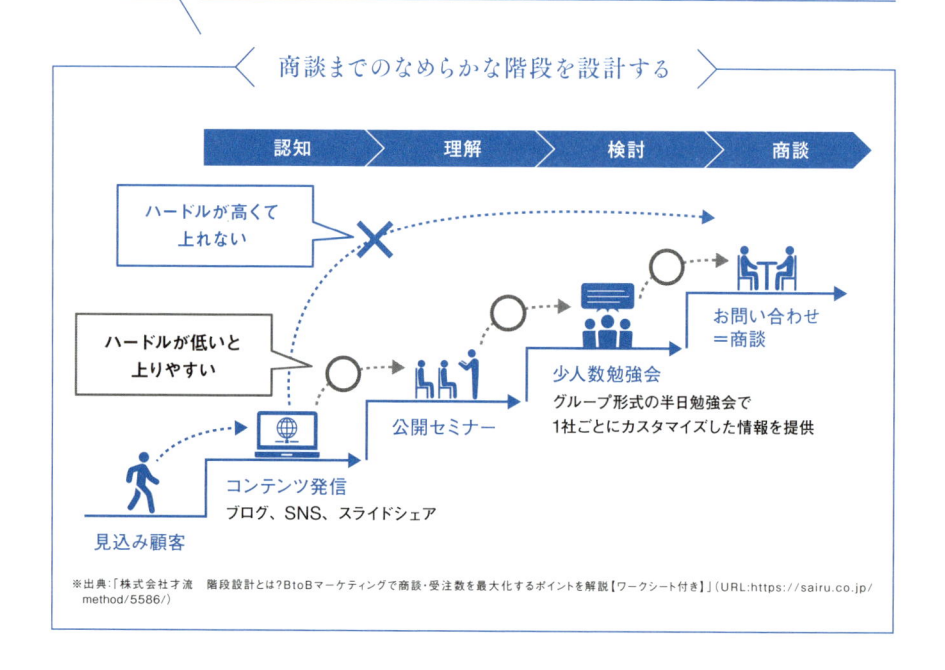

商談までのなめらかな階段を設計する

| 認知 | 理解 | 検討 | 商談 |

ハードルが高くて上れない

ハードルが低いと上りやすい

見込み顧客

コンテンツ発信
ブログ、SNS、スライドシェア

公開セミナー

少人数勉強会
グループ形式の半日勉強会で
1社ごとにカスタマイズした情報を提供

お問い合わせ
＝商談

※出典：「株式会社才流　階段設計とは？BtoBマーケティングで商談・受注数を最大化するポイントを解説【ワークシート付き】」（URL:https://sairu.co.jp/method/5586/）

階段設計の目的：ハードルを下げることで商談化率・受注率を最大化する

　階段設計とは、マーケティング支援会社の才流によれば、ユーザーとの接点から商談までのステップを滑らかに構築することで、ユーザーが次のステップに進みやすくし、商談までのプロセスをスムーズにする手法です。

　これにより、商談化率・受注率が最大化され、マーケティング施策の費用対効果が大幅に向上します。

よくある問題：リードが増えても受注が増えない問題はなぜ起こる？

そもそも、なぜ見込み顧客は商談する前に資料をダウンロードしたり、セミナーに参加したりするのでしょうか？

それは、いきなり商談に進むのは心理的ハードルが高いからです。

ですから、**階段設計はユーザーが段階的に次のステップに進むハードルを下げるために設計します。**

リード（見込み顧客）を獲得して、いきなり商談を打診するのは、付き合ってもいないのにプロポーズをするようなものです。当然いきなりプロポーズをしても、お互いの温度感のズレがあるため、むしろ嫌がられます。まさに、営業をゴリゴリかけて、かえって嫌がられるケースはよくありますよね。

しかし、階段設計があれば、**見込み顧客は自分の求めていた情報が手に入るため、商談に自ら来てくれます。** 商談もスムーズに進み、サービスの提案も受け入れられやすいでしょう。

喜ばれる営業と嫌がられる営業の違いは、商談前の階段設計にあるのです。

実際に、それは数字にも現れます。例えば、100人の見込み顧客がいる場合、階段設計がないと5人しか商談に進まないことがあります。しかし、階段設計を導入することで、10人、20人と商談に進む可能性が高まります。

計算してみると、マーケティング施策の費用対効果は雲泥の差です。

　結果として、階段設計がなければ費用対効果が見合わず中断していたマーケティング施策も、階段設計があれば費用対効果が見合う可能性が高まります。

　考えてみれば当たり前の話ですが、**階段設計がないことが原因にもかかわらず、「費用対効果は悪いし、このチャネルはウチとは相性が悪かったのか」こういった間違った解釈をしてしまう事例をよく見ます。**本当にもったいない。

　実際にBtoBマーケティングの相談を個人的に受ける際も、8割の企業がこの階段設計がうまくできていません。
　今すぐこの階段設計をベースに自社のマーケティングを見直してみてください。

階段設計は大きく2種類。2種類とも設計しなければ意味がない

　階段設計には大きく分けて2種類あります。
1．マーケティング全体の階段設計
2．各チャネルの階段設計
順番に詳しく解説していきます。

1. マーケティング全体の階段設計

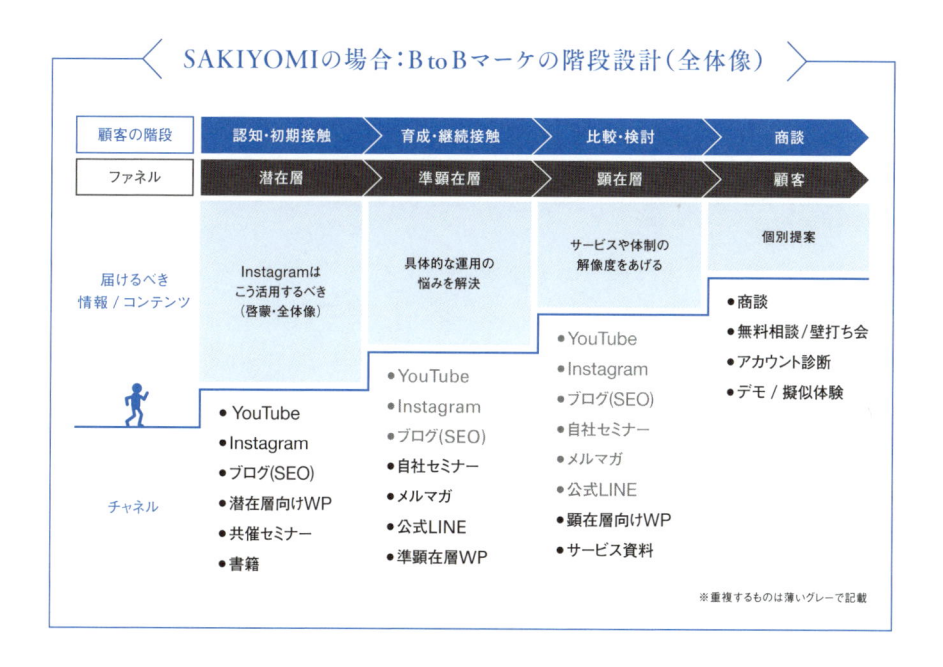

潜在層→準顕在層→顕在層→商談というプロセスに応じて、適切なチャネル（例：YouTube、自社セミナー、無料相談など）を組み合わせます。ユーザーが頭の中で考えている疑問を解消しながら、最終的な商談につなげていくのです。

　それぞれのフェーズに応じて、ユーザーに届けるべき発信内容も変わります。当然、潜在層にはいきなりサービス提案はしません。まずは前提知識として、そのテーマを啓蒙したり、全体像が伝わるようなコンテンツを発信します。

　逆に比較・検討層は、ふわっとした啓蒙的な発信よりも、より具体的なサ

ービスや手法の情報を求めています。ここでは、普段営業マンが口頭で伝えているような、具体的なキラートークをコンテンツに落とし込んで発信すべきです。

具体例：SAKIYOMIの階段設計

・**初期段階（潜在層）**

顧客の問い：「そもそもInstagramはやるべき？」「どうすれば上手くいく？」

発信内容：Instagramをやるべき理由などの啓蒙や運用ステップの全体像

・**興味・関心段階（準顕在層）**

顧客の問い：「Instagram運用で具体的に○○はどうすれば良い？」（例.コンセプト、デザイン、リール（短尺動画）の内容など）

発信内容：ユーザーの実際の悩みに合わせた具体的なInstagram運用方法や解決策の共有

・**比較・検討段階（顕在層）**

顧客の問い：「SAKIYOMIに頼むのがいいか、自分たちで運用するのがいいか？　運用体制はどう作ればいいか？」

発信内容：具体的な運用体制の作り方や自社でやった場合との比較

・**最終商談**

顧客の問い：「自社の場合はどうするのがベストなのか？」

発信内容：「御社の場合はこのように取り組むべき」と個別具体的に提案

2. 各チャネルの階段設計

　マーケティング全体で各チャネルを組み合わせてユーザーを次のステップに進めるために階段設計は必要ですが、さらに各チャネル内でも階段設計を行うことが重要です。SAKIYOMIのInstagram支援事業を例に解説します。

各チャネル内の階段設計の具体例

▼セミナーの場合

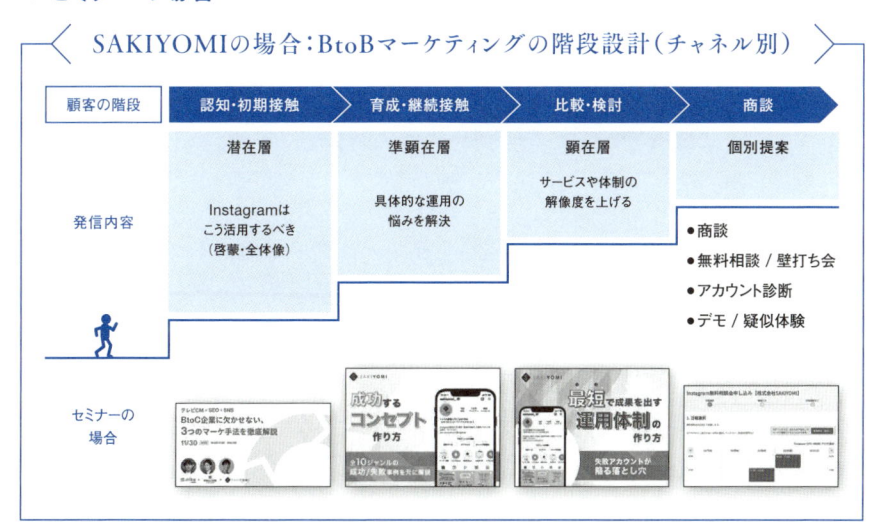

・潜在層向け：「Instagramをやるべきか？」と迷っているユーザーに対して
　　　　BtoCマーケティングの全体像を解説するセミナーを実施
・準顕在層向け：「Instagramをやる」と決めたユーザーに対して運用に関す
　　　　る具体的な悩みを解決するセミナーを実施
・顕在層向け：「いざ、どんな体制でやるべきか？」と考えているユーザー
　　　　に対して、独学とプロの運用を比較するセミナーを実施

▼YouTubeの場合

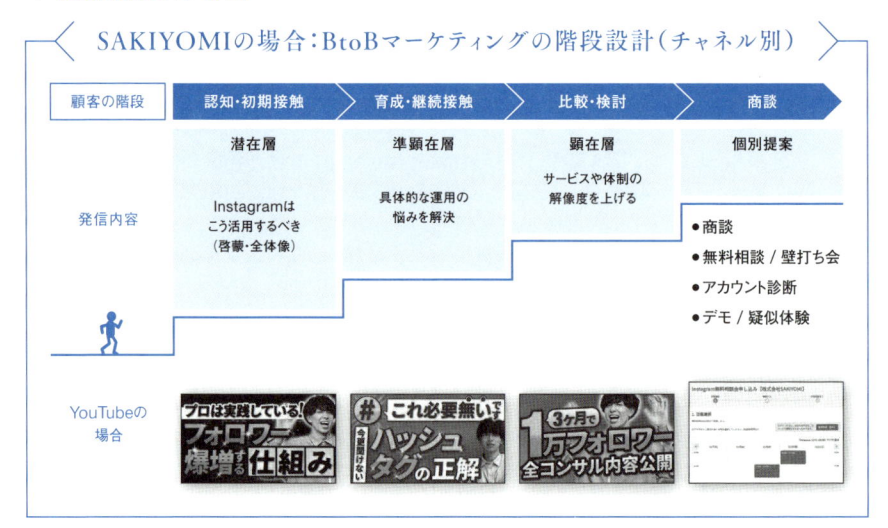

SAKIYOMIの場合：BtoBマーケティングの階段設計（チャネル別）

- 潜在層向け：Instagram運用の全体像とフォロワーが増えるロジックなどを解説
- 準顕在層向け：具体的な施策である「#（ハッシュタグ）」の活用方法などを解説
- 顕在層向け：実際のコンサルティングサービスの内容とプロセスを公開

▼ホワイトペーパーの場合

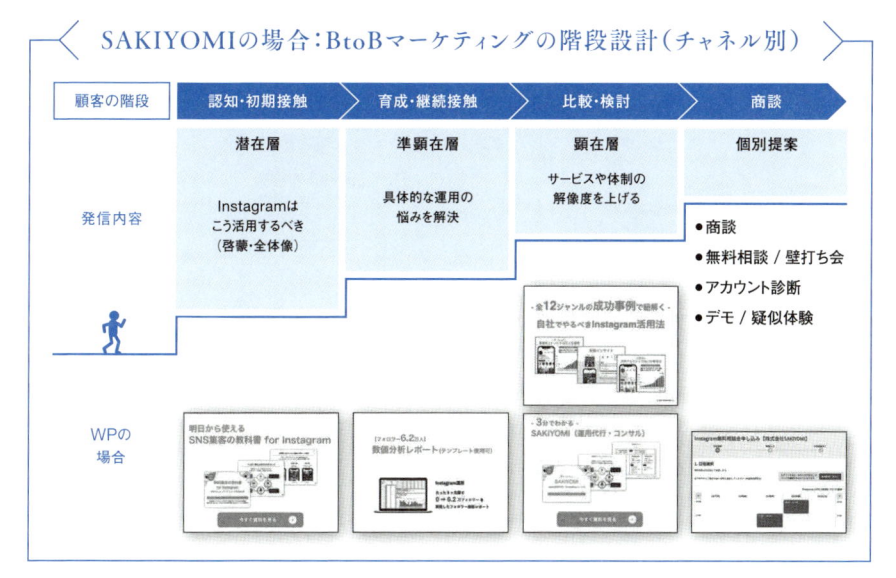

・潜在層向け：SNS運用の全体像と運用ステップを解説
・準顕在層向け：具体的にどのように数値分析をするべきかを解説し、テンプレートを共有
・顕在層向け：実際の成功事例の共有やSAKIYOMI流の運用フローを解説

▼オウンドメディアの場合

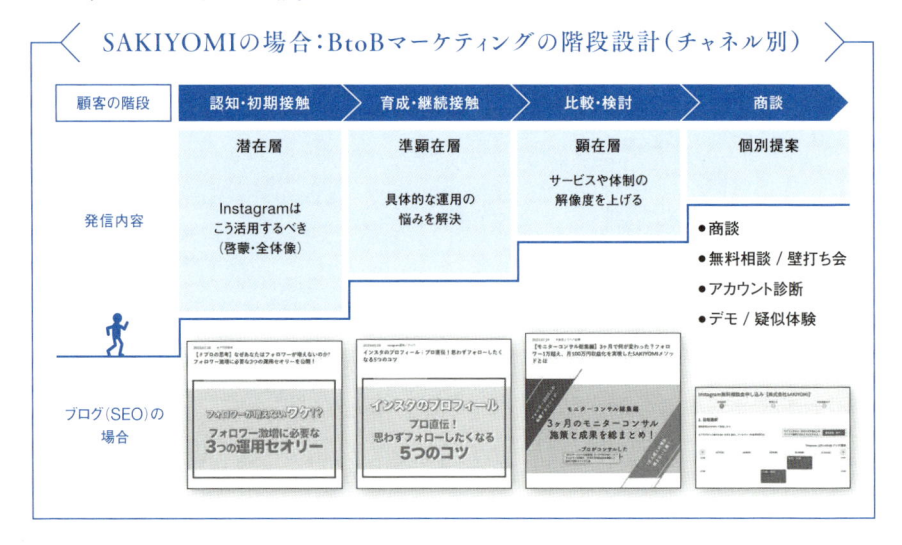

・潜在層向け：フォロワーが増えるロジックと運用セオリーを解説
・準顕在層向け：具体的な施策である「プロフィール設計」のPointなどを解説
・顕在層向け：実際にコンサルをした際の戦略とプロセスを公開

　いかがでしょうか？
　階段設計をした上で施策を組み合わせると、費用対効果が最大化できることがわかったはずです。

　準備は整いました。いよいよ次は**具体的な60個のマーケティング施策の解説**に入っていきます。
　どれも実際に弊社で実践し、効果のあったPointやすぐに実践できるtipsが盛りだくさんです。ぜひ辞書のように、各施策を実践する時に手元で開きながらご活用ください。

Point：コンテンツは1コンテンツマルチユースせよ

　各チャネルの実践例をみるとわかる通り、各フェーズのユーザーに向けた発信はチャネルに合わせて再利用を積極的にしましょう。

　その時にハブとなるコンテンツは、スライドを軸にすることがおすすめです。

　スライドを、
・リアルタイムで解説：セミナー
・文字で解説：記事
・動画で解説：YouTube
・ダウンロードできるように：ホワイトペーパー
と活用することで、1コンテンツマルチユースができます。

　この進め方だと一石四鳥で、圧倒的に効率よくマーケティング施策を実施することができます。また、スライドのクオリティさえ担保できれば、各チャネルへの横展開はメンバーに任せても、クオリティは落ちにくいです。

　実際に私もスライドをハブに、これまで無数のコンテンツを作成し「どうやってそんなにコンテンツを作っているんですか⁉」と聞かれたことも多々あります。

　今説明してきたようにマルチユースしていてゼロからコンテンツを作っているわけではないので、そこまで時間はかかっていません。個人的にイチオシです。

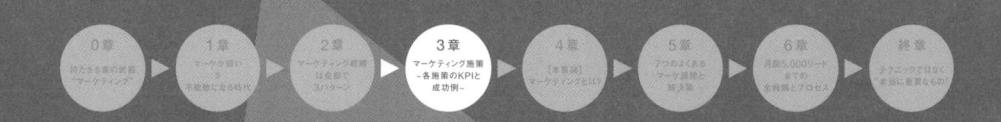

0章
誰もが消費の把握
マーケティング

1章
マーケが弱い
9
不機嫌になる時代

2章
マーケティング戦略
は全部で
3パターン

3章
マーケティング施策
～各施策のKPIと
成功例～

4章
【有象編】
マーケティングとは?

5章
7つのよくある
マーケ課題と
解決策

6章
月商5,000リード
までの
全体感とプロセス

終章
テクニックではなく
本当に重要なもの?

第3章

全60のマーケティング施策
～各施策のKPIと成功例～

この章で紹介しているマーケティングの
全60施策を整理していると、
SAKIYOMIは9割ほど実施していました。

マーケティングを立ち上げた時は
やらなくてはいけないことだらけで、

"無限の可能性"と"終わりなき戦いへの絶望"を
行ったり来たりしましたが、
いざやってみると案外できてしまうものです。

そして、もし本書で示すマーケティング施策の
全体像を最初から把握できていれば、

"どんなに進めやすかったことか…"

そんなことに思いを馳せながら、
1項目ずつ魂をこめて当時の自分と同じ状況に
ある方のために執筆しました。

3章の理想形はこの本があなたに伴走する
コンサルタントになることです。

本書を手に取った方が少しでも最短距離で、
前に進むことができますように。

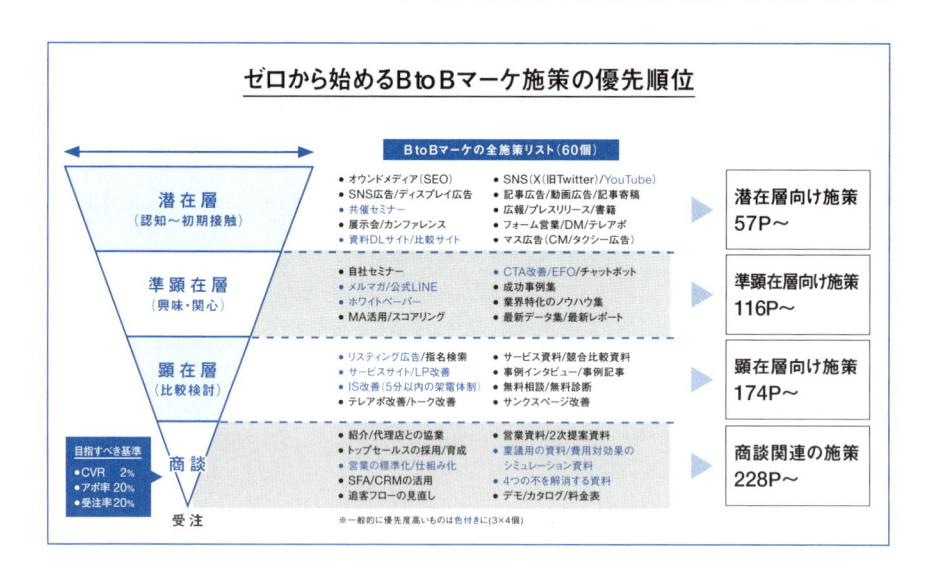

ゼロから始めるBtoBマーケ施策の優先順位

BtoBマーケの全施策リスト（60個）

潜在層（認知～初期接触）	・オウンドメディア（SEO） ・SNS広告/ディスプレイ広告 ・共催セミナー ・展示会/カンファレンス ・資料DLサイト/比較サイト	・SNS（X（旧Twitter）/YouTube） ・記事広告/動画広告/記事寄稿 ・広報/プレスリリース/書籍 ・フォーム営業/DM/テレアポ ・マス広告（CM/タクシー広告）	潜在層向け施策 57P～
準顕在層（興味・関心）	・自社セミナー ・メルマガ/公式LINE ・ホワイトペーパー ・MA活用/スコアリング	・CTA改善/EFO/チャットボット ・成功事例集 ・業界特化のノウハウ集 ・最新データ集/最新レポート	準顕在層向け施策 116P～
顕在層（比較検討）	・リスティング広告/指名検索 ・サービスサイト/LP改善 ・IS改善（5分以内の架電体制） ・テレアポ改善/トーク改善	・サービス資料/競合比較資料 ・事例インタビュー/事例記事 ・無料相談/無料診断 ・サンクスページ改善	顕在層向け施策 174P～
商談	・紹介/代理店との協業 ・トップセールスの採用/育成 ・営業の標準化/仕組み化 ・SFA/CRMの活用 ・追客フローの見直し	・営業資料/2次提案資料 ・稟議用の資料/費用対効果の 　シミュレーション資料 ・4つの不を解消する資料 ・デモ/カタログ/料金表	商談関連の施策 228P～

目指すべき基準
●CVR　2％
●アポ率 20％
●受注率20％

受注

※一般的に優先度高いものは色付きに（3×4個）

〈合言葉「マーケ本」で特典を受け取る〉

4年経っても上位表示を独占する オウンドメディア（SEO）施策

押さえたいPoint

- 内部対策と外部対策はまずは最低限でOK
  →他者・他社より圧倒的に濃い記事を作ることに専念すべし

今すぐ試してほしい施策

- キラー・コンテンツを作る
- 最低限の内部対策と外部対策を実施する

目標KPI

- 月間リード数：50 ～ 500件

　オウンドメディア（SEO）施策は、リード獲得とブランド認知度の向上を目的に、良質なコンテンツを作成・提供することで、検索エンジンでの上位表示を狙います。

　Pointに入る前にまずはSEOの全体像から把握していきましょう。

　その上で、実践してみてわかった重要ポイントと今すぐ実践すべき具体的な施策に絞って本項では解説していきます。

SEOの全体像（3分類）

人向けの最適化	 コンテンツSEO	・検索ニーズに合わせたコンテンツの企画 / 施策 ・商品 / ブランド接点としてのコンテンツ企画 ・古くなったページのメンテナンス ・サイトやページの信頼性向上
	 内部施策	・キーワードの最適化 ・HTMLタグの最適化 ・サイト内リンクの最適化 ・スマートフォン最適化
検索エンジン向けの最適化	 外部施策	・WEBページリンクのPRによるリンク構築 ・自然発生的なソーシャルリンク構築

〈オウンドメディアのテンプレートやチェックリストをダウンロード〉

〈SEO全施策（55個）〉

	番号	優先度	実施済み	施策名
コンテンツSEO	1	★★★	☐	トピッククラスターモデルを実施する
	2	★★★	☐	キラーコンテンツを作成する
	3	★★★	☐	オリジナルのノウハウ・考察・検証結果を反映する
	4	★★★	☐	各章に必ず1枚は図解を追加する
	5	★★	☐	顕在層向けKWを網羅する
	6	★★	☐	潜在層向けKWを網羅する
	7	★★★	☐	サービスジャンルで比較記事を作成する
	8	★★	☐	サービス紹介記事（記事LP）を作成する
	9	★★	☐	上位記事と比較して記事の構成がMECEできているか確認する
	10	★★★	☐	上位記事から検索意図（潜在ニーズ）を把握し反映する
	11	★★★	☐	定期的にリライトして最新性と内容の濃さを担保する
	12	★	☐	読みやすいUIを作る（強調箇所やまとめ箇所専用のデザイン）
	13	★★★	☐	文章構成を構造的に理解しやすくする
	14	★	☐	冒頭でありきたりな導入をやめる
	15	★★	☐	記事のタイトル・見出しのキャッチコピーにこだわる
	16	★★	☐	記事に最新データを反映する
	17	★★	☐	不要な記事（評価の低い記事）を作らない
	18	★★★	☐	E-A-Tを高める（専門性・権威性・信頼性）
	19	★	☐	記事数を増やしてKWの網羅性を高める
	20	★	☐	UX（回遊性）を改善して滞在時間を高める
	21	★	☐	記事執筆者のプロフィールを明示する／充実させる
内部対策	22	★★★	☐	Googleサーチコンソールからクロールのリクエストをする
	23	★★★	☐	ページタイトル/見出しにKWを含める
	24	★★	☐	リンク階層を3階層以内に浅くする
	25	★★★	☐	ページスピードを改善する（PageSpeed Insightsを活用する）
	26	★	☐	URL名を簡潔にする
	27	★★	☐	XMLサイトマップをGoogleサーチコンソールにアップする
	28	★★	☐	404エラーページを設置する

	番号	優先度	実施済み	施策名
内部対策	29	★	☐	リンク切れをなくす
	30	★	☐	構造化データをマークアップする
	31	★	☐	robots.txtで不要なクロールを拒否する
	32	★★★	☐	グローバルナビ・サイドバナーを設計する
	33	★★	☐	パンくずリストを設置する
	34	★★	☐	ブログ記事に目次を入れる
	35	★★	☐	サイト内検索を実装する
	36	★★★	☐	カテゴリ構造をMECEに設計する
	37	★	☐	タイトルタグを適切に設定する
	38	★	☐	メタディスクリプションタグを設定する
	39	★	☐	見出しタグを設定する
	40	★	☐	画像にalt属性を設定する
	41	★	☐	noindexタグを活用する
	42	★★	☐	URLを正規化する
	43	★★★	☐	重複コンテンツを無くす
	44	★★	☐	コアウェブバイタルを改善する
	45	★★	☐	スマホ専用のUIに対応する（レスポンシブ対応する）
	46	★★	☐	SSL化（HTTPS化）してサイトの接続を保護する
外部対策	47	★	☐	プレスリリースを打ち、被リンクを獲得する
	48	★★★	☐	共催セミナーを実施し、募集ページで被リンクをもらう
	49	★★	☐	他社メディアに被リンクの打診をする
	50	★★★	☐	SNSのシェアボタンを設置する
	51	★	☐	キラーコンテンツを作成してSNSでのシェアを狙う
	52	★★★	☐	記事に引用されやすい図解やグラフデータを作成する
	53	★	☐	OGP設定をする
	54	★	☐	記事寄稿をする／インタビュー記事を作成する
	55	★★	☐	アウトバウンド営業で被リンクを獲得する

Point. 1 〈コンテンツSEO〉キラーコンテンツを作って他者・他社と差をつける

コンテンツSEOでは、一にも二にもユーザーが求める情報を提供し、価値あるコンテンツを作成することが重要です。そのためにはまずキラーコンテンツの例や型を押さえておきましょう。

▼キラーコンテンツの作成

最近はありきたりな記事はありふれています。大量にこういった記事を作成しても反響はありません。むしろ、「ありきたりな記事だ」と思われ、低評価を受けてしまう可能性が高いです。

だからこそ、SNSで拡散されるような価値のあるコンテンツを作成しましょう。BtoB専門のWEB制作会社ベイジによる「**BtoBチェックリスト**」記事が好例です。BtoB事業者がサイト制作や改善を行う際のチェックポイントをすべて開示し、ノウハウを提供しています。

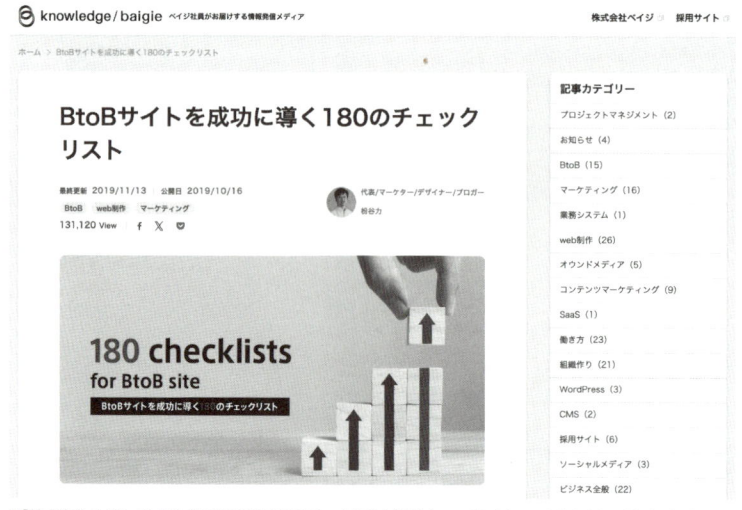

※「株式会社ベイジ　BtoBサイトを成功に導く180のチェックリスト」（URL:https://baigie.me/officialblog/2019/10/16/btob-checklist/）を引用

　次は株式会社ルーシーが運営する「**バズ部が教える コンテンツマーケティング101**」。

　こちらはコンテンツマーケティング・SEOを中心としたデジタルマーケティング全般に関する最新のニュースとノウハウを提供するデジタルマーケティング情報サイトでコンテンツマーケティングを始める事業者向けに、記事と動画でそのノウハウを提供しています。

コンテンツマーケティング101

第1章	コンテンツマーケティングとは？	2記事	第7章	コンテンツ制作のコツを知ろう	4記事
第2章	コンテンツマーケティングをやるべきなのか	2記事	第8章	多くの人が陥る失敗を知っておこう	3記事
第3章	あなたのブランドストーリーは何か？	2記事	第9章	顧客が「まだ気づいていないこと」に気づけるか	1記事
第4章	コンテンツマーケティングは設計が全てだ	4記事	第10章	素早く着実にコンバージョンにつなげよう	4記事
第5章	必ず必要な社内調整と体制づくり	2記事	第11章	正しく効果測定して成果を引き上げよう	1記事
第6章	まずは、小さな一歩を大切にしよう	1記事	第12章	精度を上げてもっともっと成果を飛躍させよう	6記事

※「株式会社ルーシー　バズ部が教えるコンテンツマーケティング101」（URL:https://lucy.ne.jp/bazubu/category/content-marketing）

　こうしたユーザーにとって明確なメリットがあるコンテンツをリッチに、豊富に作ることが重要です。そこで、以下にコンテンツ作りにおける型や、コンテンツ制作時に役立つツールなどを紹介します。

▼キラーコンテンツの分類

- ・メソッド型
- ・アソート型
- ・エッセイ型
- ・調査レポート型
- ・イベントレポート型
- ・インタビュー型
- ・事例紹介型

▼効率的にSEOの順位を上げるなら…

　ぜひ試してもらいたいのが、次ページの図版で紹介しているトピッククラスターモデルです。

　例えば、SAKIYOMIの事例だと「Instagram運用」がピラーページで、「コンセプト設計」や「投稿の作り方」などがクラスターページになります。

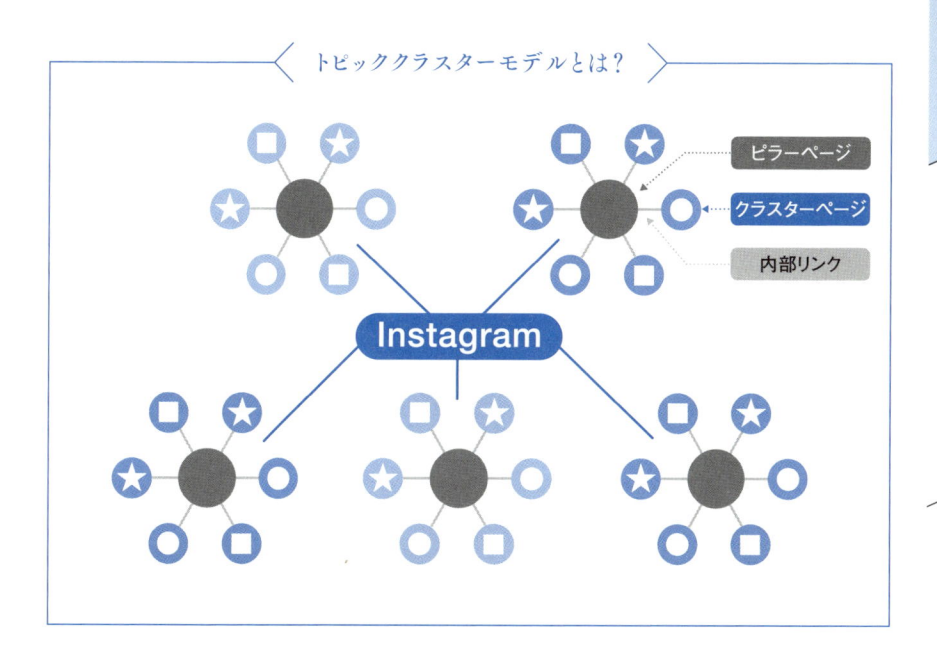

トピッククラスターモデルとは？

ピラーページ
クラスターページ
内部リンク

Instagram

▼トピッククラスターモデルとは？

　最も順位を上げたいメイン記事に対して、関連性の高いコンテンツをすべて内部リンクで集約することでトピックごとに1つのグループを作り、メイン記事とそれに付随する記事群全体のSEO評価を高めるサイト構造。

　→内部にリンク数が多く、読者が回遊するため、記事の評価が上がりやすく順位アップを狙いやすくなります。

01
潜在層向け施策

02
準顕在層向け施策

03
顕在層向け施策

04
商談改善施策

また、SAKIYOMIではコンテンツ記事の中に自社の関連動画を埋め込んでおり、これによってページ滞在時間が増え、検索順位が上がった事例もあります。YouTube施策も実践している企業はぜひ、取り入れてみてください。

▼Instagramプロフィールの記事

Point. 2　内部対策はまずは最低限

Point. 2とPoint. 3はPoint. 1をしっかり行った上で実施してください。内部対策では、検索エンジンがサイトの品質を適切に評価しやすくするために、技術的な最適化が求められます。以下の対策を行えば、1歩目としては十分

です。

▼サイトの高速化

ツールはGoogle公式の「PageSpeed Insights」を使いましょう。モバイル端末やパソコン向けのページのパフォーマンスに関するレポートと、その改善方法を確認できるツールです。具体的には<u>「スクロールせずに見える範囲のコンテンツの読み込み時間」「ページ全体の読み込み時間」</u>を計測し、理想の表示スピードとのギャップと、その改善に向けた具体的な施策を教えてくれます。

この表示された課題をつぶすだけで十分です。

▼クローラー対策

タグの設定は最低限、<u>titleタグとmeta descriptionタグの2つ</u>を押さえておきましょう。titleタグは検索エンジンのランキングに直接影響を与え、ユーザーにページの内容を簡潔に伝えます。meta descriptionタグは検索結果のスニペット（検索結果として表示されるWEBページの要約）として表示され、クリック率（CTR）に大きな影響を与えます。

▼パンくずリストの設置

WEBサイト内でユーザーが見ているページの位置を理解しやすくするためのナビゲーションです。通常、ページ上部に表示され、階層構造にもとづいたリンクを提供し、ユーザーが上位のカテゴリやTOPページに戻るのを容易にします。

この設定は、ワードプレスの機能で付いていることが多いですが、その場合も忘れずに設定しましょう。

▼カテゴリーのMECE（網羅的な分類）

MECEとは、「Mutually Exclusive＝お互いに重複していない、Collectively

Exhaustive＝全体的に漏れがない」というビジネス用語です。WEBサイトで置き換えると、全体の記事が重複せず、漏れなく構成されていることです。

例えば、Instagram支援のサイトの場合、コンテンツの作り方、見せ方、発信の仕方などを掲載すると、網羅的に見えますが、中にはかぶってしまう項目も出てくるでしょう。**かぶりを無くして、網羅的にサイトを作りこむことで、ユーザーからは実用性が高く、タイパの良い情報収集ができるサイトと認識され、滞在されやすくなりますし、Googleからも良い評価を受けやすくなります。**

▼スマホUIへの対応

モバイルフレンドリーなサイトデザインをつくりましょう。昨今では多くのユーザーがスマートフォン経由でWEBサイトにアクセスしており、その割合は約70%を占めるほどです。そのため、**WEBサイトを制作する際は「スマートフォンで見た時に使いやすいか」を重視しましょう。**

Point. 3　外部対策のやるべきことと優先順位

外部対策では、他のサイトからの自社サイトへのリンク（導線）を増やすことで、サイトの信頼性と評価を高めることが重要です。

サイトの評価（ドメインパワー）が高いほど、当然ですがSEOの順位は上がりやすいです。

▼被リンクの獲得

初期段階では優先度は低いです。ただ、オンラインでの共催セミナーの実施やプレスリリースの活用などで自然なリンクを獲得することは、追加の負担なくできるなら実施した方が良いでしょう。

▼SNSシェアの導線を強化

　ベイジ社のブログのように、各ページにデフォルトでSNSシェアのボタンを設置し、ユーザーが自社のコンテンツを拡散してくれるような仕組みを設けましょう。繰り返しになりますが、そのためにもキラーコンテンツを作って、質の高いコンテンツでSNSシェアを狙うべきです。

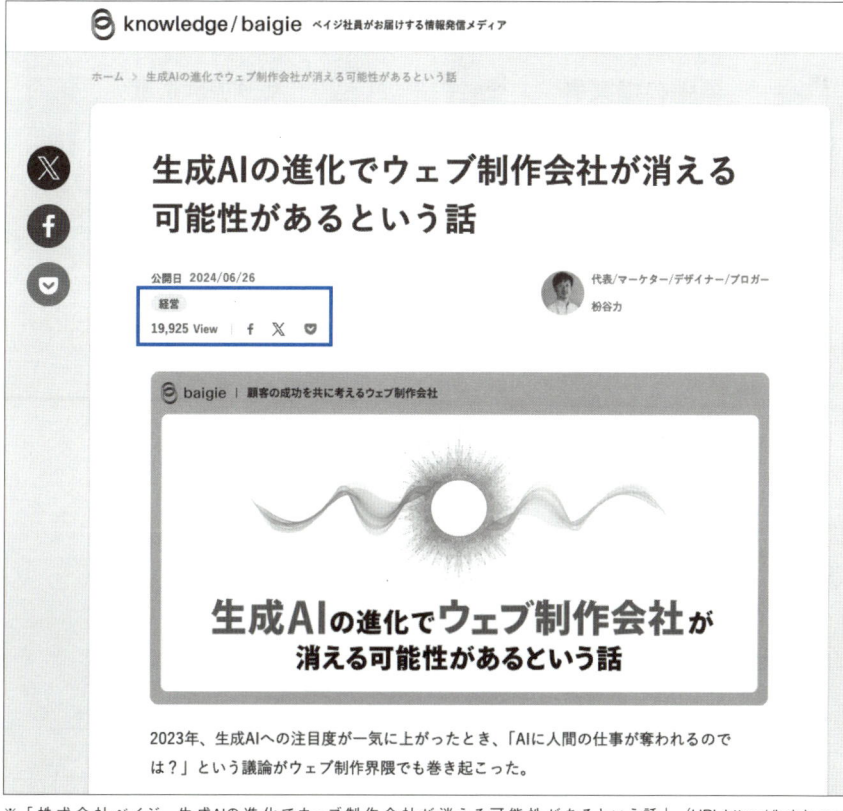

※「株式会社ベイジ　生成AIの進化でウェブ制作会社が消える可能性があるという話」（URL:https://baigie.me/officialblog/2024/06/26/web_production_crisis/?）引用

01 潜在層向け施策

02 準顕在層向け施策

03 顕在層向け施策

04 商談改善施策

67

▼SNSシェアを増やす3つの方法

① キラーコンテンツを作り、Xで拡散を狙え

「sogitani/baigie inc.による投稿」(URL:https://x.com/sogitani_baigie/status/1265433029637357570)より引用

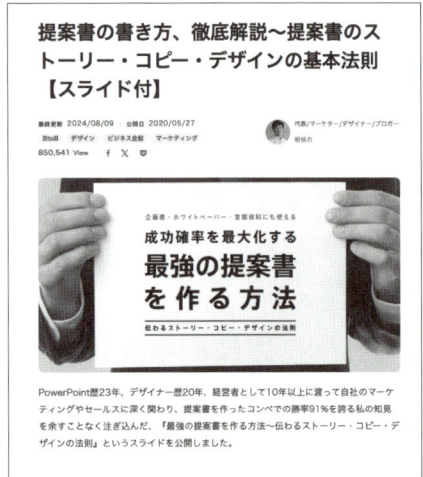

「株式会社ベイジ　提案書の書き方、徹底解説〜提案書のストーリー・コピー・デザインの基本法則【スライド付】」(URL:https://baigie.me/officialblog/2020/05/27/making_presentation_sheet/)

　自社のノウハウをコンテンツ化し、SNSに投稿しましょう。

　特に上記の参考写真のように、オリジナリティの高い、独自コンテンツを作ることができれば、信頼や共感を生み、シェアにつながる可能性が高くなります。

実際にベイジ社のブログが口コミでシェアされている事例

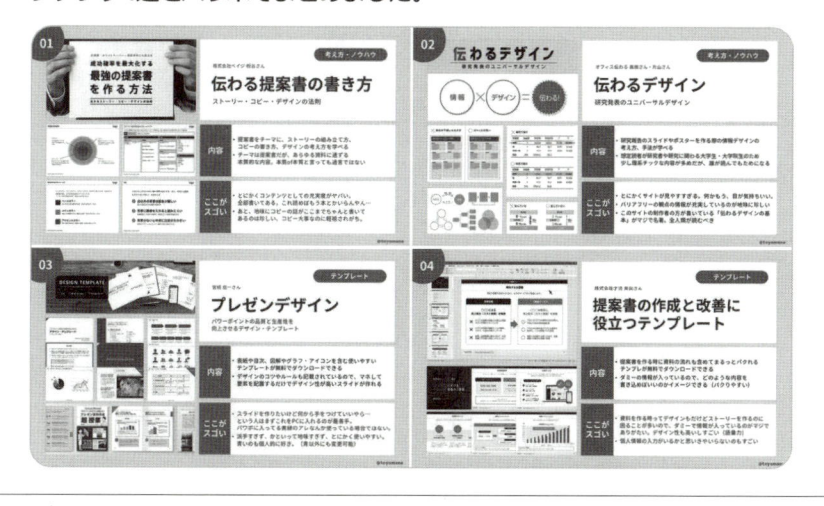

「トヨマネ｜パワポ社長による投稿」（URL:https://x.com/toyomane/status/1497486187585441795）より引用

② 図解や資料配布企画を設計せよ

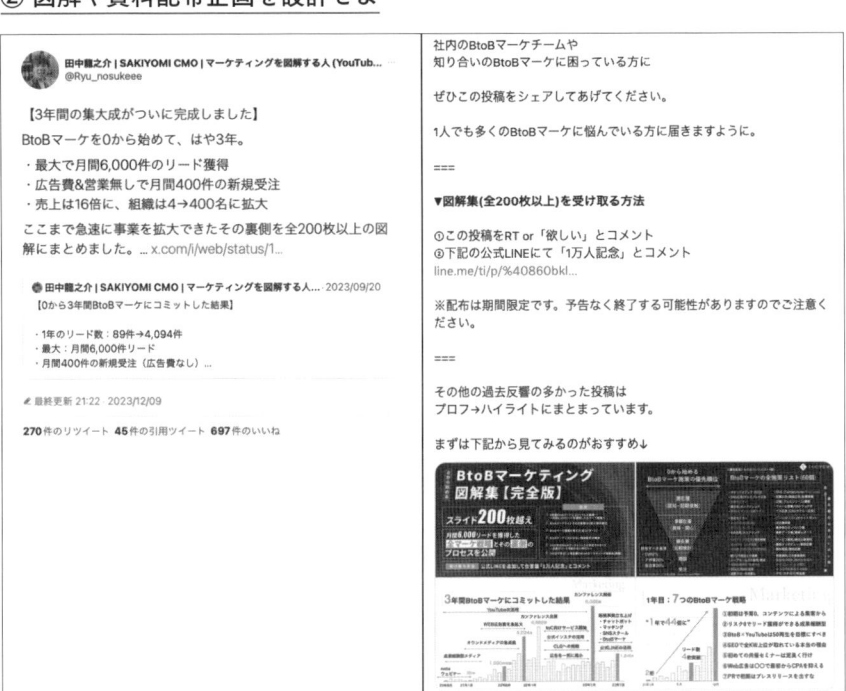

多くのシェアを生むためには有益な情報や資料の「配布企画」がおすすめです。ユーザーにとって有益な情報を図解やスライドにまとめ、Xでシェアしてくれた人に無償提供するといったものです。よくある流れとしては

・配布の告知（配布情報を一部チラ見せ）

↓

・ユーザーにシェアしてもらう

↓

・LINEやメールで特典を受け取る仕組みにし、ユーザーのリストを取得

↓

・さらに、配布後の感想もXで引用リツイートしてもらうことで追加特典が

得られるよう設計し、X上で多くの拡散投稿を生み出す
です。

③ カンファレンスや質の高いセミナーを企画せよ

71

共済セミナーやイベントを行う際に専用のハッシュタグ（#○○）を設け、登壇者や参加者に拡散してもらう方法もあります。SAKIYOMIも2024年7月に「SNSサミット」というイベントを開催し、多くの登壇者や参加者にイベントの発信を行っていただきました。

　SEOは一朝一夕には成果が出ませんが、地道に良質なコンテンツを提供し続けることが成功の鍵です。焦らず、継続的に取り組んでいきましょう。

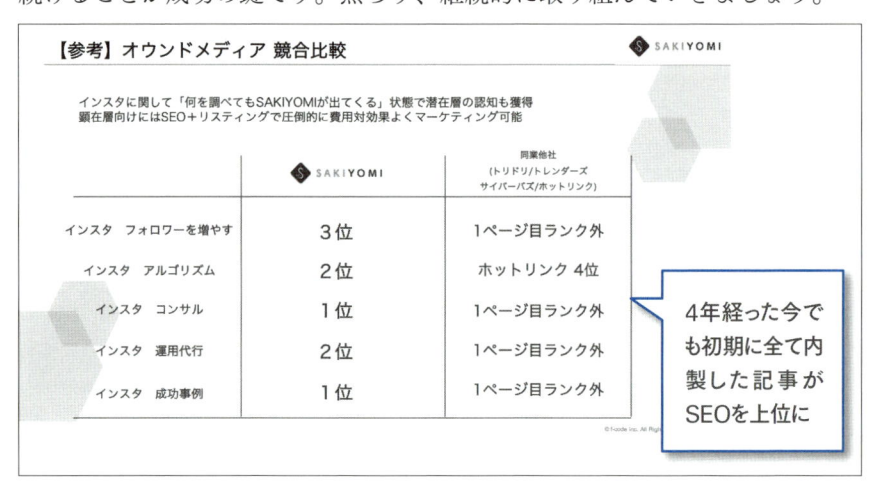

SAKIYOMIの実践データ

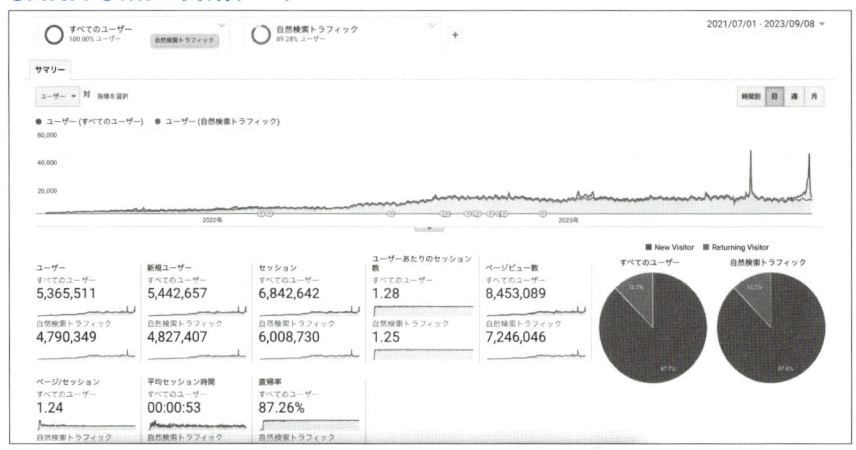

SNS広告/ディスプレイ広告：CPA1000円以下でリード獲得をするには?

押さえたいPoint
- SNS広告はリスティング広告よりもコストが安く、多くのリーチが可能
→BtoBにおいてはFacebook広告一強

今すぐ試してほしい施策
- CPAを下げる広告8パターンを実践する

目標KPI
- CPA3,000～6,000円（ホワイトペーパーの場合）
- 目安の相場は月額15万～30万円で、50～100件のリード獲得

　SNS広告およびディスプレイ広告は、BtoBマーケティングにおいてリーチを拡大し、見込み顧客を獲得するための有効な手段です。リスティング広告よりもコストがかからず、それでいてより広範なターゲットにアプローチできることがメリットです。

Point. 1　面を取るには低コストで実施できる有効な手段

　まずは出稿にあたっての相場と、目安となるリード獲得数を記載します。

- **リード獲得数の目安**：月予算30万円なら30～100件
- **CPA相場**：3,000～10,000円
（お役立ち資料・セミナー系の場合）

- **潜在層**：3,000〜6,000円
- **顕在層**：6,000〜10,000円
- **最低予算**：15万円（50件）

Point. 2　広告の種類はBtoBだと5×7＝35パターン

広告の効果を最大化するためには、効果的な訴求内容を見極め、適切なクリエイティブを作成することが重要です。

BtoBの場合はある程度選択肢はパターン化されており、〈訴求内容の種類：5種類〉に〈訴求軸：7種類〉を掛け合わせた35パターンのアイデアを考えれば良いです。

訴求内容の種類：5種類

1. ▶ お役立ち（ノウハウ）資料ダウンロード
2. ▶ テンプレート・フォーマットダウンロード
3. ▶ 事例・データ集ダウンロード
4. ▶ セミナー申し込み
5. ▶ サービス資料ダウンロード

訴求軸：7種類

1. ▶ 簡易性・手軽さ訴求
2. ▶ スピード訴求
3. ▶ 価格訴求
4. ▶ 成果・数値訴求
5. ▶ 業界別の事例・実績訴求
6. ▶ 逆張り（常識の逆となる訴求）
7. ▶ ターゲットの悩み訴求

Point. 3　BtoBでは未だFacebook一強！動画広告は事業の内容次第か

SNS広告はBtoB企業であればまずはFacebook広告一択です。

▼Facebook広告の強み

実名で決裁者（年配者）が多く利用しているため、広告を見てから導入するまでの意思決定の早さや導入率が他のSNSと比べて高い傾向にあります。

▼動画（YouTube）広告の是非

SAKIYOMIのようなトレンディな業界で事業を展開する場合は、効果が見えてきました。**過去にYouTube広告を実施した際はCPAを2,000円台に抑えることができました。**

一方で、製造、インフラなどのレガシー寄りの産業全般においてはまだ時期尚早な感があります。

よって、すべてのBtoB企業において「動画（YouTube）広告が効果的」とは言い切れませんが、昨今のビジネス系動画市場の隆盛を見ると、2～3年後にはBtoB企業でもあらゆるジャンルにおいて動画広告が活用される可能性が高いでしょう。

ちなみにBtoC企業の場合は、すでに画像より動画の方がCPAが安くなりつつあります。この流れがBtoB業界にくるのも、時間の問題です。

Point. 4　ありきたりなテンプレ広告を脱却してCPA1,000円以下を目指せ

SAKIYOMIの場合、**広告のCPAは良い時だと500~1,500円**で取れます。

かなり安く驚かれることが多いですが、この要因はシンプルで、クリエイティブ力にあります。

結局今は、各広告媒体で機械学習をとりいれているため、ターゲティング広告ではCPAの差はつきません。その上で、CPAが1,000円を切るようなクリエイティブは下記のような要素を踏まえています。

CPA1,000円を切るクリエイティブの6要素

1 ▶ 広告感がない（スキップされない）
2 ▶ ありきたりなテンプレやデザインではない
3 ▶ 広告なのに見て楽しめる仕掛けがある（手を止めて読んでしまう）
4 ▶ SNS広告の場合は、通常のコンテンツに馴染んでいる
5 ▶ 思わず目に留まるキャッチコピーがある
6 ▶ 思わず目に留まるデザインになっている

特にBtoB企業の広告はありきたりなものが多く、楽しめない（驚きがない）広告が多い印象があります。これは広告代理店や企業の担当者が、良いクリエイティブを生み出そうと、クリエイティブを量産した弊害だと思います。

「大量に作る過程で、ヒットするクリエイティブが生まれる」。

このABテスト的考え方が当たり前になりすぎて、思考停止状態に陥り大量生産してしまっているのです。

しかし、時代は変化しており、広告の場合もコンテンツマーケティングと同様、本当に良いクリエイティブは大量生産の過程では辿り着けないのです。一つひとつ考え抜いて作りこむのが、成功への最短の道のりです。ぜひ次ページの事例を参考に、自社の広告クリエイティブを見直してみてください。

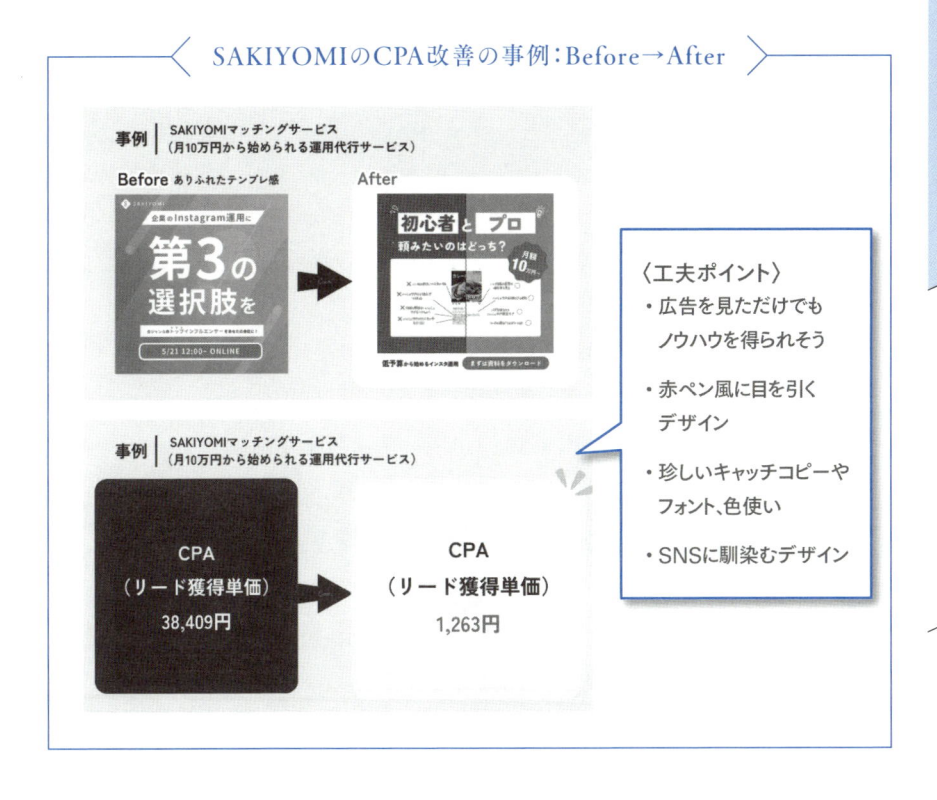

Point.5　セミナー/ホワイトペーパーで広告で回す時はショートLPという選択肢

　SAKIYOMIで広告のCPAを下げるべく、あらゆるLPで仮説検証を行った結果、もっとも費用対効果が良いLPはショートLP（ファーストビューだけで完結するLP）でした。

　要素モリモリのLPより、パパッと作ったLPの方がパフォーマンスが良いのは少し悲しいですが、この事実から目を背けてはいけません。今の時代「誰も読まない長文メールと同様、誰も要素の多いLPを読んでくれない」、そういった前提で作らなければいけません。　超大作ができあがったと思っ

ても無風に終わる可能性が高いのです。

　特に広告は、その場で「他のコンテンツを楽しむ合間に出てくる＋ユーザーとの初めての接点」になるもの。

　そんな状況を考えると「見てもらえずにスキップされるのが当たり前」なのです。
　その前提に立って広告やLPの改善をすれば、すぐに成果が出ます。

> **広告/LP：前提として持つべき考え方**
>
> **①** ▶ ユーザーとの初めての接点であり、ユーザーは自社のことを知らない
>
> 　→自社を知らなくても興味が持てるクリエイティブにすべき
>
> **②** ▶ コンテンツを見ている最中に表示される
>
> 　→広告感が強いとクリック率は下がる（スルーされる）
>
> **③** ▶ （基本的には）その場限りの接点である
>
> 　→CTAまで最短距離で！余計な要素が増えるほどCVRは下がる

〈 SAKIYOMIのショートLP：実践例 〉

▼実際のCPA～受注までの推移データ

日付	IMP	CLICK	CTR	CPC	COST	極値CV	極値CVR	極値CPA	LINECV	CVR	LINE改修単価	セミナーCV	セミナーCPA	受注数	受注単価
当月実績	328,439	3,032	0.92%	¥263	¥797,527	1,177	38.82%	¥678	724	23.88%	¥1,102	400	¥1,994	12	¥66,461
直近3日平均	#DIV/0!	#DIV/0!	0.00%	¥0	#DIV/0!	#DIV/0!	0.00%	¥0	#DIV/0!	0.00%	¥0	#DIV/0!	¥0	#DIV/0!	¥0
当月着地予想	243,681	2,250	0.92%	¥263	¥591,714	873	38.82%	¥678	537	23.88%	¥1,102	297	¥1,994	9	¥66,461

・リード獲得単価1,100円
・セミナー申込単価1,994円
　このパフォーマンスが
　半年以上安定しています…!

ちなみに……

　個人的にストックしていたBtoBで使える広告のクリエイティブアイデア
集をLINEで配布しています。ぜひ下記からLINEを登録し、合言葉「広告」
と送って受け取ってください。

SAKIYOMIのクリエイティブ

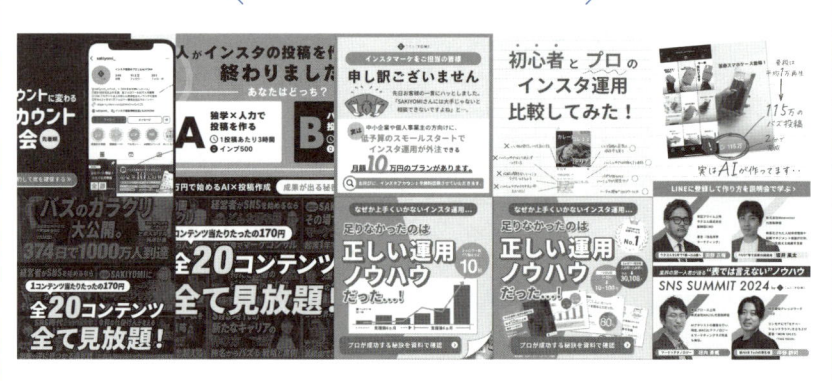

こちらのQRコードより、書籍購入者限定LINEを登録し、
合言葉「広告」と入力してください。参考になる広告クリ
エイティブやSAKIYOMIのマーケティング施策のバナーが
ダウンロードできます。

共催セミナー：毎月安定して 200件のリード獲得を目指せ

押さえたいPoint

- 最初の共催先の企業は泥臭く見つける
  - →2回目以降は定期開催で安定するように
- ハウスリストが少ないうちは共催する付加価値をつける

今すぐ試してほしい施策

- BtoB企業においてはFacebook広告を実施

目標KPI

- リード獲得数の目安：1社あたり50リード
- 広告CPAの目安：4,000円

Point. 1　最初の1社をどう見つければいい?

〈 共催セミナー：共催先企業の探し方 〉

1 ▶ X（旧Twitter）/ FacebookでDM（リファラル）

2 ▶ 共催先企業を探すコミュニティに入る

3 ▶ サービスサイトでセミナー頻度を調査

　初めての共催セミナーの場合、どうやって共催してくれる企業を見つけるか？

　一番のハードルになると思いますが、泥臭くいくしかありません。

　とはいえ、初期でも正しく提案できれば、共催セミナーは簡単に決まることも多いです。

　実際に、SAKIYOMIも当初は相性の良さそうな企業に共催セミナーを提案していました。色々と試してわかったことは、**企業の問い合わせフォームに送ると埋もれてしまうので、SNSで直接DMを送った方が返信率は圧倒的に高いということです**（とはいえ、問い合わせフォームにも提案書を送らない理由はありません。だれが見ているかわかりませんので、やれることは全部やりましょう）。

　そのため、X（旧Twitter）やFacebookを積極的に活用し、共催セミナー

を提案していました。Facebookグループでは、企業同士をマッチングするコミュニティもあります。1社ずつ丁寧に提案していきましょう。

こういった努力を行うことを前提として、「**共催セミナーを実施してくれる企業をどうやって見つければ良いのか？**」ですが、まずは自社と同じターゲットにむけてサービスを提供しているかどうかが重要です。

少しでも効率を良くするなら、**ターゲットになる企業のサービスサイトのセミナー欄をチェックしましょう。**更新頻度高く共催セミナーの案内が掲載されている場合はチャンスです。毎週セミナーを実施しているような場合は、共催セミナーを実施するパートナー企業を探していることがよくあります。

まずは担当者にセミナーに関する話を聞き、その際に自社と共催するメリットを提案すれば、共催セミナーを実施できる可能性が高まるでしょう。

SAKIYOMIの場合、1つ目のマーケティング施策が「共催セミナーの実施」でした。
当時は企業とのつながりもなければ、知名度もありませんでした。

そこで、昔のインターン時代の同期に連絡しました。その同期はSEO支援会社に就職しており、その会社のマーケティング担当者に共催セミナーの実施提案の機会をいただくことができました。

セミナー担当者に簡易的な企画書を作成し、提案すると共催セミナーが決まり、SNSでの告知なども行い集客をしました。結果、無事成功しました。

共催セミナーを一度経験したあとは、やり方がわかるため、とんとん拍子で2社目以降も決まりました。しっかり1社目で成果が出たこともあり、そ

83

の実績を伝えることで、次の会社でもセミナーの提案が通りやすくなりました。

　現在は毎月4社ほどと共催セミナーを行っています（毎月100 ～ 300件のリード獲得）。過去に一緒に共催セミナーを実施したことのある企業に声をかけて再度開催したり、企業のつながりから共催セミナーの開催を依頼されたりすることも増えて、より安定して実施できています。

Q. ハウスリストが少ない中でどう共催セミナーのメリットを提案したのか？
A. SAKIYOMIの場合は大きく2つあります。

①キャッチーな企画を作り、先方のハウスリストの掘り起こしに使ってもらう

　例えばSAKIYOMIの場合は、Instagram自体が当時はキャッチーだったので、SEO支援会社や広告代理店などに「Instagram×SEO」「Instagram×広告」のようなテーマで提案していました。

　実際に反応もよく、通常20～30人くらいしか集まらないのに、場合によっては100人以上集まることもあり、喜ばれたことが何度もあります。

　また商材がキャッチーではなかったとしても、「しくじり先生～〇〇で一番後悔したこととは？～」などのように、企画にオリジナリティを出せれば、どの業界でも魅力的な提案ができるはずです。

　ちなみに、直近は、ミニカンファレンスっぽく5～10社を集めて開催するケースも増えています。

　自社に集客力がない場合でも、集客力のある企業を複数集めて同時開催の枠組みを設計することで、セミナーを成功に導くこともできます。

②キャッチーなテーマで企画を作り、広告のCPAを抑えて、成果を出す

　実際にキャッチーなテーマだと広告のCPAが1,500円（相場は4,000円）ぐらいになります。当初SAKIYOMIのセミナーのCPAはこのぐらいで取れていたので、お互いに広告費を10万円ずつ拠出することで、毎回50〜100人の集客ができていました。

　自社のハウスリストが少なくても、これならお互いにメリットがある座組になります。

　最近であれば「生成AI」「新NISA」「アルゴリズムアップデート」など、トレンドのテーマはCPAが安く、共催セミナーを開催すれば、ハウスリストを掘り起こしやすいです。
　もちろん業界によるかとは思いますが、上記のようなものをうまく掛け合わせれば、企画やタッグの組み方次第でバリューを出せます。

展示会/カンファレンス:
一気に1,000件以上のリードを獲得する

押さえたいPoint

- 初期のリード獲得には効果的だが、質の低いリードが多く含まれること
を前提に実施する

今すぐ試してほしい施策

- 費用対効果を見合わせるために、その後の自社セミナーやナーチャリン
グ、フォロー営業とセットで実施する

目標KPI

- リード獲得数：500〜2,000件
- CPA：500〜2,000円

展示会やカンファレンスはBtoBマーケティングにおいて初期にリードを
"大量に"獲得する手段として有効です。ただし、獲得リードの質にはばらつ
きがあるため、後述のナーチャリングやフォロー営業が必須です。

Point. 1　リード獲得数や相場の目安

まずは獲得できるリード数とCPAの相場を理解し、適切な予算設定を行い
ます。

- **リード獲得数の目安**：500〜2,000件
- **CPA相場**：500〜2,000円（数十万〜300万円）

展示会は大量のリードを獲得できるため、CPAが比較的安くなります。ただし、「薄い」リードが多く含まれるため、他チャネルより商談化率は低い傾向にあります。

こういったことを前提に許容CPAを算出しましょう。

Point. 2　ナーチャリングとフォロー営業をセットで事前に準備しておく

獲得したリードを最大限に生かすために、事前にナーチャリングやフォロー営業も漏れなく実施していきましょう。

▼ナーチャリング

リードの育成のために次のアクションを明確にしましょう。そのためには、見込み顧客との段階的なコミュニケーションをとることが重要です。そのために44ページで紹介した階段設計を見直しましょう。具体的にはセミナーやカンファレンスの中で開催前後に次回のセミナー開催日などの導線を用意しておきましょう。

▼フォロー営業

セミナー翌日には膨大なリードが入ってくるため、リード確認後、すぐに架電できるリソースをあらかじめ確保しておきましょう。それでもリソースが足りないときは、優先順位をつけられるようにアンケートでのスクリーニングや優先的に架電する業界の絞り込みを決めておきましょう。

Q. SAKIYOMIの場合：カンファレンスや展示会をどう捉えていたか？

- **初期の出展**：1～2回の出展でリストを2,000～4,000件獲得。
  →ハウスリストの少ない初期は特に助けられました。その後はハウスリ

ストが増えて、共催セミナーもスムーズに実施しやすくなりました。

- **現在の方針**：現在はハウスリストが十分にあり、コンテンツマーケティングにより新規リードを十分に確保できているため展示会に出展していません。その代わりに、自社主催で「SNSサミット」を開催しています。インフルエンサーやWEBマーケティング支援会社の役員などを登壇者としているため、2024年は約5,000名の方が参加しました。ハウスリストを自社のカンファレンスから得ている状況です。

▼SNSサミット2024の事例

　展示会やカンファレンスは初期リード獲得に効果的ですが、先ほど紹介したナーチャリングとフォロー営業が成功の鍵となります。BtoBマーケティング立ち上げ時は共催セミナーを中心に他の施策とセットで活用し、費用対効果を高める工夫をしましょう。

X（旧Twitter）：今やSNSは BtoBでも必須な時代

押さえたいPoint

- 特に経営者やビジネスマンが多く活用しているXにリソースを割く

今すぐ試してほしい施策

- SNSでは客観的な情報よりも主観的な情報が好まれる。

  できればXのアカウントは企業のものではなく個人がキャラクターの強さを前面にだして運用する

目標KPI

- 初めは週1回の発信
- まずは1投稿1,000インプレッションを目指す。いきなり10万インプレッションを狙うのではなく、1,000人が次も見たいと思う投稿を意識する

▼Xの利点：

- ・経営者を中心としたビジネスマンが多く利用している
- ・著名人や有名起業家ともDMなどを介してコミュニケーションすることが可能
- ・Xに限らずSNSの活用は今やビジネスにおいて欠かせないものとなっており、優秀な人材の採用や新規案件の獲得など大きなチャンスが眠っている
- ・有益な発信によってフォロワーが増えると、指名での相談やサービスの発注が生まれる

Point. 1　Xは企業戦略の1つ。経営陣がコミットしなければ誰もついてこない

　今やこれだけサービスがあふれている中で、製品・サービスの質だけで競合と差別化し、第1想起を取るのは困難な時代となっています。

　そこでおすすめしたいことは、**会社のメンバーをビジネスインフルエンサー化する**ことです。ここでいう「ビジネスインフルエンサー」とはビジネスに関する深い専門知識や経験を持つ人物が影響度が高いことを指します。これにより、ビジネスインフルエンサーが所属する会社の信頼性や影響力を高めることが狙いです。

　Xにおいては企業アカウントではなく個人アカウントを育成するべきです。
個人アカウントは企業アカウントに比べて差別化がしやすく、ファンがつきやすいという特徴があります。私もXで発信しているからよくわかるのですが、投稿の拡散力、フォロワーの増加数なども企業アカウントと比べると段違いです。

　企業アカウントで1万フォロワーを達成するよりも、個人アカウントで1万フォロワーを達成する方が現実的であり、その影響力も大きいです。

　例えば、「BtoBマーケティングといえば○○さん」という具合に、個人の方が第1想起を取りやすくなります。

　ちなみにSAKIYOMIは社内でXにコミットするムーブメントを作るために「社員インフルエンサー化計画」を企画し、まずは経営陣が実践し、それをみて自然と取り組むメンバーが増えていきました。

〈実際にSAKIYOMIの経営陣がXにコミットした結果〉

　・幹部5名の2週間の合計インプレッション数が100万を超え、3ヵ月で合計500万インプレッションを達成した

> ・1ヵ月間で1,500件の新規リードを獲得した
> ・LTV換算で1,000万円/月以上の売上をあげた
> ・1,000名/月以上のエントリーを獲得した

Xを運用して、ビジネス活用における驚きが3点あります。

①他SNSよりもビジネスでの情報収集を行うユーザーが多い
②他SNSよりも容易にインプレッションが上がる
③②の結果、商談にも結びつきやすく売上に直結する

フォロワー数がそこまで多くなくても初速を作ることができ、運用開始数ヵ月で成果を見込むことができるのが、Xの強みです。どんな成果があったのか、具体的に紹介します。

○LTV換算で1,000万円/月以上の売上をあげた

- 「サービス紹介のポストで興味ある方はDMください」と案内しただけで、数十件のDMがきた
- DM内で費用感を事前に伝えることもできるため、無駄な商談もなく、効率も良い
→実際に指名のような形で受注がほぼ確定した商談が複数生まれた
- DMを下さる方はほとんどが決裁者であるため、商談もスムーズにすすんだ。受発注以外にも、アライアンスに関する連絡もあり、様々な面でシナジーを生み出した
- 資料配布企画を実施し、1ヵ月で1,500件のリード獲得に成功。その中の約4割が経営者のリードだった。商談時に自分のことや自社のことを知ってもらえている状態で始まり、スムーズに受注につながった
- DMを送ると、つながりがなくても一度話す時間をもらいやすい

○1,000名/月以上のエントリー獲得

エントリー数に関しては、すべてXの影響とは限らないのですが、普段エントリーしてこないハイレイヤーの候補者が格段に増えました。たった数ヵ月の運用でこれらの成果をどう実現したのか？これから具体的な運用のPointも解説していきます。

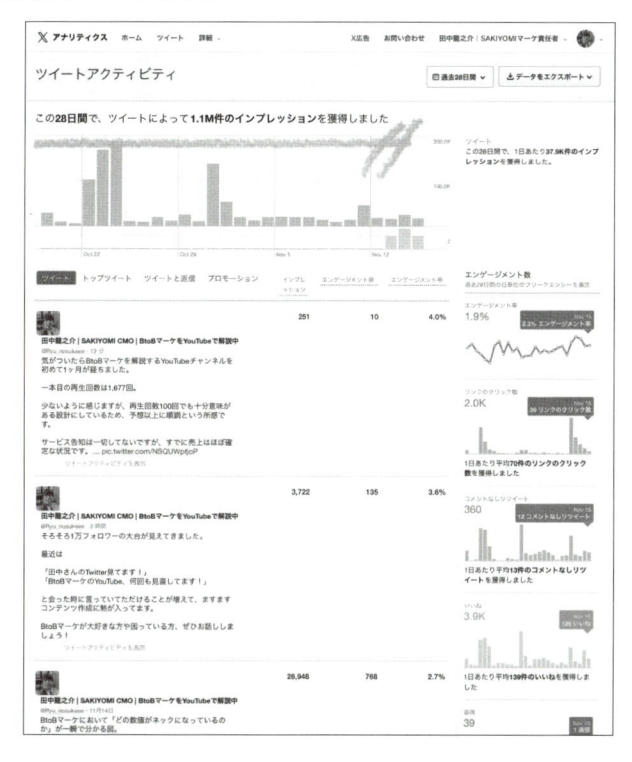

Point. 2　毎日投稿は不要！　週1回で平均1,000インプレッションを目指す

▼Xの投稿頻度

・作り込んだ長文を週1回、軽いつぶやきを週2回程度でOK

「これらの情報だけでは自分にはできる気がしない…」と感じる方も多いと思うので、まずは参考にしてもらいたいイチオシの投稿フォーマットを紹介します。

・参考例：

まずはSAKIYOMI代表吉田の投稿を紹介します。頻度は月1回程度です。他社の成功事例を時系列に紹介し、経営者の目線で分析した投稿は2024年6月現在で、53万以上のインプレッションを獲得。頻度よりも一回の投稿をいかに作りこむかが大切であることがわかる事例です。

吉田睦史 | SAKIYOMI代表 ✔
@yoshida_Radix

**12月に上場、売上25億のyutoriが
インスタ起業から3年で売上6億を実現するまで**

事業グロースの参考で各社創業期を調べていますが
yutoriの戦い方が新しすぎました

■創業1年：売上1600万
・古着メディア立ち上げ
→以降の基本戦略となるSNS活用

■創業2年：売上1.4億
・古着から自社ブランドへ転換
→勝ち筋の発見

■創業3年：売上5.7億
・複数ブランド展開による売上拡大
ー再現性の高いNICOモデルの採用
ー熱狂を加速させるKPI設定
ーブランド拡大を支える自律分散型の組織づくり
・売上を安定させるSNSコントロール

yutoriさんに関する20記事以上を読みましたが、
まさに**令和の事業グロース**。全てが時代を捉えた新しい考え方で、全員が
おさえておくべきだと思います。

▼先日投稿したタイミーの創業期も面白いのでぜひ
x.com/yoshida_Radix/...

※「SAKIYOMI代表吉田睦史の投稿」（URL:https://x.com/yoshida_Radix/status/1732380101353132174）より引用

　ユーザーにとって役に立つことが重要であることはもちろんオリジナリティや新規性などもあるとなお良いでしょう。コツは下記の2点です。

①自分の体験から作る
②自分の体験に依存せずにコンテンツを作る

　実際に吉田の投稿は、IR資料や記事をベースに作っており、吉田の実体験がなくても濃い内容の投稿を作ることができています。
　②についてもっとわかりやすく私の投稿例をベースに解説します。それは、

おすすめのコンテンツをまとめた投稿です。

> **田中龍之介｜マーケの全施策60(本)｜SAKIYOMI執行役員CMO** ☑　　…
> @Ryu_nosukeee
>
> **【もしBtoBマーケ1年目に戻ったら確実に勉強しておく資料10テーマ】**
>
> 個人的イチオシは①,②,⑨。
>
> 全部目を通せば、一通りのセオリーは抑えることができます。
>
> ※仕事始めにまとめて読むためにブックマーク推奨。
>
> ===
> **① BtoBマーケ施策の全体像について**
>
> BtoBマーケティングの手法大全 – 社内会議で使える77個の施策アイデア
> sairu.co.jp/method/2483/
>
> 【BtoBマーケ】何からやるべき？リードを増やす全施策(60個)と優先順位
> youtu.be/BQPZg08ZMc4?si...
>
> →まずはこれがとにかく便利。BtoBマーケの全体像を把握するのにぴったり。
> 記事で学びたい人は一つ目を、動画で流し見したい人は二つ目がおすすめ。
>
> ===
> **② webサイト・LPについて**
>
> BtoBサイトを成功に導く180のチェックリスト
> baigie.me/officialblog/2...
>
> →8割の企業がwebサイトやLPでセオリーを押さえれてない。これ見て反映するだけでCV数が1.5倍とかザラにあります。

※「著者のXの投稿」（URL:https://x.com/Ryu_nosukeee/status/1744334190794170675）より引用

　こちらの投稿はカテゴリーごとにおすすめのサイト記事をキュレーションし、ユーザーに訴求したものです。マーケティングの情報は数多く、どれを見ればいいかわからないという方がとても多かったので、そういった方々に向けておすすめのサイトを共有しました。

　自分の専門性を生かせれば、こういったまとめ形式の投稿を作ること自体は簡単にできるのではないでしょうか。

次に自分の学びをカテゴリー化して発信した投稿を紹介します。

> 田中龍之介｜マーケの全施策60(本)｜SAKIYOMI執行役員CMO ✅ ⋯
> @Ryu_nosukeee
>
> **全マーケ施策の成功率を10倍にする**
> **キャッチコピーの技術を学べる記事10選**
>
> このキャッチコピーの技術を身につけるだけで、**費用対効果に数倍の差が**
> **つきます。**
>
> BtoBマーケ1年目に
> 「もっと早く知りたかった、、」
> ものだけを**10個厳選してみました↓**
>
> (＊ブクマして暗記レベルでインストールを推奨)
>
> ===
> ①ユーザーの反応率が12.8倍上がる「良い言葉」の選び方
> lucy.ne.jp/bazubu/how-to-...
>
> →具体的な4パターンの言葉の選び方が秀逸。
>
> これをマスターするといいキャッチコピーを意図的に思いつきやすくなり
> ます。
>
> ===
> ②"普通の企画"を輝かせる3つの手法【凡人のためのアイデア発想法】
> note.com/mw19830720/n/n...
>
> →個人的にこの中でもイチオシ。

※「著者のXの投稿」（URL:https://x.com/Ryu_nosukeee/status/1715949365993644065）より引用

　冒頭にどんな学びが得られるか記載することがポイントです。そのあとは
ユーザーが見やすいようにサイトを列挙し、それぞれに1〜2行程度解説を
入れましょう。

　最後に、最初の1投稿目に関して紹介します。これは名刺代わりになるコ
ンテンツを作成し、自己紹介としてピン止めしておくと良いでしょう。

　名刺代わりになるものなので、KeynoteやCanvaなどで図版を作り、視認

性のあるものを置いておくとアイキャッチになります。自分がどういったことが得意な人間か、どれだけの情熱を持っている人間かなども表現し、見た人がついフォローしたくなるような投稿にできると理想です。

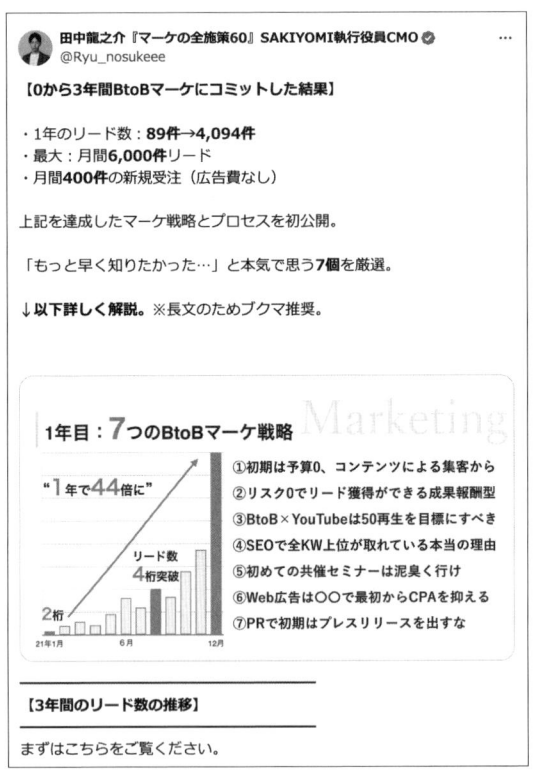

※「著者のXの投稿」（URL:https://x.com/ryu_nosukeee/status/1704483531471323149?s=46&t=a7ICQJDBxVSnZmgoGeF）より引用

YouTube：圧倒的に
BtoBマーケティングと相性が良い。
1企業1チャンネルを持つ時代も近い

押さえたいPoint

- 動画制作コストは意外と低い（1本1～2万円ほど）
- リード獲得はもちろん、アポ率や受注率向上に加えて、社内教育やブランド認知度向上などにも貢献する。副次的な効果も大きい
- 後発企業がマーケティングチャネルの中で競合優位性を作る余地のあるチャネル

今すぐ試してほしい施策

- トップセールスマンの出演や事例インタビューなどの動画を作成し、営業インパクトを高める
- 「今すぐ作るべき4種類の動画」を作成して、反応を見る

目標KPI

- 新規リード獲得：月30～150件
- アポ率/受注率が他のチャネルの2倍

「え、BtoBマーケティングでYouTube って使えるの？」
そう思った方も多いと思いでしょう。

何度かお話ししましたが、YouTubeによる発信はSAKIYOMIが後発ながら業界No.1のポジションを獲得するのに大きく貢献したマーケティング施策

です。

　もちろん業界によって合う、合わないなどの相性はありますが、**今やオンラインセミナーはどの業界でも浸透してきていることを考えると、YouTubeのインパクトは理解していただけるのではないでしょうか。**

　ただ、YouTube というと、いわゆるバズ動画を思い浮かべる人が多いのではないでしょうか？**ビジネスにおけるYouTube発信はバズることを目指すのではなく、ハウスリストのナーチャリング施策の1つとしてとらえましょう。**再生数を稼ぐことを考えるのではなく、アポ率/受注率を上げるために動画を作るのです。

　簡単にいうと、自社セミナーをYouTube上で実演するイメージです。動画数もまずは4本あれば十分です。コストは1本あたりの編集で、1〜2万円ほど。現代では、動画編集者はWEB上ですぐに見つかります。高いお金を支払ってまで制作会社に依頼するようなことをしなくて大丈夫です。4本（毎週1本、月4本）あわせて10万円以下で制作できるのであれば、1件の受注で十分ペイできます。

　では実際の受注数はどうか？　やったことがないと、ここがイメージしづらくて、実施することに二の足を踏むかと思います。こう考えたらわかりやすいのではないでしょうか？

　　セミナーに100人参加したら10件ぐらいはアポが入り、1件の受注ができるイメージです。

　ですから、YouTubeも100回の再生数で十分なのです。実際にSAKIYOMIは4年前に「再生回数は100回で十分だ」と割り切って始めました（結果的

には、100回の再生数の動画からも、受注が生まれました）。

　その結果として今では、動画も100本以上を積み重ね、試行錯誤をし、結果数万回の再生数が取れました。

　ただ、いきなり数万回の再生数を目指すとうまくいかないですし、そもそも不確実性が高すぎて挑戦すらできないでしょう。数回ほどYouTube発信を行い、相性の良さや伸びしろを確認できてから、KPIを設定しましょう。
　そのうえで、投稿頻度を増やしていけば良いのです。

　先ほどもお伝えしましが、YouTubeはオンラインセミナーと同様の成果が期待できるメディアです。また、特にBtoBのサービスはLPだけではその魅力や価値を伝えきることができません。動画を用いることでサービスの魅力などをより効果的に伝え、顧客の理解を深めることができます。結果、リード獲得や受注率に大きく貢献します。

▼なぜ、これから企業のYouTube活用はすすむのか？
　2021〜23年にかけて、「PIVOT」や「NewsPicks」などビジネス系総合メディア（YouTube）が一気に勢いを増し、ビジネスマンの情報収集の選択肢として当たり前になりました。

　この流れは今では当たり前になったブログやSNSなどのオウンドメディアの流れと完全に一致しています。

〈ブログの流れ〉
　最初はBtoC企業の商品をレビューすることがブロガーを中心に流行る
↓
　次第にBtoC企業がブログをマーケティング施策として活用し始める

↓

ビジネスマン向けのWEBメディアも流行り、ビジネスマンがブログから情報収集することが当たり前になる

↓

BtoB企業もブログやWEBサイトなどのオウンドメディアを活用し始める

↓

各業界ごとに特化したメディアが増える

〈SNSの流れ〉

最初はBtoC企業でインフルエンサー（インスタグラマー /YouTuber）を活用した情報発信が流行る

↓

ビジネス版の総合メディア（PIVOTやNewsPicks）でもSNSによる発信が流行り、ビジネスマンがSNSで情報収集することが当たり前になる

↓

BtoB企業も当たり前にSNSを活用し始める

↓

各業界ごとに特化したメディアが増える

ブログ、SNSの流れを見ておわかりになるかと思いますが、**YouTubeにおいてもこれからは総合メディアに続き、SEOや広告などの専門的なテーマに絞ったメディアでもYouTubeの活用が増えていく**でしょう。結果、今まで以上にビジネスにおけるYouTube活用が進むはずです。

私はSAKIYOMIでYouTubeの事業インパクトの大きさを痛感していることもあり、この流れを確信しています。新しく立ち上げているBtoBマーケティング領域の新規事業では、真っ先にYouTubeチャンネルを立ち上げました。

では「具体的にどんな動画を作るべきか？」紹介していきます。

Point. 1　真っ先に作るべき動画は4種類でOK!

YouTubeで成果を上げるためには、以下のような動画を用意することが重要です。

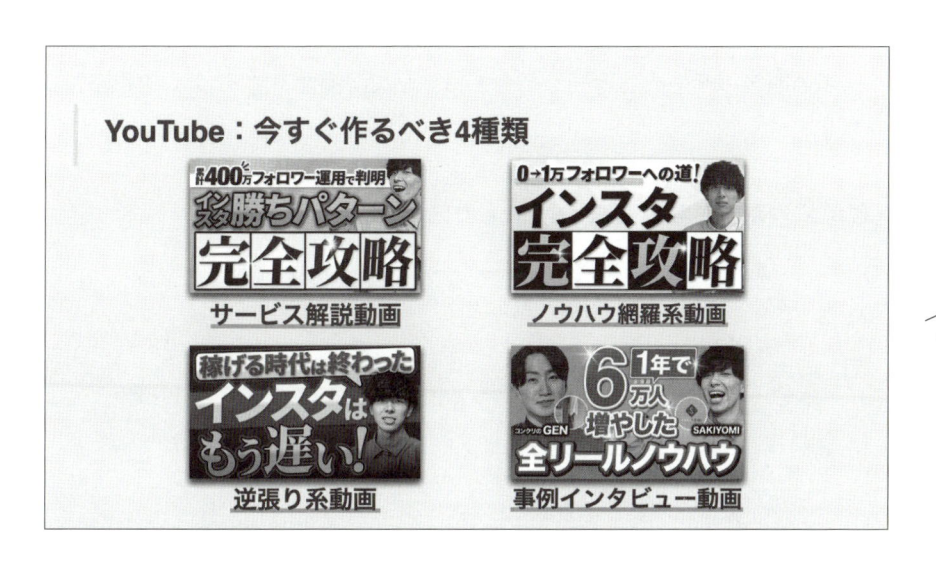

・サービス解説動画

トップセールスマンが自社の商材を説明する動画です。

見込み顧客に対して直接語りかける形式の動画で、自社のサービス理解や信頼感の醸成を促進します。よくある質問なども織り交ぜることで、企業の社内稟議の通過にも貢献します。

・ノウハウ網羅系動画

見込み顧客の悩みを解決するお役立ち動画です。目先の課題解決に直結す

るため、うまく活用してもらえると大きな信頼を得ることができます。自社のサービスについて、1本で網羅するような動画を作成しましょう。

・ノウハウ系動画（逆張り系）

常識の逆張りをするようなキャッチーな企画（フリ）を動画の中の解説（オチ）で回収する形式の動画です。

・事例インタビュー動画

実際の顧客の声や成功事例を紹介する動画で、商品やサービスの信頼性を高めます。

〈最低限理解しておくべきYouTubeのアルゴリズム〉

- 再生数＝サムネイルのクリック率×再生維持率
  →これら2つの変数を最大化すればOK
- サムネとタイトルを狙いたいキーワードと一致させ、YouTube内のSEO（検索流入）を取りに行く
  →タイトルの冒頭にキーワードが入っている方が望ましい
- 「関連動画」と「おすすめ動画」にのることで発信した動画コンテンツが伸びる

〈SAKIYOMIが3年間で300本YouTubeにコミットした結果〉

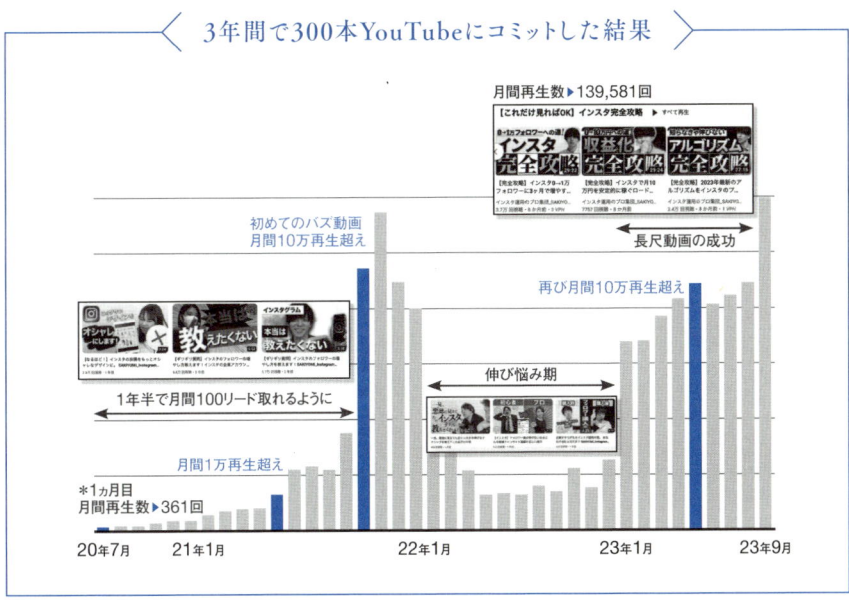

3年間で300本YouTubeにコミットした結果

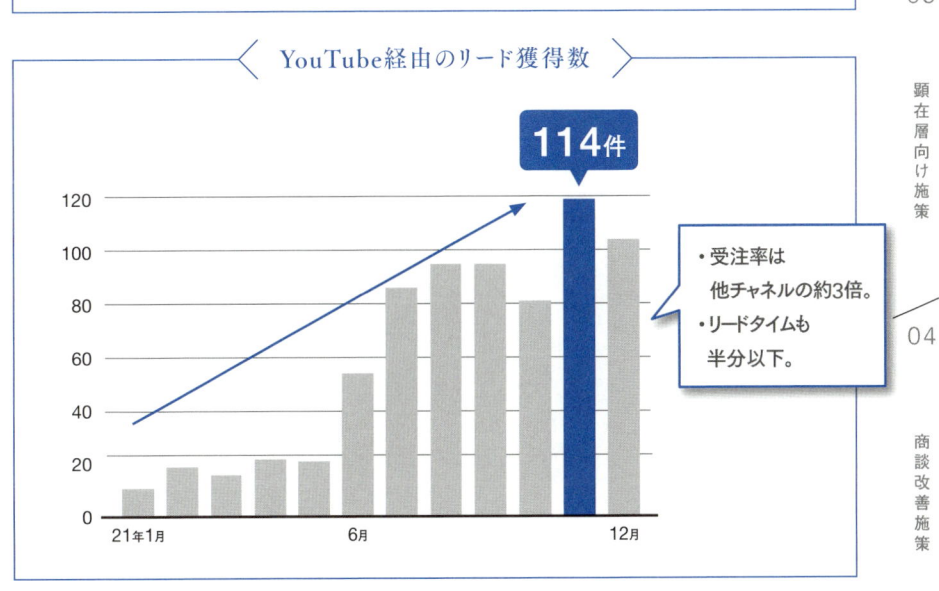

YouTube経由のリード獲得数

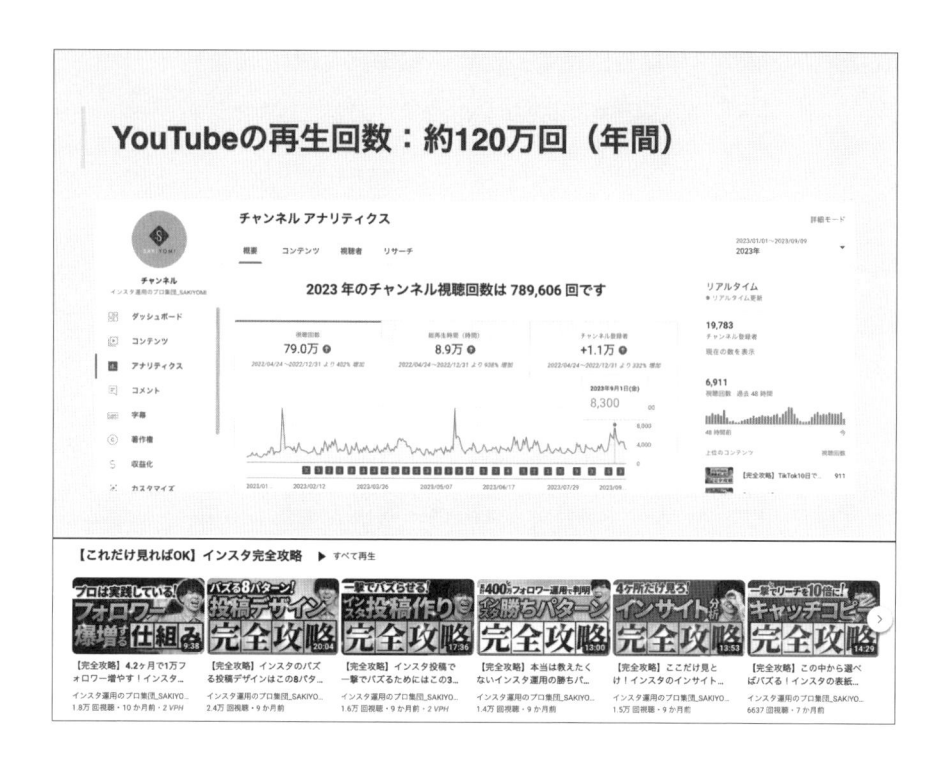

　もっと詳しく知りたい方は、私の公式LINEに登録していただき「YouTube」と送ってください。非公開にしている動画で本書の内容をより詳しく解説しています。

広報/プレスリリース：BtoBマーケティングにおいて、初期には取り組まなくていい⁉

押さえたいPoint
- BtoB企業の広報は難易度が高い
- 初期はプレスリリースよりも記事寄稿を積極的に行うべき

今すぐ試してほしい施策
- 資金調達の決定や自社サービス導入実績の向上などキャッチーなテーマがない場合は、記事寄稿やSNSの活用が効果的

目標KPI
- 注力メディアへの掲載獲得

　BtoB企業の広報活動やプレスリリース配信は、難易度が高いです。まずはこのことを理解することが重要です。BtoC企業はダイレクトに消費者と接するため、トレンドに合わせて情報発信がしやすい傾向にありますが、**BtoB企業にはトレンドが少なく、社会課題に向き合う企業を除くと注目されにくい傾向**があります。

　その上で、テーマや配信のタイミングをうまくつかめばリード獲得やブランド認知度の向上が期待できます。

Point. 1　BtoB企業において鉄板テーマは4種類

BtoB企業の広報で注目を集めるための鉄板テーマは以下の通りです。

> ・**資金調達**
> 　新たな資金調達の決定を発表することで注目を集めます。
> ・**有名企業によるサービスの導入**
> 　有名企業が自社のサービスや製品を導入したことを公表することで信頼性が高まり、関心を引きます。
> ・**有名企業との業務提携**
> ・**導入企業数の節目（1,000社、1万社、10万社など）**

これらのテーマ以外で注目を集めるのはかなり難しいのが実情です。

実際にSAKIYOMIでも色々試してみましたが、ことごとく失敗に終わりました。

「いきなりプレスリリースを打っても反響がないからやめたほうがいい」

そう過去の自分に伝えたいぐらいです。

先に4種類ほど広報の鉄板ネタを挙げましたが、「そもそも大型の資金調達をしていない」「まだ大手の導入実績がない」などといった企業が大半だと思います。

そこで、突破口をどう見つけたら良いのかをSAKIYOMIの実例を交えてPoint. 2でお伝えします。

Point. 2　毎月4本のプレスリリース配信を目標に実践し、大失敗した

▼初期の取り組み

資金調達などの大きなニュースがないため、内容よりも「数」にこだわったアプローチを試みました。具体的には、毎月4本のプレスリリース配信を目標にしていました。

しかし「調査リリース」や「企画リリース」を配信しても、反響はありませんでした。

その局面を打開するために、広報関連の書籍を読みましたが、「トレンドを押さえること」に比重を置かれたコンテンツがほとんどで、トレンドと関連が薄いBtoB企業においては参考になりませんでした。

▼成功した方法

SAKIYOMIはもともとコンテンツマーケティングが得意だったため、マーケティング専門メディア「MarkeZine」に自社のコンテンツをもとに記事提供することを提案し、記事寄稿の形式で連載枠をいただきました。こちらで掲載された記事が週間ランキング1位を何度もとり、一気に問い合わせが来るようになりました。

▼現在のSAKIYOMI

事業自体を伸ばしてきた結果ではありますが、今では著名人や大手企業がSAKIYOMIが開催するビジネスイベント（SNSサミット）に参加してくれるようになり、注目が集まるようになりました。**このフェーズ（小さいジャンルでも第1想起を取るぐらい）まで進むと、プレスリリースを打った際の反響は大きくなります。**

こうした経験から、初期にプレスリリース配信に注力するくらいなら、目の前の事業を伸ばすことに専念するほうが、圧倒的にリターンが大きいと考

えています。

　業界内で第1想起を取るぐらい事業が伸びれば、必然的にプレスリリースもインパクトが出てくる土台が整います。その頃には大手企業の導入実績や業務提携ができるようになっているでしょう。それでも、BtoBの広報で実績を出したい場合は、「記事寄稿」を専門メディアに提案することから始めるべきです。

認知度や信頼度を高める「本の出版」

押さえたいPoint

- 書籍を出版することでリード獲得や認知度向上につながる
→大手企業や地方企業など、本でしかアプローチできない顧客は存在する
- 書籍を出版する場合の費用の相場は数百万円ほど
- 出版までにかかる時間は構想の段階を含めて半年〜1年ほど

今すぐ試してほしい施策

- 出版をするためには、実績にもとづくデータや顧客の声、キャッチーなテーマ設定などが必要

目標KPI

- ベストセラーの基準は1万部突破
→ベストセラーの実績がつくと書店で長く陳列され、自社のノウハウや考えを長く広め続けることができる

▼リード獲得数の目安

書籍の場合、リード獲得数は具体的な数値で示すことが難しいですが、オンライン上ではアクセスできない層へのリーチや、書店で陳列されたり、ECサイトに書影が掲載されることで、新たな顧客との接点を得ることができきます。

実際に、SAKIYOMIが出版した、『平均4.2ヵ月で1万フォロワーを実現する　プロ目線のインスタ運用法』（クロスメディア・パブリッシング）のリ

ード獲得データはこちらです。

	リード件数合計	BtoC合計	コネクト（リード用）	アポ獲得済み合計	ヨミ化数合計	受注合計	コネクト率（BtoC）	アポ率・（BtoC）
書籍	3,957	1,635	987	305	142	65	60.4%	7.70%

▼実際に書籍を出したインパクト

113

書籍を出すことで得られるインパクトは大きいです。SAKIYOMIの場合は、**明らかに商談や採用活動時に「本を読みました」という声が増え、信頼度や認知度が向上していることを実感しました。**

さらに、書籍をきっかけにイベントを開催しやすくなったり、インフルエンサーやタレントの方とのコラボレーションも実現しやすくなりました。結果として、5,000人規模の「SNSサミット」というイベントもSAKIYOMI主催で開催することができました。

WEB広告ではなかなか接点を作れないような、書籍からのリードは大手企業の比率も高いです。もちろん書籍以外のマーケティング施策の効果もあるとは思います。ただ、書籍発売以降、大手企業から受注する割合が格段に高まりました。

しかし、他のマーケティング施策と異なってコンテンツ制作の難易度は高

く、マーケティングの施策を打つというよりは、1つの作品を作るということに近いため、負担も大きいです。

　それゆえに競合も「書籍を出版する」という施策は打ちづらく、数年にわたってインパクトのある資産になります。

　ただ、年間8万点ほど出版されることもあり、売れる書籍とそうでない書籍の差も大きくなっています。売れなければ、1週間ほどで書店における取り扱いなどが小さくなってしまうのが実情です。ですから数年にわたって読み継がれる本当に良い書籍（中身）を作れるかどうかにかかっています。

　ちなみに本書は2024年4月に企画をスタートし、発売が2024年11月ですので、発売まで半年以上の時間がかかっています。

ナーチャリング：商談化率を150%に引き上げる正しい考え方

押さえたいPoint
- ナーチャリングを実践し「新規リード依存からの脱却」と「許容CPAの最大化」を目指す
- ナーチャリングは3パターンを正しく使い分ける

今すぐ試してほしい施策
- 新規リード獲得時に「信頼獲得」できる導線を作る
- 良質なコンテンツを顧客に提供し、リピート率を最大化する
- 課題の優先度を上げることで、潜在層の課題を顕在化させる

目標KPI
- 月間の商談数のうち、3分の1は過去のリードから獲得できている

ここからは準顕在層向けの施策に移ります。**いきなり具体的な施策に入る前に、そもそも「潜在層と顕在層」を橋渡しする「ナーチャリング」という概念について解説します。**

というのも、実際に**形だけの「ナーチャリング施策」**を行っている企業をよくみるからです。

マーケティングでは、広告やコンテンツマーケティングが有名で人気があるため、それらについては正しく学んでいる方が多いです。しかし、意外と重要なのがナーチャリングです。**BtoBマーケティングにおいて、「ナーチャ**

第 3 章
全60のマーケティング施策 〜各施策のKPIと成功例〜

01

潜在層向け施策

02

準顕在層向け施策

03

顕在層向け施策

04

商談改善施策

リング」施策は顧客との長期的な関係構築や見込み顧客の育成に重要な施策です。

そもそもナーチャリングとは、マーケティングにおける手法の1つで、見込み顧客（リード）を育成し、購入意欲を高めるための活動です。ナーチャリングが正しく行われていないと、新規リードに依存してしまい、事業の成長が頭打ちになります。

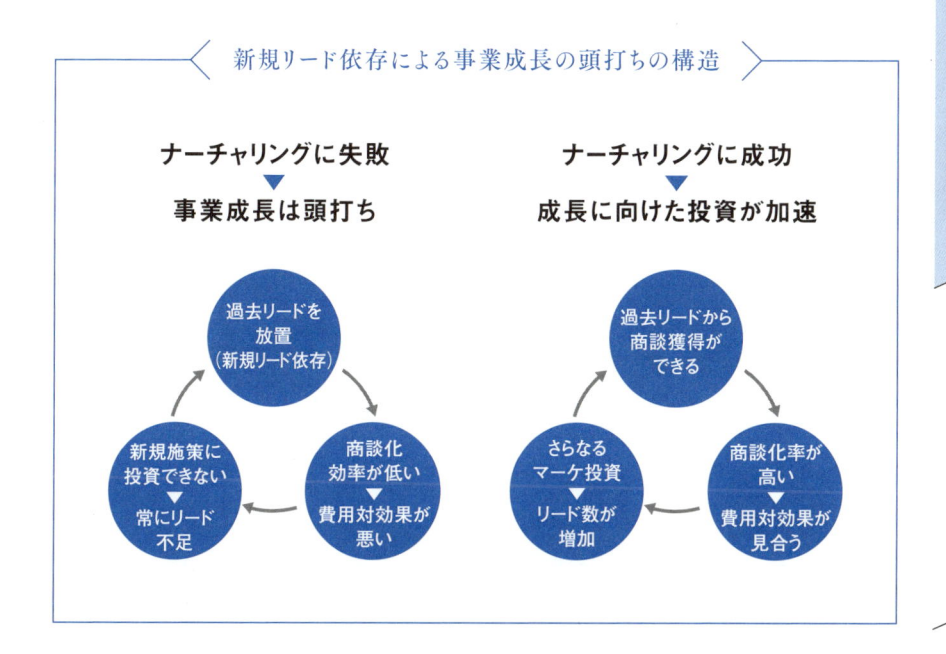

新規リード依存による事業成長の頭打ちの構造

ナーチャリングに失敗
▼
事業成長は頭打ち

過去リードを放置（新規リード依存）

商談化効率が低い 費用対効果が悪い

新規施策に投資できない 常にリード不足

ナーチャリングに成功
▼
成長に向けた投資が加速

過去リードから商談獲得ができる

商談化率が高い 費用対効果が見合う

さらなるマーケ投資 リード数が増加

図版を見ていただければわかるように、**ナーチャリングに成功すれば正のスパイラルに入りますし、失敗すれば負のスパイラルに入ります。**

よく、「リード数が不足して事業が伸び悩む」「広告やコンテンツマーケティングの費用対効果が見合わない」と相談をいただくことがありますが、そ

ういった場合はこの負のスパイラルに陥っているケースが多いのです。

　いくらマーケティングやセールスで新規リードを獲得しても、ナーチャリングをしなければすぐに商談化する案件以外はリードを捨てることになってしまいます。それではリード獲得にかけた投資のほとんどが無駄になってしまいます。

　仮に、月内での商談化率は10〜20%だったとしても、ナーチャリングによって最終的にはほとんどの企業との商談につながっている状態が好ましいのです。
　ナーチャリング成功における目安のKPIとしては、冒頭に記載したように「新規商談のうち、3分の1は過去リードから商談獲得ができる状態」を目指しましょう。

【9割が誤解】ナーチャリングは3パターンを使い分けろ

　ナーチャリングの重要性が理解できたところで、次はどうすれば「ナーチャリング」に成功するのか？

　その方法論を解説していきます。そもそも「ナーチャリング＝メルマガを送ること？」ぐらいにざっくりとしか、考えたことがない方も多いのではないでしょうか。

　まずは3つの目的に沿って、適切に使い分けることができているか？から確認していきましょう。

> ナーチャリングの重要な3パターン

1 ▶ 信頼獲得：キラーコンテンツを活用せよ

2 ▶ 継続接触（Keep in Touch）：
顧客ニーズを探るアンテナの役割

3 ▶ 課題の優先度を入れ替える：
新たな切り口をシェアして課題を顕在化

Point. 1　信頼獲得：キラーコンテンツを活用せよ

　ナーチャリングにおいて重視すべきポイントの1つ目は、顧客との信頼関係を築くことです。信頼がなければ、顧客は企業の情報を受け取ったり、提案を検討したりすることはありません。

　信頼関係を築いていない企業からSNSやメールで連絡がきても、スルーすることと同様です。ナーチャリングによって**「今後この企業の情報をチェックしよう」**と思わせないといけないのです。

　そのためにも、信頼を構築するためのコンテンツを提供することが重要です。特に自社の中で一番気合の入ったキラーコンテンツを見込み顧客に送るべきです。他社と比べて自社のコンテンツの方が圧倒的に役に立つと言えるようなものを送るのです。

　逆に最初の接点において、ありきたりなコンテンツを見込み顧客に送ってしまうと最悪です。「この会社のノウハウは浅い＝役に立たないコンテン

ツ」そんな印象を持たれてしまうでしょう。そうなれば、**どんなに工夫を凝らしたメルマガやコンテンツを作って案内しても、中身を読もうとは思われなくなってしまいます。**

「ググったら出てくる情報を寄せ集めていないか」「AIが作ったようなコンテンツになってないか」この観点で見直してみてください。

ちなみにビジネスジャンルでも当たり前にYouTubeがみられるようになった今、**信頼獲得における動画の威力はテキストとは比にならないほど強いです。** SAKIYOMIでは、再生数の良い人気の動画をナーチャリングで活用し、その効果を強く実感しています。

Point. 2　継続接触（Keep in Touch）：顧客ニーズを探るアンテナの役割

2つ目の重要な要素は、顧客との継続的な接触です。定期的にコンテンツを届けることで、顧客が自社のことを忘れないようにし、接触できる状態を保つことが必要です。わかりやすいのは定期的なメルマガやメールの配信です。

ただし、たかだか数百字の文字で「顧客の育成」ができるほど簡単ではあ

第3章
全60のマーケティング施策 〜各施策のKPIと成功例〜

01

潜在層向け施策

02

準顕在層向け施策

03

顕在層向け施策

04

商談改善施策

りません。まして会社の事業判断をメールだけで促すことは至難の業。

　顧客の育成は、基本的には「見込み顧客の事業状況によって勝手に引き起こされるもの」です。つまり、マーケティング施策においてできることは、顧客が「自ら情報収集をしている」時に、必要な情報に辿り着けるように「コンテンツの網羅性」を高めたり、「コンテンツの導線」をスムーズにすることなのです。

　そしてその土台が整った上で大事なことがこの継続接触（Keep in Touch）で、これはいわば**顧客に対するアンテナの役割**です。
　見込み顧客が何かしらの事情によって、積極的に情報収集し始めた時に競合ではなく自社と接点が持てるように、自社から最適な情報を案内できるようにするためのアンテナの役割です。

　本来は全見込み顧客に営業マンがサポートできれば理想ですが、そんなリソースはないでしょう。**ですから継続接触でキャッチした優先度の高い見込み顧客には、営業でリストアップして優先的にフォロー（テレアポ）できるようにするべきなのです。**

　また、継続的に顧客の役に立つコンテンツを発信し続けることができれば、**結果として、顧客が購入を検討する際に真っ先に思い出してもらえるように**なります。まさに第1章で話した、最初に選ばれる3社に入ることができるのです。

Point. 3　課題の優先度を入れ替える：新たな切り口をシェアして
　　　　　　課題を顕在化

　ここでは、顧客の検討度を引き上げる方法を紹介します。それが「見込み顧客の抱えている課題の優先度を上げる」ことです。

　見込み顧客がまだ認識していない、または重要視していない課題に対して、新たな視点を提供することで、その課題の優先度を引き上げます。これによって見込み顧客が課題解決のためにあなたの製品やサービスを検討するようになるのです。

　例：WEBマーケティングの事業を展開している場合

> **見込み顧客の課題**
> 　「WEBサイトからの受注が少ないので、広告を新たに出稿してWEBサイトへの流入とそこからの受注を増やしたい」
>
>
>
> **アドバイス**
> 　「その前に御社のWEBサイトは穴だらけのバケツ状態です。広告で流入を増やす前にまずバケツの穴を塞ぎましょう。CVRを上げてから広告を回したほうがより効果的ですよ」
>
>
>
> **結果**
> 　顧客は「広告を出稿する」よりも、先に「WEBサイトを改修する」ことを選択する

　マーケティングで唯一できることは、「課題の優先度を引き上げる」ことだけです。自社商品のごり押しではなく、見込み顧客の声を聴いたうえで、自社が解決できる課題を提示しましょう。

メルマガ：送りすぎでOK！ 作り込まなくてOK！ まず取り組むべきは3パターンだけ

押さえたいPoint

- まず鉄板で送るべきメルマガは3パターン
- メルマガは送りすぎても問題はない
- メールの文章は短いのが良い

今すぐ試してほしい施策

- 資料ダウンロード直後のメールで商談化率の高いコンテンツに誘導
- 失注したクライアントには定期的にメールを配信
- 最も開封率や反応率が高い個別風メールを配信
- セミナーの告知メールで資料のチラ見せをGIFを使って実施

目標KPI

- メールの開封率：20%
- メールのクリック率：2%
- 月間の商談数のうち、3分の1は過去リードから獲得できている
- 失注後の掘り起こしメールを送り、月に5〜10件の商談を獲得

　BtoBマーケティングにおいて、「メルマガ施策」は顧客との継続的な関係構築や課題の優先度引き上げに欠かせない重要な施策です。本項目では、BtoBマーケティングにおけるメルマガ施策の具体的な実践方法について紹介します。

送信内容については前述した2つの目的に応じたものと、告知系を合わせて3種類押さえておきましょう。

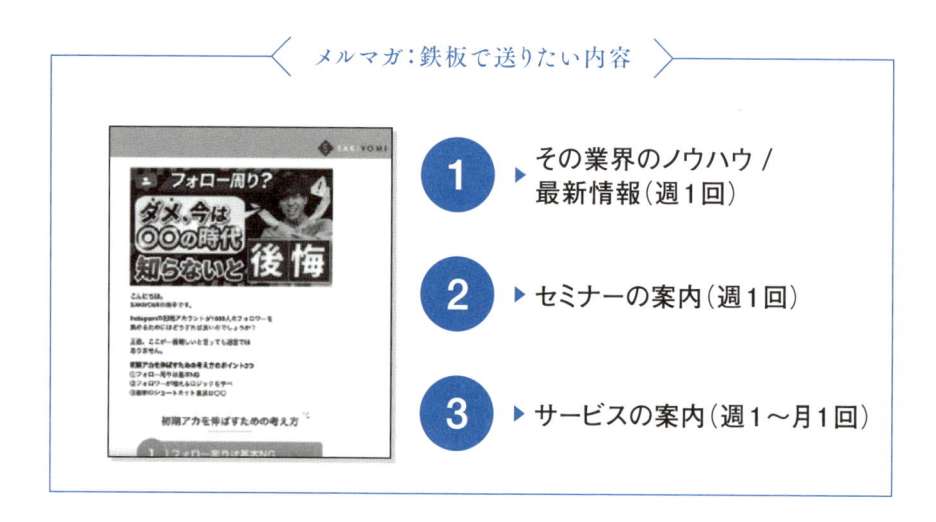

1.　継続接触：その業界のノウハウや最新情報

顧客にとって役立つ独自の情報を提供します。例えば、業界の最新動向や実践的なノウハウ、ケーススタディなどが該当します。

ここで重要なことは、自社が発信したい情報を届けるのではなく、あくまで「**顧客にとって役立つ情報の提供**」に徹することです。「自社の宣伝ばかり送ってくるな…」と思われたら最後、自社のメルマガは二度と見込み顧客に開いてもらえなくなります。

〈**具体的なコンテンツ案の見つけ方**〉

・反応の良い新規コンテンツ
・自社のジャンルでSNS（X・YouTubeなど）でバズっているコンテンツ
・最新のトレンド情報（アルゴリズム変更、最新機能の追加など）

▼**SAKIYOMIの場合は下記のように人気のあるYouTubeや記事を起点に配信しています。**

125

2. 継続接触/顕在化した顧客のキャッチアップ：セミナー告知

自社が開催するセミナーやウェビナーの情報を提供し、顧客の参加を促します。これにより、顧客と継続的な接点を持つことができます。セミナー告知において、おすすめのコツを記載します。

〈セミナー告知の頻度：理想は3回〉
・1週間前
・前日
・当日の朝
※配信枠が1回しかない場合は、最も効果的なのは当日の朝！

〈メール本文作成のコツ〉
・文章は短くて良い
・メールを開いた画面に、申し込みボタンが入っていることの方が重要

第 3 章
全60のマーケティング施策 〜各施策のKPIと成功例〜

01

潜在層向け施策

02

準顕在層向け施策

03

顕在層向け施策

04

商談改善施策

▼参考

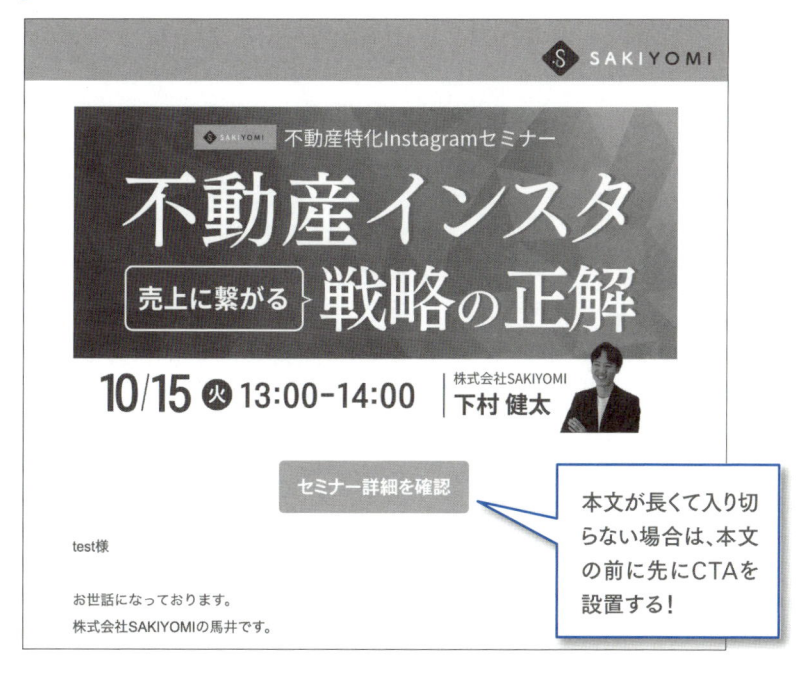

本文が長くて入り切らない場合は、本文の前に先にCTAを設置する！

3. 優先度引き上げ/顕在化した顧客のキャッチアップ：サービスに関連する内容

　顧客が持つ課題の優先度を新たな観点から引き上げる情報を提供します。これは、**顧客が抱える問題の深刻さや緊急性を再認識させる内容**です。

　例えば、「今目の前にある課題Aをそのままにしておくと、実はさらに大きな課題Bに悩むことになります」という具合に、顧客がまだ気づけていない、気づけていても重要だと捉えることができていない課題感を醸成するような発信しましょう。

　また、上記以外にも定期的にサービスに関連する配信もしましょう。

「無料相談会」の案内や、ノウハウを見せて自然とサービス訴求ができるコンテンツを送ると反応が良くなります。

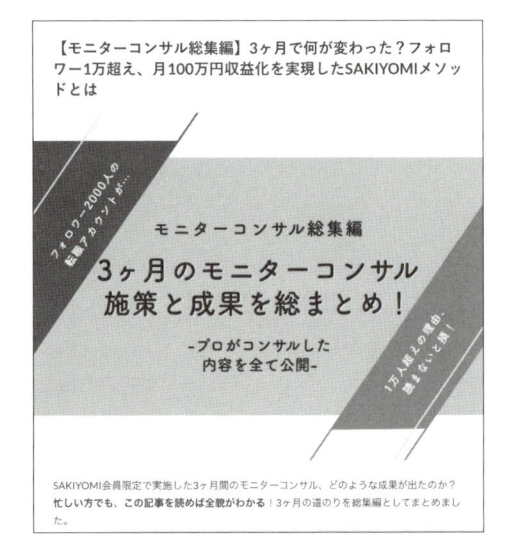

Point. 2　ここまでできたら中・上級者！
　　　　意外とできていない有効な施策3パターン

1. 初期流入時のステップメール配信

　顧客が初めて自社メルマガに登録したタイミングで、マーケティングオートメーション（MA）ツールを活用して自動送付する「ステップメール」と呼ばれる施策が重要。

　ホワイトペーパーの申込後に自動返信メールで資料を送るケースがあると思いますが、<u>この時に資料と一緒にセミナーの案内をメールの後半に添えると、資料ダウンロード数の10%ぐらいはセミナーの申し込みが入るようになります。</u>

また、潜在層向けの資料をダウンロードした人に、継続接触目的の情報を提供し、顕在層向けの資料をダウンロードした人には商談の日程や無料相談の案内、成功事例や自社の実績などを送りましょう。

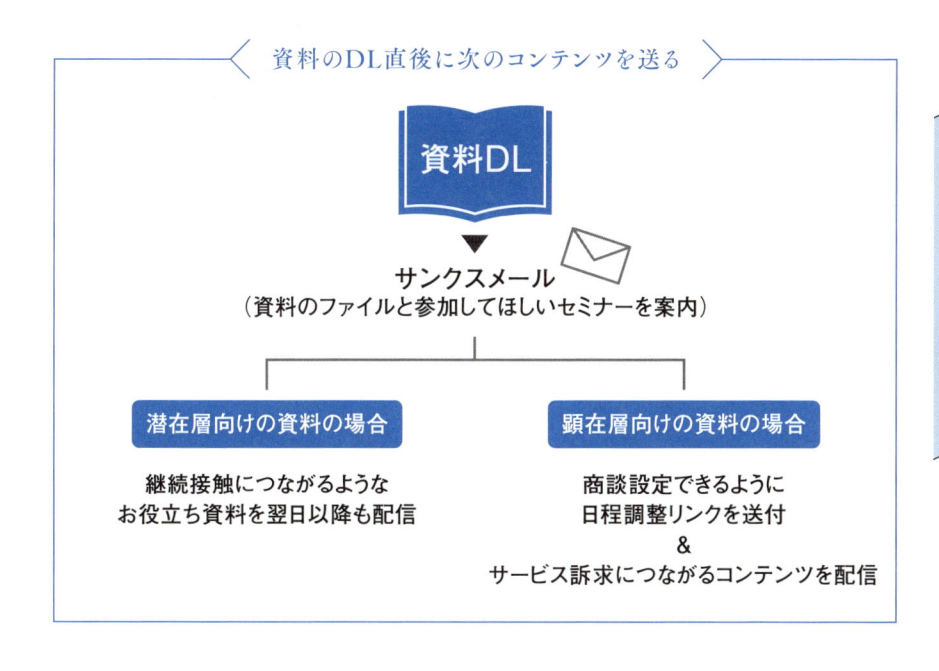

〈 資料のDL直後に次のコンテンツを送る 〉

資料DL

▼

サンクスメール
（資料のファイルと参加してほしいセミナーを案内）

| 潜在層向けの資料の場合 | 顕在層向けの資料の場合 |

継続接触につながるような
お役立ち資料を翌日以降も配信

商談設定できるように
日程調整リンクを送付
&
サービス訴求につながるコンテンツを配信

2. 失注後の掘り起こしメール

失注した見込み顧客に対しては、3ヵ月から半年後に再度メールが自動配信されるように設定しましょう。

過去に一度商談を行っているため、自社との相性は悪くありません。タイミングや予算の問題で失注した可能性も考えられるので、再度アプローチをかけて、機会損失を防げる可能性が高まります。

セールスの人的フォローでは見逃されがちな案件を自動的に掘り起こすことで、月に5〜10件の商談が見込めます。

3. 個別風メール

　過去に受け取ったことがあるかもしれませんが、テンプレートのようなコンテンツを送ってはいけません。大事な顧客とのメール対応のように、個別に連絡しているかのような見せ方が重要です。

　メールの件名を個別にするのはもちろん、132ページの参考例のように文面自体も工夫することで、開封率を大幅にUPさせることができます。

　SAKIYOMIでは、反応の良いメルマガのテンプレートを見つけるべく、PDCAを回してきました。その結果、**どんな内容であっても反応率の高いフォーマットが132ページの個別風メールのフォーマットです。**参考にしてみてください。

第 3 章

全60のマーケティング施策 ～各施策のKPIと成功例～

01

潜在層向け施策

02

準顕在層向け施策

03

顕在層向け施策

04

商談改善施策

▼実際にSAKIYOMIで送った個別風メールの数値データ （クリック率10%超え）

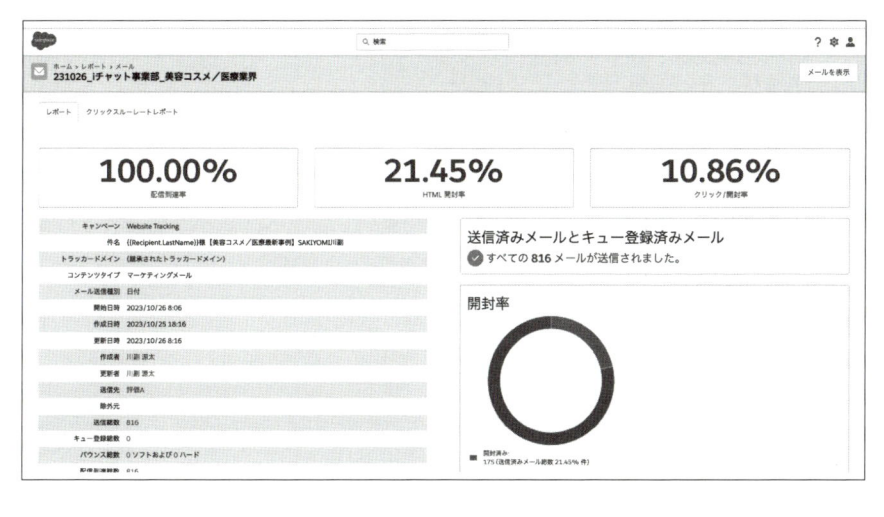

▼実際に送付している文章

お世話になっております。
「Instagramのプロ集団」SAKIYOMI川副です！

{{Recipient.LastName}}様へ「美容コスメ／医療業界」に
特化した事例をご紹介したく個別でご連絡させていただきました。

3.4 %

その他にも「美容コスメ／医療」の事例が多数まとまっているので
9.1 % さらに確認したい場合は以下にて詳細をご確認いただけますと幸いです！
https://onl.la/dwJ4wgg

ただ本音ベース、{{Recipient.LastName}}様にお伝えしたい内容は以下2点です。

1. {{Recipient.LastName}}様にさらにマッチした類似の事例
2. 上記でご紹介している事例で成果を創出できている詳細な背景

＊一部、口頭ベースでのみしかお伝えできない内容がございます。

何よりわたくし川副としては、{{Recipient.LastName}}様の課題／ニーズに
マッチした情報を提供させていただきたいと思っている次第です。
マッチした情報提供できると自負している背景としては、
{{Recipie 7.4 % tName}}様も指標として見られている「売上を伸ばす（運用するだけでなく）」ためのノウハウを蓄積しているためです。
サービス資料：https://sns-sakiyomi.com/blog/i-chat/

もちろん、はじめはご相談ベースでのお打ち合わせも可能ですので、
ご興味あれば、以下の候補日程の中でお打ち合わせのお時間をいただけますと幸いです。

▼候補日程
・10/30(月) 14:00-15:00, 15:00-16:00
・10/31(火) 15:00-16:00
・11/1(水) 13:00-17:00
＊1時間ほどお時間をいただけますと幸いです。

ご確認の上、ご返信を心よりお待ちしております。
それでは引き続きどうぞよろしくお願いします！

2.9 % ユニーククリック数は5回で
2.9 % す。合計数は13回です。　　活用した最新事例を一挙ご紹介！
https://sns-sakiyomi.com/blog/chatbot/

7.4 %
【サービスサイト】https://sns-sakiyomi.com/blog/i-chat/

▼個別風メールに使える2パターン

①特定の業界に特化した内容を送る

②連絡したきっかけを明記する

①の参考文例

　例えば、貴社と同業界で「〜〜」を導入された〇〇社は、実際に下記のような成果が出ています。△△業界は「〜〜」とかなり相性が良いです。

　▼〇〇社の成果

　　・〜〜を導入して売り上げ5%アップ

　　・〜〜を導入してリードが10%アップ

②の参考文例（セミナー起点）

　先日は「（イベント名）」のセミナーにご参加いただき、誠にありがとうございました。実は以前から貴社の事業を拝見しており、〇〇のジャンルで成果を出せると考えています。

　今回のセミナーを機に改めてご連絡させていただきました。

②の参考文例（記事やプレスリリース起点）

　この度は、〇〇に関するプレスリリースを拝見しご連絡しました。実は直近、似たビジネスモデルの企業様で〜〜のような成果が出ており、ぜひ一度、△△様と意見交換の機会をいただきたく、ご連絡をいたしました。

▼実際に過去に受け取って思わず打ち合わせを予約した個別メールのお手本

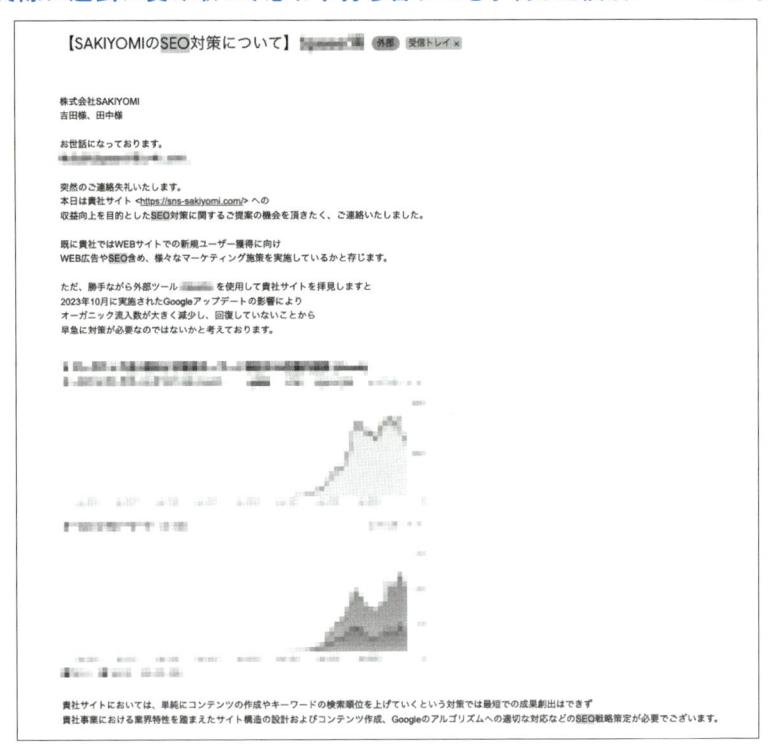

Point.3 【マーケティング担当者のお悩みあるある】メルマガ送りすぎ？

　誰もが一度は悩んだことがある「メルマガ送りすぎ」問題。SAKIYOMIでも、何度も社内で議題に上がってきました。結論をお伝えすると、**"メール送りすぎ問題は、一切気にしなくて良い"** です。実際に調査データもあります。

　こちらは東証グロース市場に上場しているWACUL社が調査したデータです。

第3章
全60のマーケティング施策 〜各施策のKPIと成功例〜

01

潜在層向け施策

02

準顕在層向け施策

03

顕在層向け施策

04

商談改善施策

配信解除率別の各指標の中央値

		開封率	クリック率	反応率	配信頻度
全体の中央値		19.23%	1.20%	6.58%	週 1.85 回
配信解除率別の中央値	低（0.03%未満）	22.14%	1.40%	7.55%	週 2.36 回
	中（0.03 以上 0.3%未満）	17.83%	1.16%	6.49%	週 1.60 回
	高（0.3 以上）	19.56%	0.91%	5.64%	週 1.42 回

※出典：「メール送りすぎ?」という遠慮は不要。メールマーケティングの実態調査」（URL: https://wacul.co.jp/lab/posts/mail-marketing_best-practice_report_2）
※配信頻度は、1企業における、1週間あたりの配信回数。配信回数/データ抽出期間（日）×7
※サンプル数は、ランダムに抽出した318アカウントにおける2万5,639回分のメール配信データ

このデータの内容をまとめると下記になります。

配信頻度が多い会社の方がむしろ配信解除率が低かった＆反応率が高かった

そして、メールの中身をチェックした結果、配信内容と読者のニーズが一致しているなら問題ない、との結論にいたったのです。SAKIYOMIでも頻度を変えて検証してみましたが、実際に頻度を上げても開封率やクリック率はほとんど変わりませんでした。

自分のユーザー体験に置き換えてみると当たり前で、そもそも届いたメールのうち開くものは何個ぐらいあるでしょうか？

せいぜい10通に1通ぐらいではないでしょうか。

残りの9通は開かないわけですが、その開いてないメールを覚えている人の方がすくないでしょう。そう考えると、8〜9割のメールは記憶されてない（≒存在してない）のかもしれません。

それゆえに、頻度が高くなろうが、大して開封率や反応率の悪化にはつながらないのです。

悪化する要因があるとすれば、内容の問題でしょう。

内容がニーズに合ってないがゆえに、開封率が低いことの方がほとんどです。

MAツールの活用/スコアリング リード数5,000件以下は導入するな!?

押さえたいPoint

- いきなり導入すると使いこなせずほぼ失敗する

今すぐ試してほしい施策

- 初期のステップメール配信
- 失注リードへのアプローチ

目標KPI

- 新規獲得のリード数：月間200〜300件以上
- 合計リード数：5,000件以上
- →上記の場合にMAツールの導入・スコアリングの実施を検討する

　BtoBマーケティングにおいて、MA（マーケティングオートメーション）ツールの活用およびスコアリングもナーチャリングにおいて欠かせない手段です。このページでは、**MAツールの導入時期とスコアリングの実施について解説します。**

　MAツールとは、前述したメルマガなどを軸にツールによって顧客開拓を管理・自動化・効率化する施策の総称です。市場に出回っているMAツールの種類は多岐に渡りますが、概ね以下の機能を有しています。

・メール配信（通常配信、ステップメール配信など）
・スコアリング
・リード管理

2番目のスコアリングとは、設定した条件に合致する見込み顧客ごとにリストを抽出し、個別最適のアプローチにつなげるものです。

スコアリングの例としてよくあるのが、過去自社に問い合わせなどをおこなった顧客が自社のサービス資料や料金ページを再度閲覧すると通知し、営業マンがテレアポをするというながれです。

▼ 導入後にやるべき施策

MAツール導入後、取り組むべき施策は以下の2つです。

> 1. **初期のステップメール配信**：新規リードに対して段階的に情報を提供し、リードを育成する
> 2. **失注リードへのアプローチ**：過去に失注したリードに対して再度アプローチを行い、商談の機会を増やす

Point. 1　MAツールの導入は事業が一定規模に育ってからが吉

MAツールは導入や運用に高いコストがかかり、専任の担当者が必要となります。例えば、正社員の担当者なら月に30万～40万円、業務委託なら10万～20万円ほどのコストが「運用」だけで必要になります。また専門の支援会社に初期設計をお願いすると150万～500万円ほどかかるようです。

加えてMAツールは複雑なので概念や専門の用語を理解するだけでも時間がかかり、マーケティング責任者や経営陣のリソースも取られてしまいます。競合他社が使っているから、などという理由で導入すると厳しい結果になりがちで、**実際に「思ったより時間をとられ、効果も上がらなかった」などという失敗談をよく聞きます。**

実はSAKIYOMIも、失敗しました。

スプレッドシートでの顧客管理が限界にきていたことと、事業の売上が急成長し始めたことが導入のきっかけでした。

しかし、各マーケティングチャネルの施策が整ってない中で、MAツールの運用に時間を取られ、他の施策を行うリソースを取られてしまったのです。

当時大幅な割引の提案もありMAツール導入の決定をしましたが、やり直せるならツールの選び直しをしたり、タイミングを見極めたりしたでしょう。

まとめると、以下の条件を満たさない場合は導入をおすすめしません。

MAツールを導入すべき基準
- リード数：月に200〜300件以上を獲得できている
- リードの総数：合計で5,000件以上を獲得できている

この基準に達していない場合は、無料で使えるGoogleのスプレッドシートによる顧客の管理や、一斉通信機能付きのメール配信などで十分代替が可能です。「自動配信をしたい」と考えている場合でも、当初はMAツールではなく安価なメール配信ツールを検討すればよいでしょう。

Point. 2　実は少ない？　スコアリングの実施機会

スコアリングの実施条件も上記同様、リード数が月に200〜300件、総数が5,000件を超えた段階で行うのが適切です。スコアリングの具体的な手法としては、以下のようなアクションを取る見込み顧客を洗い出し、リスト化することです。

〈スコアリングの候補〉
- 料金ページを閲覧しているユーザー
- サービス詳細ページを閲覧しているユーザー

- 自社のサービスサイトを回遊しているユーザー
- 自社のページを1週間以内に複数回訪れているユーザー

など

▼SAKIYOMIの実際のMAツール実践データ

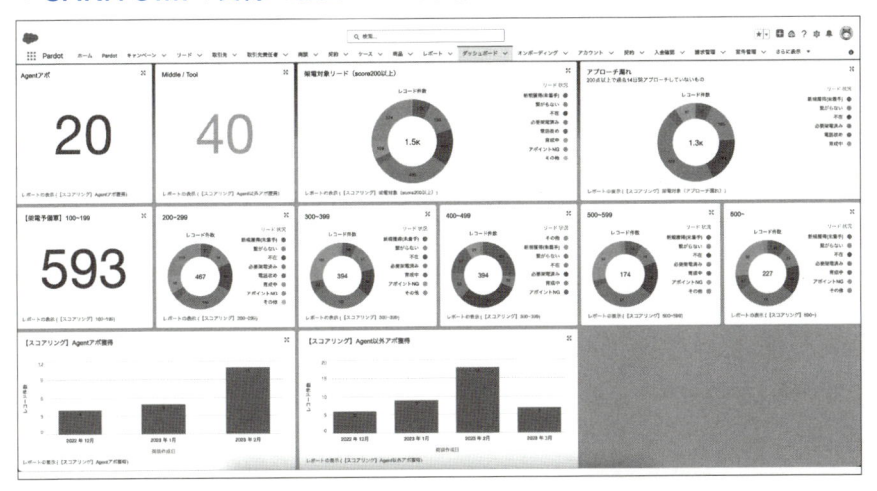

〈結論〉

- 色々なスコアリング条件を設定したが、良い条件は見つからず
  →スコアリングを行うよりも、資料ダウンロード直後に架電する方が
  　アポ率や受注率が高かった

〈MAツールの全体像〉

　ある程度のリードの獲得基準を満たした後、MAツールの導入をおすすめしました。

　MAツールも多くの形態のものがでており、様々な業態に合わせて使用するのが良いでしょう。SaaS比較サイトのBOXILでは各企業の提供するMAツールをカオスマップにまとめており、カテゴリー化しています。こちらを確

認し、自社に最適なものを検討しても良いでしょう。

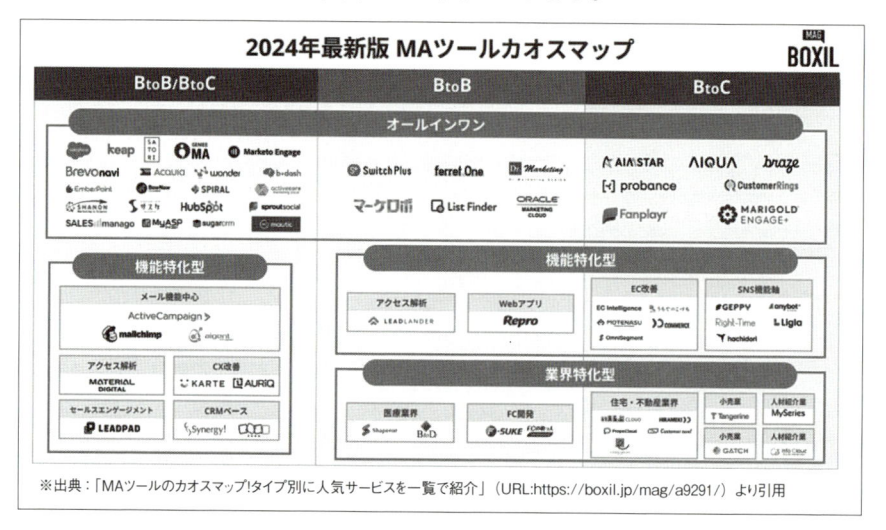

※出典：「MAツールのカオスマップ!タイプ別に人気サービスを一覧で紹介」（URL:https://boxil.jp/mag/a9291/）より引用

　特にBtoBマーケティングの事業部立ち上げ初期は「低価格＆シンプルな機能性」が重要です。個人的に使いやすくリーズナブルだったのは、「Kairos3」と「List Finder」です。

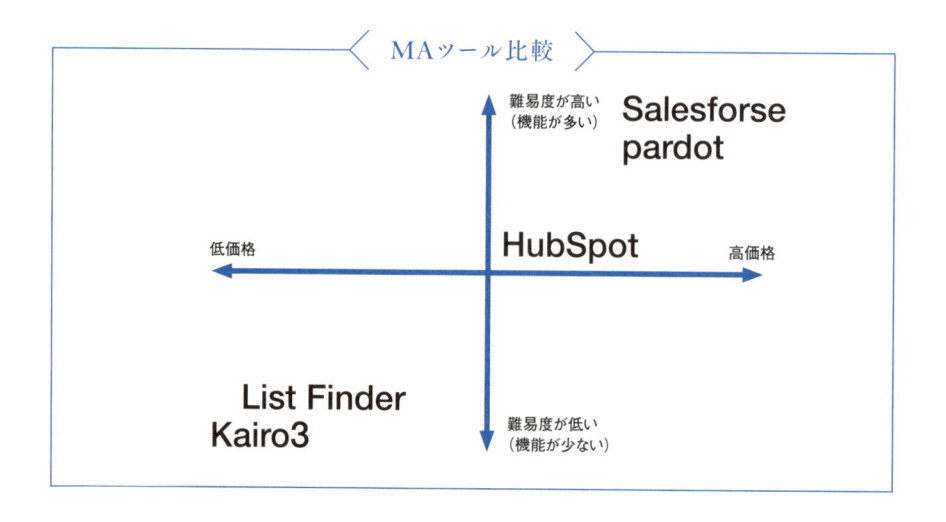

公式LINE：メルマガの10倍の効果を たたき出すことが可能

押さえたいPoint

- メルマガに比べて公式LINEはパフォーマンス（開封率／クリック率）が圧倒的に良い

今すぐ試してほしい施策

- LINE追加時の特典の用意とリッチメニューの設定
- 登録後1週間のステップ配信
- WEBサイト診断、SEO診断、SNSアカウント診断などの診断系コンテンツの提供

目標KPI

- 開封率60〜70%、CTR10〜20%

　BtoBマーケティングにおいて、「公式LINE」はメルマガと同様に顧客との関係構築やコンテンツマーケティングにおいて有効な手段です。

　「え、BtoCマーケティングや店舗の集客ならわかるけど、BtoBマーケティングでも使えるの？」

　そう思った方もいるでしょう。ぜひ本項目を最後までお読みください。LINE活用のインパクトがわかるはずです。

　公式LINEの役割は基本的にメルマガと同じです。定期的な情報提供を通じて顧客との関係を維持し、見込み顧客のナーチャリングを行い商談につな

げることが主な目的となります。

Point. 1 メルマガを凌ぐ圧倒的な開封率

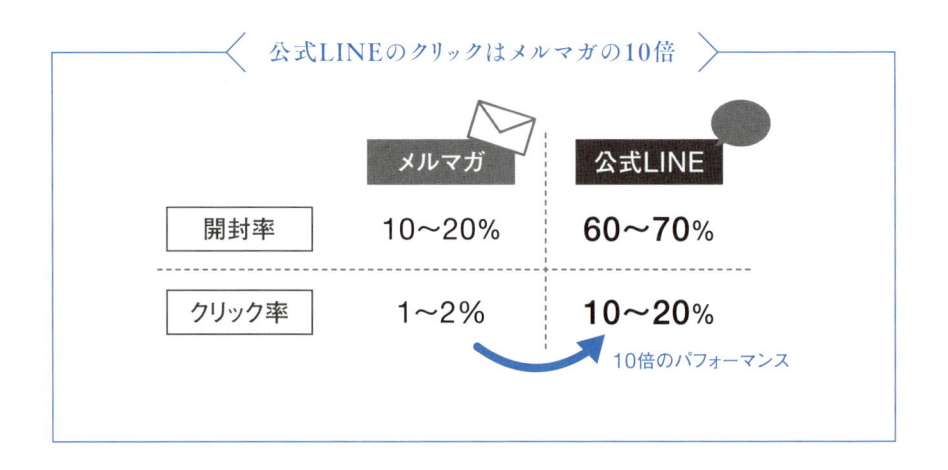

公式LINEの最大の特徴は、その開封率とクリック率（CTR）の高さにあります。

公式LINE：開封率60〜70%/CTR10〜20%
メルマガ：開封率10〜20%/CTR1〜2%

図版に記載したように、メルマガと比べて圧倒的に高いパフォーマンスを誇ります。

開封のしやすさがその主な理由であり、顧客への確実なリーチを実現します。

理由はシンプルで、メールは1人の顧客に対して他社のメルマガ、業務用のメールなどと併せてたくさん届くため、埋もれてしまいます。

一方で、LINEの場合は「一度確認し興味がなかったら通知を消す」ことも可能です。顧客が投稿に興味がある場合は見てくれる確率が上がるため、開封率やCTRで差が付きます。実際にこういった行動をしたことがある方もいるのではないでしょうか？

他のSNSだと、アルゴリズムが大きく影響します。バズらないとユーザーに届きませんが、LINEの場合は唯一確実に通知が届きます。 もちろん、ユーザーに対して役に立ったり興味を引く内容でなければ、開封されたとてアクションにはつながりませんが、開封されやすいことそのものが大きなアドバンテージになります。

長い目で見てもビジネスチャット（SlackやChatwork）の登場や発達によって、**メールを使う頻度は減っていく**ことが予想されます。

BtoCの業界ではすでに顧客管理（CRMツール）はメルマガから公式LINEに移行しているようですが、BtoBの業界も徐々にその傾向がでています。このトレンドを避けては通れず、**BtoBの業界で公式LINEが当たり前のように使われる時代も、すぐそこに迫っている**といえるでしょう。

とはいえ、私も当初は懐疑的でした。「本当にLINEを使って成果が出るのか？」と。

そこでまずは試しに、よりハードルの低い「月額1万円の分析ツール」の事業で使用しました。

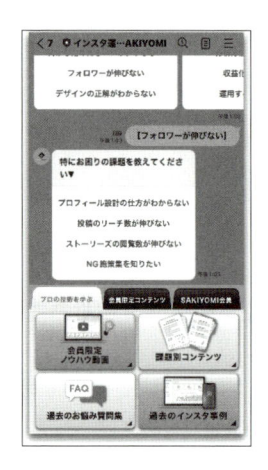

　結果としてはLINEの分析ツールを使い始めてから、全体の受注数は4件→156件/月に。

　半数以上はLINE経由での受注でした。十分すぎる成果です。

▼SAKIYOMIの実践データ：月額1万円のサービスにおける受注数推移

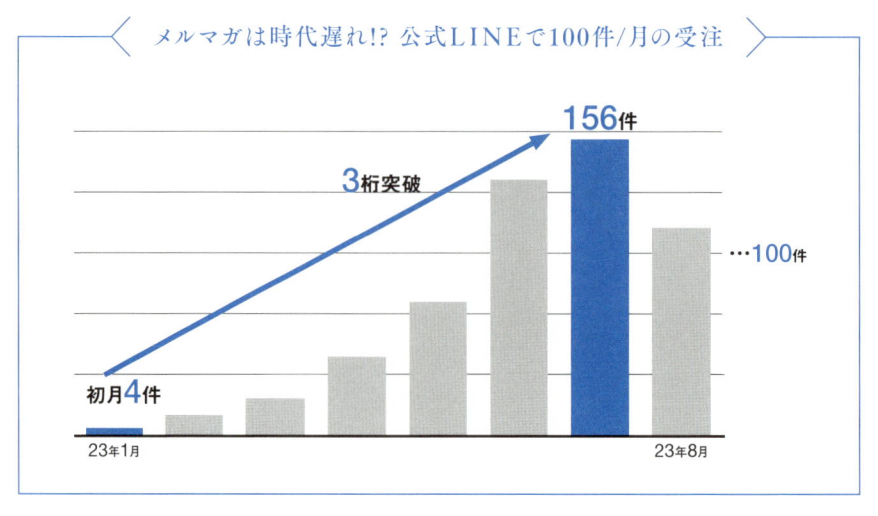

SAKIYOMI の実践データ：LINE 登録推移

データ期間	合計	流入経路											
		Instagram	メルマガ	オウンド	YouTube	LINE公式	コラボ	Twitter	広告	診断	IS	その他
全体	35,484	16,762	2,948	1,959	7,137	864	134	1,078	2,137	846	19	1,183
2023年3月合計	1,175	27	894	0	0	0	0	0	0	0	0	245
2023年4月合計	1,552	942	224	64	263	32	0	10	0	9	0	36
2023年5月合計	1,813	646	316	52	473	268	84	0	0	0	0	29
2023年6月合計	2,761	1,104	180	185	638	67	46	587	1	0	0	71
2023年7月合計	1,898	918	60	242	636	61	3	8	0	0	0	27
2023年8月合計	1,974	905	235	89	589	59	0	69	0	133	10	47
2023年9月合計	1,770	635	350	106	502	47	0	3	0	163	2	36
2023年10月合計	1,854	1,064	79	77	484	39	0	0	0	125	0	35
2023年11月合計	2,655	1,792	181	65	425	44	0	0	0	99	0	95
2023年12月合計	2,193	882	129	58	362	28	0	21	0	76	0	254
2024年1月合計	1,310	639	15	75	393	19	0	3	0	79	0	26
2024年2月合計	2,268	1,152	137	56	404	28	0	87	0	76	0	35
2024年3月合計	1,578	849	10	50	424	30	0	35	0	76	0	51
2024年4月合計	1,286	700	2	93	321	25	1	23	0	9	2	42
2024年5月合計	1,455	750	42	135	365	32	0	40	0	0	5	25
2024年6月合計	2,230	1,582	80	140	246	17	0	60	1	1	0	37
2024年7月合計	1,927	614	14	176	288	26	0	27	738	0	0	22
2024年8月合計	2,258	970	0	181	192	25	0	64	806	0	0	39
2024年9月合計	1,527	591	0	115	132	17	0	41	591	0	0	31

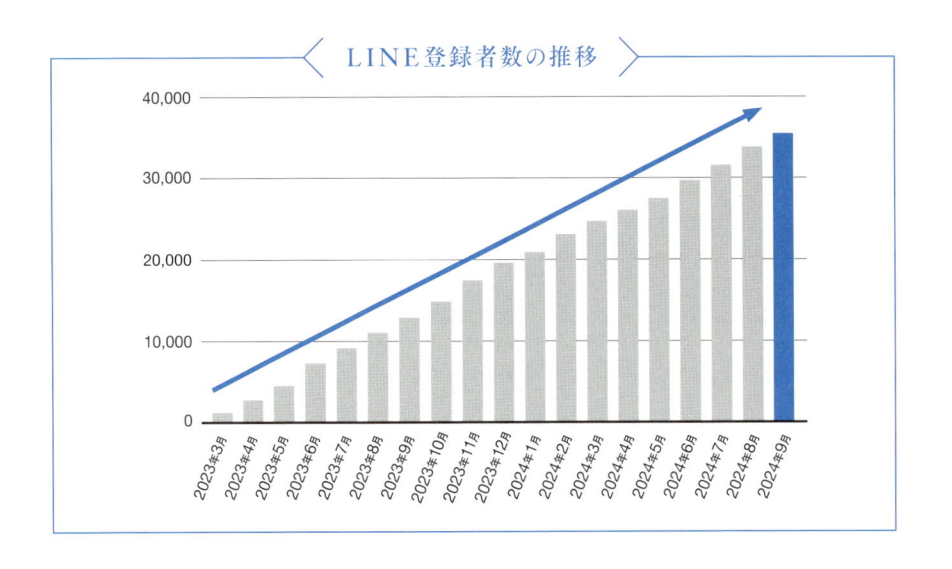

Point. 2　実施すべき鉄板の施策3選

　メルマガ同様、公式LINEにも実施すべき鉄板の施策が3つあります。

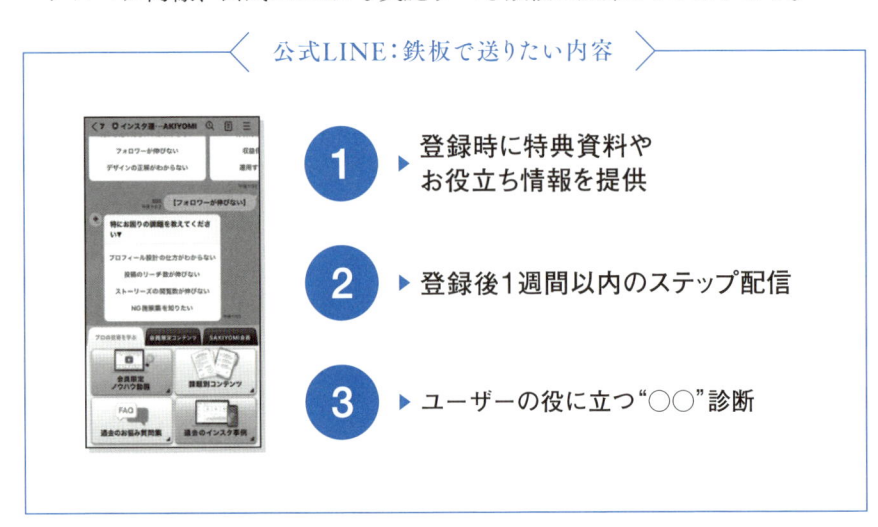

1. 特典やお役立ち情報の提供

　ユーザーにとって価値のある情報や特典を"継続的に"提供しましょう。そのためにまずは、LINE登録してもらうための"きっかけ"と"継続してみてもらう"ための有益な情報発信をします。要領はメルマガを配信するためにホワイトペーパーをダウンロードしてもらうのと同じだと考えてもらって大丈夫です。

2. 登録後1週間以内にステップ配信

　LINEに登録してもらってから一週間以内にステップ配信を行い、ユーザーに継続的な情報を提供します。こちらも、メルマガの新規リード獲得時のステップメール配信と同じ考え方です。ステップ配信の投稿の中にナーチャリング施策で反響の良いコンテンツを送ったり、自社セミナー申し込みの導線を組み込みましょう。

〈ステップ配信のイメージ〉
・登録時：特典の配布／自社の専門性を生かした情報や信頼獲得につながるコンテンツの提供＋アンケート回答（顕在層の顧客には電話番号を入力してもらう）
・2～4日目：ナーチャリングで有効な施策への導線（セミナーや動画コンテンツなど）
・5～7日目：ユーザーに合わせてパターンを作る（A.商談や相談の打ち合わせ日時　B.有益なコンテンツの継続配信）

3. ユーザーの役に立つ○○診断

　業界に応じた診断系コンテンツ（WEBサイト診断、SEO診断、SNSアカ

ウント診断など）を提供することで、ユーザのアクティブ率が上がります。

　汎用的なフォーマットもあるので、下記のSAKIYOMIのフォーマットを参考に、取り入れてみてください。ユーザーの反響も良くなり、クリック率も高くなります。

▼ユーザーの悩み別に、お役立ちコンテンツを自動で送信

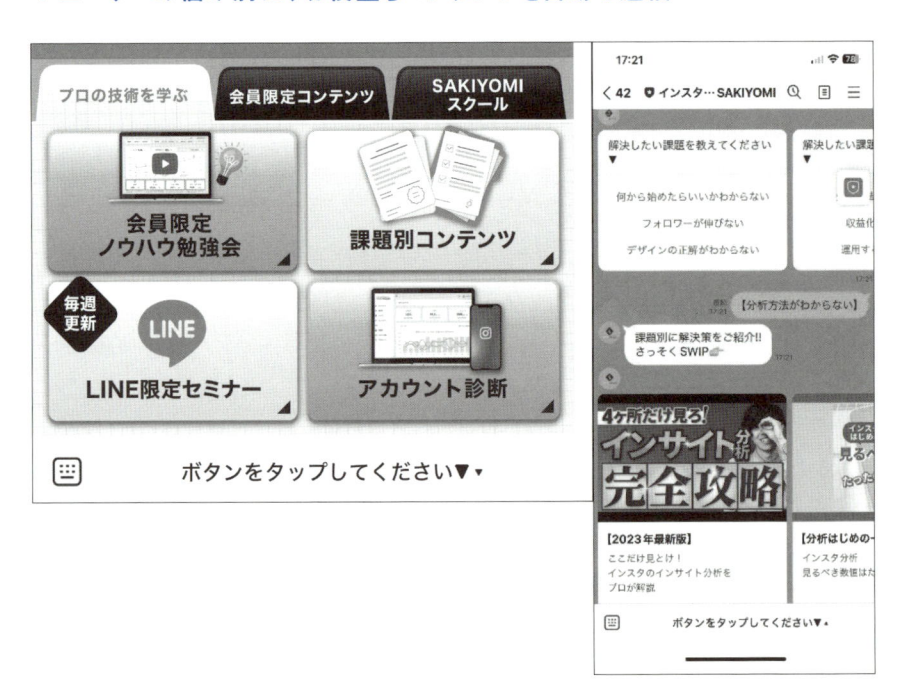

　SAKIYOMIではLINE施策に積極的に取り組んでいます。「もっと多くのフォーマットを知りたい」「多くの施策を知りたい」という方はQRコードから、SAKIYOMIの公式アカウントを追加して、ユーザーとして体験してみてください。

自社セミナー：準顕在層のリードを商談化する

押さえたいPoint

- 営業資料をアレンジして1つ目のセミナー資料にする
- 潜在層のリードを商談化までつなぐ個別の自社セミナーを設計せよ

今すぐ試してほしい施策

- 潜在層向けには共催セミナー、準顕在層・顕在層には自社セミナーを実施する
- 3パターンの自社セミナー集客を行う

目標KPI

- 自社セミナーの参加者数：30人
- セミナー申し込み→参加率：80%
- セミナー参加→アポ獲得率：10〜20%

Point. 1　見込み顧客のニーズに応じた「階段設計」を意識せよ

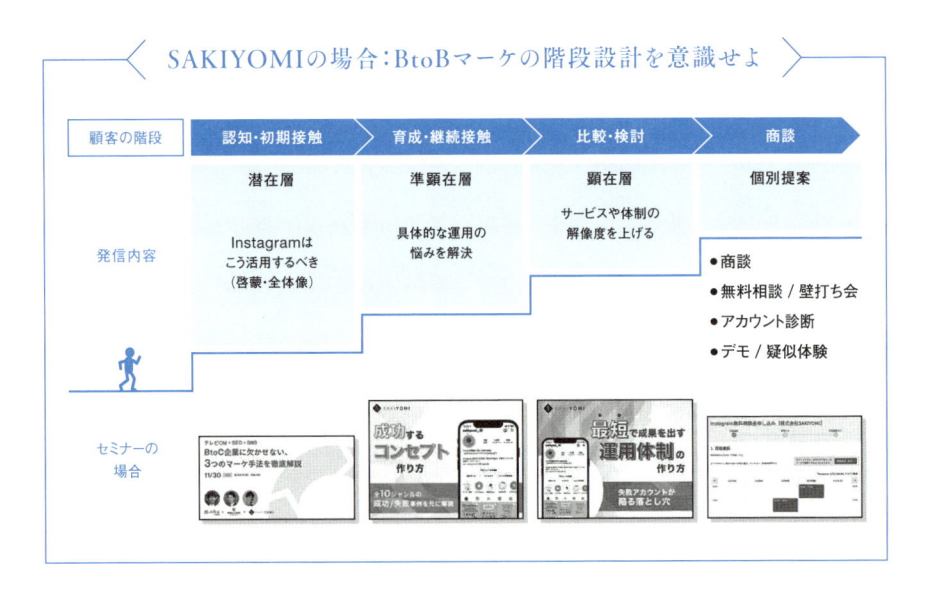

　まず押さえておくべき点は、見込み顧客のニーズに応じたコンテンツの設計です。2章で紹介しましたが、そのためには「階段設計」が重要です。SAKIYOMIでは以下のようなカテゴリー分けを行っています。

▼見込み顧客のニーズに応じたセミナーコンテンツ

・潜在層向けには共催セミナー

　集客力のある企業とタッグを組み、共催セミナーを実施。このフェーズの見込み顧客は自社のサービスに対してまだ関心を持っていないため、幅広く業界トレンドの紹介や専門知識の啓蒙などを発信していきましょう。

・準顕在層向けには個別の自社セミナー

　この層は自社が提供しているサービス領域に関心を持っているため、

セミナーでは具体的なノウハウやナレッジを共有しましょう。顧客の課題を顕在化させ、サービスを検討する段階にまで引き上げます。

・顕在層にも個別の自社セミナー（サービスに関連する4つの不を解消する）

　この層は自社や競合他社が提供するサービスを導入することを決めており、どの会社に依頼するのか比較・検討しています。実際に自社のサービスを導入した際のイメージが持てるよう支援内容、伴走内容を紹介しましょう。「具体的に他社よりもどのように優れたサービスを提供しているか」も併せて紹介すると効果的です。

　顧客は、上記のような階段を経て商談にいたります。

階段設計（ニーズに応じたコンテンツ提供）がないとセミナーを実施してリードを獲得しても、受注にはつながらない恐れがあります。そんな事態を避けるためにも、階段設計をもとに自社のマーケティング施策を見直してみてください。

Point. 2　自社セミナーの集客は3パターン用意すればOK

　次に、実際に自社セミナーを開催するにはどうしたらいいのか？についてもまとめていきます。

　重要な施策は自社セミナーへの導線を、資料ダウンロード後の「サンクスページ」に掲載することです。資料ダウンロードをしたということは、自社のサービスに対して関心を持っているということ。ポジティブな状態の見込み顧客に対して、自社セミナーもおすすめすると、比較的よい効果を得ることができます。

▼SAKIYOMIの自社セミナー実践データ

・業界に特化し、顧客ごとに最適化したセミナーを実施

→1つのセミナーを作り込んで、フォーマットを横展開

・広告を運用した結果CPAが1,000円台と費用対効果も高かった

項目	2024 ／ 8 ／ 20
ウェビナーテーマ	業界特化 Instagram マーケティング
総集客数（目標）	38
総集客数（実測）	63
当日参加	57
└ 歩留まり	90.5%
アンケート回答数	19
└ 回答率	33.3%
MQL 合計	56
MQL 率（総集客数）	88.9%
Middle アポ	3
Agent アポ	3
アポ率	6
アポ率（MQL 数）	10.7%

※MQLとは「Marketing Qualited Lead」の略で「基準を満たすリード」という意味

ただ、実際に自社セミナーを開催するとなると様々な疑問や不安が浮かんでくると思いますので、下記によくある質問を記載します。

気になるQ&A

Q. 資料ってどんなものを用意すればいい？

A. まずは営業資料でOKです。新たにゼロから資料を作成するよりも「既存の資料+α」でトライしてみて、参加者の反応を見ながら改善していきましょう。

Q. オンライン or オフライン？

A. オフラインでの開催は集客や運営上のコストが大きいため、セミナー開催も参加者数もハードルが高くなります。そういったハードルの低いオンラインで全く問題ないです。

Q. 開催日は平日 or 休日？

A. 平日開催を推奨します。業界ごとに多少の差異はありますが、BtoBの場合は火・水・木曜日が良いでしょう（週明けの月曜日や週末前の金曜日などは、参加率が下がる傾向にあります）。

Q. おすすめの開催時間は？

A. 午後の時間帯であれば問題ないでしょう。午前中はビジネスマンが会議やメール対応などで業務に集中しているケースが多いため、午後の時間での開催が望ましいです。

Q. 事前に録画した内容の配信でも良いですか？

A. 録画したものに加えて、質疑応答の時間だけリアルタイムで設ければ、大丈夫です。最近はアーカイブ形式のセミナーも増えています。

CTA改善/EFO施策：CVRを150%UPさせる鉄板施策

押さえたいPoint

- 記事中のCTAは画像よりもテキストの方がCVRが高い

今すぐ試してほしい施策

【CTA】

- CTAを設置する場所は、記事中の「目次の上」と「文末」

【EFO】

- サービスページのファーストビューに埋め込み型でフォームを入れる
- 取得する情報の項目はMAX6個

目標KPI

- 潜在層向けの記事：CVR0.1〜0.5%
- 顕在層向けの記事やサービスサイト：CVR2%

　「CTA改善」および「EFO施策」は顧客の行動を促し、コンバージョン率を向上させるために有効な手段です。そして他の施策と比較して、明確なセオリーがあり、再現性も高いです。知っているか知らないかだけで競合企業と差がつく部分なので、すぐに実践してください。

▼CTA改善

　CTA（Call to Action）とは、マーケティングにおいて見込み額客に対して具体的な行動を促すための指示や提案を指します。具体的には、商品の購

入、サービスの利用、資料のダウンロード、問い合わせなどのバナーやテキストによるリンクを設置することなどが挙げられます。WEBサイト、メール、広告、SNS投稿など、さまざまなマーケティングチャネルで使用されます。

Point. 1　記事中に入れるCTAは意外と作り込んだ画像より テキストの方がCVRが高い!

これは実際にSAKIYOMIで検証してわかったことです。当初、バナー画像を記事の途中に導線として設置し、資料ダウンロードをしてもらおうと考えていました。しかし、なかなか目標にしていたCVRを達成できず、あえて画像ではなくテキストのCTAを設置しました。するとCVRが上がったのです。

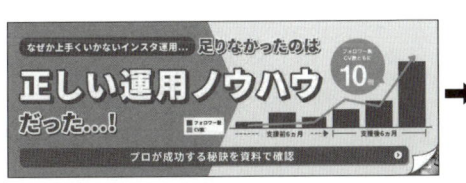
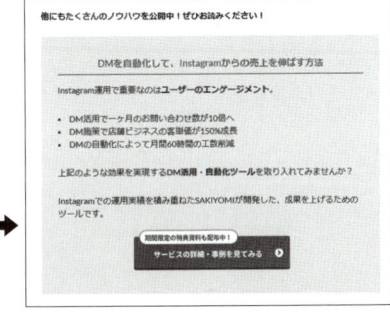

このことから、**記事を読んでいる見込み顧客にクリックしてもらうためには、いかにテキストになじんで広告っぽさを無くすかが重要だということがわかりました。**バナー自体が良くも悪くも目立ってしまい、「スルーしよう」と思われてしまうのです。

逆に、テキストで訴求すると、広告ではなく記事の一部だと思って自然と読んでもらえるのです。その後、興味を持ってもらえた場合は、資料もダウンロードされます。

　記事からのCTRに課題がある場合は、テキストでのCTA設置を試してください。

Point. 2　CTAを設置する場所は、記事中の「目次の上」と「記事の末尾」にせよ

　このCTAは記事中に2〜3個設置することを推奨します。設置すべき場所は、目次の上と末尾です。 これにより、読者が記事を読む過程で、自然とCTAに目を留める機会が増えます。

　先ほどお伝えしたテキスト風のCTAを記事の途中に、設置すれば完璧です。

第 3 章

全60のマーケティング施策 ～各施策のKPIと成功例～

▼目次の上

しかしその一方で、**インスタの勝ちパターンを理解し正しく運用すれば、誰でも簡単にアカウントを伸ばすことができる**、こともまた事実です。

実際に、私たちSAKIYOMIはインスタ運用のプロ集団として、これまで累計400万フォロワーのアカウントを運用し成功へと導いてきました。

もしも現状、伸び悩みを感じているのであれば、まずはサービス資料にある**インスタの勝ちパターン**をご覧ください。

> 運用セオリーも無料公開中！
> 今すぐ資料を無料ダウンロードする ⬇

【フォロワーの増やし方を手っ取り早く動画で確認したい方】
Instagramマーケティング会社のマーケ責任者が、**プロ独自のノウハウ（PECTサイクル）**を解説しています。まずはこちらの動画でアカウントを伸ばす仕組みをご確認ください。

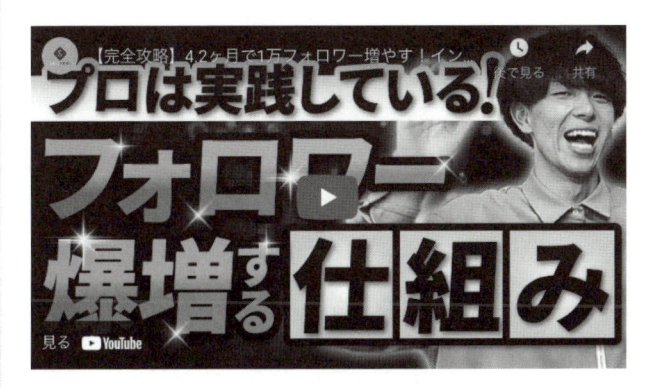

目次 　　非表示

1. セオリー①：市場分析とアルゴリズムに基づいた運用ロジックの理解が必須
2. セオリー②：アカウントを設計はユーザーインサイトの把握が命
3. セオリー③：4つの数字に限定して最短でPDCAを回す仕組みを作る
4. まとめ：3つのセオリーを抑えればフォロワーは増える

157

プロと独学の運用ではなぜ10倍の差がつくのか？

【本資料の概要】

・なぜ、今Instagram運用が重要なのか?

・Instagram運用の本質とプロが実践する運用ロジック

・ご支援プラン / ジャンル別の成功事例

Instagram集客の成功に向けて、まずはプロの運用戦略をご確認ください。

運用セオリーも無料公開中！

今すぐ資料を無料ダウンロードする ⬇

"＃プロの思考"の最新記事

2024.04.16　【SAKIYOMI流】平均4.2ヶ月で1万フォロワーを実現するInstagram運用代行の運用戦略と全17のプロセス

2022.09.01　【インハウスVS運用代行】Instagramでよくある失敗事例3選とプロが徹底する3つのこだわり

■EFO（エントリーフォーム最適化）施策

　次にEFOについて紹介します。EFOとは「Entry Form Optimization」の略で、WEBサイトの入力フォームを最適化することで、ユーザーがフォームを完了する率（コンバージョン率）を向上させる手法です。ここではEFOで実施すべき2つの方法を紹介します。

Point. 1 サービスページのファーストビューに埋め込み型でフォームを入れる

　サービスページのファーストビューに入力フォームを埋め込むことで、顧客の目に留まりやすくなり、フォーム入力率が向上します。

Point. 2　フォームで取得する情報の項目はMAX6項目程度

　入力する情報はできるだけ少なく、最大でも6項目程度に絞ります。具体的には、**「氏名、会社名、メールアドレス、電話番号、役職（決裁権の有無）、事業内容」** などです。なるべく最低限の項目にとどめ、顧客の入力負担を軽減し、フォーム完了率を高めましょう。

こだわりポイント

入力フォームの「送信」ボタンには、「無料」などのベネフィットやお手軽さを強調する言葉を付け加えると効果的です。例えば、「無料ダウンロード」や「30秒で完了！」といった文言を用いることで、行動を促進します。

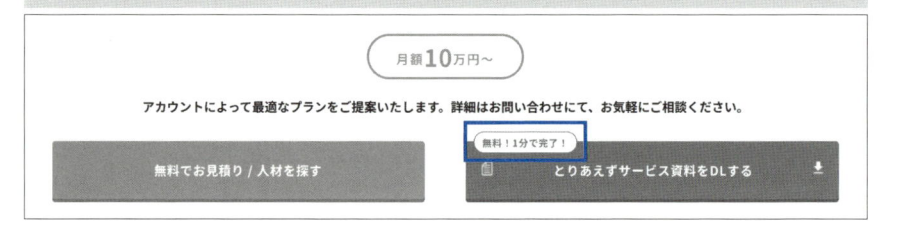

資料ダウンロードサイト/比較メディア: 成果報酬型で初期は特に重宝する施策

押さえたいPoint

- 掲載の相場は、ホワイトペーパー：ダウンロード1件につき3000〜5000円 / サービス資料：ダウンロード1件につき8000円〜2万円
- リード獲得だけでなく、認知獲得や第1想起獲得にも役立つ
- 単価やリードの除外条件を交渉する

今すぐ試してほしい施策

- 自社サービスに関するキーワードで検索し、1ページ目に表示されている資料ダウンロードサイト・比較メディアをリストアップする
- 100件/月の新規リード獲得

Point. 1　BtoBマーケティング立ち上げ時は成果報酬型で低リスクにスモールスタート

　資料ダウンロードサイトや比較メディアは意外と知らない方も多いです。しかし、BtoBマーケティング事業の立ち上げ初期には有効です。

　基本的には「資料ダウンロード1件につき○○円」といった形式の完全成果報酬型が多く、契約すればSEO上位をとっている資料ダウンロードサイトやサービス比較記事に掲載されます。

〈単価の相場〉

ホワイトペーパー：ダウンロード1件につき3,000〜5,000円

> サービス資料：ダウンロード1件につき8,000円〜2万円

　初期は、広告の出稿・運用予算が足りなかったり、人的リソースがなかったりします。そういった面からも成果報酬型はリスクも小さく、重宝します。

　許容CPA内で単価交渉ができれば、あとは資料がダウンロードされるのを待つだけです。リード数をさらに増やしたい場合は、担当者と追加施策に関して相談することができます。
　ゆくゆくは自社のコンテンツマーケティングの成長などに伴い、重要度は下がっていきますが、初期は検討すべきチャネルです。

▼【+α】認知獲得や第1想起獲得にもインパクトがある
　リード獲得単価の費用対効果が見合うだけでなく、付加価値も大きいのです。実際には月間で数万回、資料ダウンロードサイトやサービス比較メディアの記事は見られています。

　毎月数万人に自社サービスを認知してもらったり、上位表示されている記事に自社が掲載されていたら「○○社は有名な企業かもしれない」など思われ、好印象を持たれるでしょう。資料ダウンロードサイトやサービス比較メディアは認知獲得や第1想起獲得にも大きく貢献してくれるのです。

Point. 2　知っておくべきサービス比較メディア11選

　どのメディアに載せるべきか、下記のようなフローでリストアップしてみてください。

> ①サービスのカテゴリーキーワードでGoogle検索する
> ②1ページ目の上位に表示されている比較メディアをリストアップする

基本的には各比較メディアはSEOによる集客を軸にしています。そのため、上記のやり方でリストアップすれば良いのですが、「マーケターなら知っておくべきメディア」11個をリストアップしました。

- メディアレーダー
- 起業LOG SaaS
- マーケメディア
- LISKUL
- BOXIL SaaS
- ITreview
- QEEE（キウイ）
- ferret Media
- Web幹事
- ITトレンド
- PRONIアイミツ

ちなみに…

実は新規事業として、「比較メディア」の領域で、ビジネスモデルを刷新した新サービスを作りたいと思っています。私の「社内起業」として、準備を進めています。

詳細は私のYouTubeや公式LINEで公開する予定なので、詳しく知りたい方は私の公式LINEに登録してください。

〈SAKIYOMIの新規事業に興味のある方はLINEを追加〉

ホワイトペーパー：作るべきコンテンツは4種類

押さえたいPoint

- メインのコンテンツは外注せず、社内で作成すべき

今すぐ試してほしい施策

- まずは「○○の教科書」を作る
- 次に、「3点セット」「チェックリスト」「事例 / 業界特化」

目標KPI

- ホワイトペーパー経由のアポ率：10%

　ホワイトペーパーとは見込み顧客にむけて「有益なお役立ち情報」「明日から使えるチェックリスト」「成功事例の紹介」などを資料にまとめて提供する施策です。ここでは、はじめに作成すべきホワイトペーパーについて解説します。

▼ホワイトペーパー：今すぐ作るべき4種類

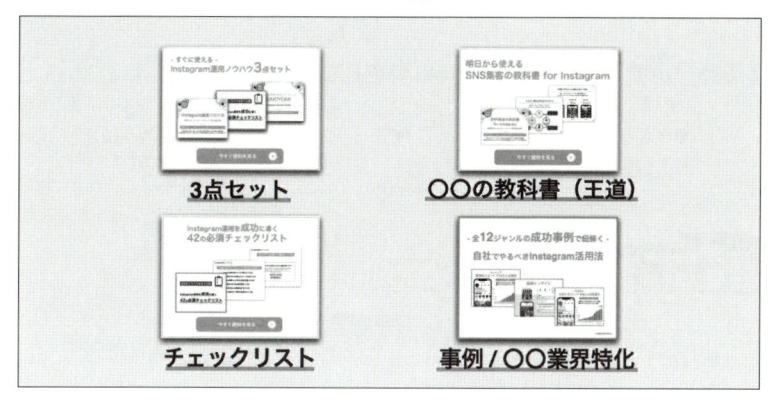

Point. 1　まずは「○○の教科書」を作るべし

　自社が提供するサービス領域にまつわる
市況やトレンド、成果を上げるための王道
の勝ち筋などをまとめた「珠玉の一冊」を
作成しましょう。

　ポイントとしては、見込み顧客が「これ
を読めば○○のサービス領域に関しては一
通り理解できた。あとは必要に応じてどの企業に依頼するかだ」という状態
になるよう網羅的に情報を整理して届けることです。このメインとなるホワ
イトペーパーだけはマーケティング責任者や経営陣が作成しましょう。長き
にわたって自動で集客してくれます。

　実際5年前、SAKIYOMIで初めて作った「SNS集客の教科書」は、多くの
コンテンツの中で未だに一番のダウンロード数を誇っています。

Point. 2　その次は「3点セット」「チェックリスト」「事例 / 業界特化」

「教科書」ができたら次は以下の3つを作成します。

▼3点セット　　　　　　　▼チェックリスト　　　　　▼業界毎の成功事例集

すぐに実践できるノウハウ、テクニック集など　　施策を成功させるためのチェックリスト○○選　顧客の業界ジャンルに応じた成果事例のまとめ

これらは自社のノウハウを体系立てて作成すればよく、負担なく作成できると思います。**ここで注意したいことは、これらのホワイトペーパーは「外注してはいけない」ということです。**

多忙な中でこういったコンテンツを作ることは負担が大きいでしょう。しかし、**外注してしまうと、コンテンツのオリジナリティが薄まり、「WEB上からの情報の寄せ集め」のようになってしまいます。**

実際にSAKIYOMIも過去に外注を検討しましたが、理想のクオリティのコンテンツが作れなかった経緯があります。

ですから、特に初期の重要なものは、全てを私が直接作っています。

また、質の高いホワイトペーパーを作れば、セミナーやSEO記事、YouTube動画などありとあらゆるコンテンツマーケティングに横展開できます。こちらで紹介した4つのコンテンツに関しては、独自のノウハウを持っている自社の主要メンバーに作成してもらいましょう。

> **ワンポイントアドバイス ～どうしても外注を使わざるをえない場合～**
>
> **（1）インタビュー形式で作成する**
>
> 　社内のメンバーを取材し、それをコンテンツに落とし込んでもらう
>
> **（2）属人性が不要なコンテンツを作成する**
>
> 　業界トレンドのまとめやマーケットリサーチなど（データメイン）

Point. 3　ホワイトペーパー経由のアポ率は「10%」を目指せ

　ホワイトペーパー経由で商談につなげる際は、**アポ率10%を最低ライン**としましょう。

　15 ～ 20%あるとなお良いです。アポ率が高ければ高いほど、広告を出稿した際に費用対効果が見合いやすくなります。そうすると広告に費用を拠出しやすくなり、さらに新規リードを獲得しやすくなります。

Point. 4　1コンテンツマルチユースで
　　　　　時間をかけずに質の高いコンテンツを作成せよ

　SAKIYOMIでは「**1コンテンツマルチユース**」の考えが根づいています。1つ良いものを作ればその後はメルマガ、自社セミナー、SNSなどあらゆるシーンで活用が可能です。

　複数のシーンでの活用を前程にすれば、社内のエース人材の時間を使っても、十分成果にレバレッジが効くはずです。

リスティング広告：
一番受注までのコスパが良い鉄板施策

押さえたいPoint

- 最低予算は月額30万円
- 最初は広告代理店ではなく、業務委託する

今すぐ試してほしい施策

- 「サービスのジャンル名＋"オススメ" / "比較" / "相場"」のキーワードで出稿

目標KPI

- 顕在層向けキーワード：サービス資料ダウンロードのCPAは1.5万〜2.5万円
- 潜在層向けキーワード：セミナー / ホワイトペーパーのCPA3,000 〜6,000円

※初期は顕在層向けに出稿する

（顕在層向けで予算が消化できなくなったら潜在層向けを検討する）

　リスティング広告は、BtoBマーケティングにおいて顕在層へアプローチするには最も効果的な施策です。このページでは、リスティング広告を実施する上で推奨する予算設定、CPA（Cost Per Acquisition）の目安、広告代理店の活用方法などについて説明します。

第 3 章
全60のマーケティング施策 〜各施策のKPIと成功例〜

01

潜在層向け施策

02

準顕在層向け施策

03

顕在層向け施策

04

商談改善施策

リスティング広告3つのPoint

1 ▶ 比較・検討系のキーワードは必須

2 ▶ CPAの目安は1.5万〜3万円

3 ▶ 最初はフリーランスに任せるべし

Point. 1　出稿は月額30万円以上の予算を持ってから

　リスティング広告を実施する際は**月額30万〜50万円**の予算を用意できてからにしましょう。この理由は、BtoBにおけるリスティング広告の**CPA相場は約1.5万〜3万円**であり、機械学習（ターゲティング）のために最低20件ほど必要だからです。

　推奨件数は30件以上と言われることもありますが、個人的には20件程でPDCAを回せると考えております。

　例えば、月額予算が30万円以下で5件しか問い合わせを獲得できず、商談化率が0%だったとします。その際、「このキーワードや訴求軸では成果が出ない」と判断してしまいがちですが、この場合だとそもそも母数が少なすぎて判断が難しいのです。そのため、最低でも月額30万円以上は予算を出せるようになってから活用するのがベストでしょう。

Point. 2　自社の許容CPAに達するまで予算は投下すべき

　先ほどリスティング広告のCPAは約1.5万〜3万円とお伝えしましたが、こ

のCPAは出稿予算が上がれば比例して増加していきます。予算の増加に応じて配信先となるターゲット層が広範囲となり、ニーズが顕著でない潜在層に向けても配信され、結果としてCVRが落ちるからです。

当然月額出稿予算が100万円の場合と500万円の場合では、500万円の方がCPAが上がります。

これはネガティブなことではなく、会社で許容できるCPAに達するまではリターンが出るということですので、予算を増やしてでも広告を配信し続ける方が合理的です。

> **自社の許容CPAの算出はどうやる？**
> 自社の許容CPAを算出するためには、以下の計算式を使用します。
>
> **許容CPA＝許容受注単価（CAC）×商談化率×受注率**
> 例）許容CPA＝50万円×20%×20%→CPA2万円まで広告費を拡大してOK
> ※許容受注単価は目標の営業利益率とキャッシュフローの観点で決める

Point. 3　月額広告予算500万円以下はフリーランスへの外注でOK

予算が月額500万円以上の場合には、広告代理店に任せることを検討する余地があります（手数料は20%程）。代理店にもよりますが、手数料の粗利が月数百万円〜1,000万円を超えると、注力案件になりやすく、コミットしてもらいやすいです。

ただそれでも、**個人的にはリスティング広告は優秀なフリーランスに任せる方がベターなケースが多い**と感じています。それに、今やリスティング広告は機械学習が進んでいるため、誰が運用しても同じようなパフォーマンスになります。それに、事業立ち上げ初期は「予算はそこまで出せない」と思

いMS。そういった観点からもリスティング広告の運用経験がある広告代理店出身のフリーランスに依頼する方が、圧倒的にパフォーマンスが良いです。フリーランスの方であれば月額で月10万～20万円ほどで受けていただけることが多く、スキル的にも広告代理店と大きな差を感じたことはありません。

「**優秀なフリーランスはどこで見つける?**」

→たまに質問を受けますが、ハードルは下がっています。優秀な人ほど独立しているケースが多く、優秀なフリーランスを見つける難易度は、高くありません。広告運用に長けた方を見つけるには、「複業クラウド」をおすすめします。このプラットフォームを通じて募集をかければ20～30件の応募は見込めます。

〈募集を出す時に押さえたい要件〉

・BtoB業界での運用経験があること

・広告代理店で複数案件を運用(幅広い事例を知っている)したことがあること

・自社の事業と同ジャンルの運用経験があること

・細かく改善が可能 / 実務までカバー可能(コミット力がある)かどうか

Point. 4　開始当初は顕在層向けのキーワードのみでOK

出稿にあたって、最初に設定すべき主要なキーワードを紹介します。月額30万円程の少ない予算から始める場合は、まずこれさえ押さえればOKです。

「自社の製品やサービスの総称＋オススメ / 比較 / 相場」

例)SAKIYOMIの場合
「インスタ運用代行 +オススメ」「インスタ運用代行 +比較」
「インスタ運用代行 +相場」

徐々に成果が上がってリスティング広告の予算を増やせるようになったら、ターゲットの範囲を広げて潜在層向けのキーワードで出稿したり、ランディングページ（LP）の最適化なども検討していきましょう。その他の顕在層向けのキーワードを調べたい場合は、キーワードプランナーやラッコキーワードを使えば十分です。

〈SAKIYOMIの実例・実践データ〉
・広告代理店には依頼せず、フリーランス人材に委託
　運用開始時から基本的にはこの体制を敷いています。運用者は途中で何度か変わることもありましたが、下記の実績を継続して出せています。

・リード→受注までの推移率（アポ率20〜30% / 受注率20〜30%）

リード件数合計	BtoC 合計	コネクト（リード用）	アポ獲得済み	ヨミ化数合計	受注合計	コネクト率（BtoC）	アポ率（BtoC）
88	62	43	27	13	6	70.5%	30.7%

〈リード獲得のCPA－予算別－〉

・予算100万〜150万円の場合：CPA1万円

・予算200万円の場合：CPA1.5万円

・予算300万円の場合：CPA2万〜2.5万円

※直近はコンテンツマーケティング経由のリードで十分な数があるため、月100万円前後で運用しています

□ ●	キャンペーン	平均インプ	表示回数	インタラク	インタラク	平均費用	↓費用	入札戦略タイプ	クリック数	コンバージョン	平均クリック	コンバージョン
	合計: 現在のビューのすべてのキャンペーン（削除済みを除く）⑦	¥8,385	164,096	16,150 クリック数、回（エンゲージメント数）、再生回数	9.84%	¥85	¥1,375,932		7,949	292.50	¥173	¥4,704
□ ● 🔍	01_運用代行	¥16,796	67,501	4,048 クリック数	5.99%	¥280	¥1,135,444	コンバージョン数の最大化	4,048	109.67	¥280	¥10,354
□ ● 🔍	00_指名	¥21,781	9,030	2,548 クリック数	28.22%	¥77	¥196,681	コンバージョン数の最大化（目標コンバージョン単価）	2,548	137.83	¥77	¥1,427

〈ぶっちゃけQ&A〉

Q. 指名検索向けの広告はお金をかけて出す意味はある？

A. 事業の立ち上げ初期は出さなくて良いでしょう。出稿する際も予算上限を決めて少しずつでOKです。ちなみに、SAKIYOMIでは初期は出していませんでしたが、直近は予算の上限を決めて出しています。**重要なのは「指名検索してきたユーザーに見せたいサイトが表示されているか？」です。**

　SAKIYOMIの場合は、今は事業の数が増えてきており、見せたいサービスに誘導できなかったり、求職者の検索も増えて採用関連のページが上位にくるなど、ユーザーにとって最適な導線が作りにくくなっています。

　指名検索してきたユーザーとは温度感の高い商談になりやすいので、こういったユーザーを取りこぼさないために、少額で指名検索向けの広告を出稿しています。

　具体的にはCPAの上限1,000～1,500円という条件をつけて出稿しています。

　事業の立ち上げ当初は

・事業数は1つしかない
・別のWEBサイトもないのでユーザーの導線も問題ない
・競合企業の広告が出稿されることもない
・予算的に余裕がない

　このような理由で指名検索のリスティング広告は出していませんでした。これらの観点を参考にしてみてください。

サービスサイト/LP改善：最も費用対効果が合いやすい真っ先に取り組むべき施策

押さえたいポイント

- 「ファーストビュー」と「CTAボタンの配置」をまずは見直す

今すぐ試してほしい施策

- 「ファーストビュー」には直接フォームを表示させる
- CTAボタンの「マイクロコピー（文言）」を変える
- 6個の改善アイデアを試してみる

目標KPI

- CVR：2%（1%を切ったらまずい）

タイトルにあるように、これは全施策の中で最も優先順位が高い施策であるといっても過言ではありません。

ここでは、これまで紹介してきた諸々のマーケティング施策による誘導先、つまり自社のサービスサイトやLPにおける今すぐ取り組むべき改善策を紹介します。

Point. 1　CTAボタンは必ずファーストビューに盛り込む（フォームを直接表示）

サービスサイトやLPのCVRを一番左右するのは「スクロールせずにCVまで一直線に進めるかどうか」です。

第3章
全60のマーケティング施策 ～各施策のKPIと成功例～

01

潜在層向け施策

02

準顕在層向け施策

03

顕在層向け施策

04

商談改善施策

そのためのPointは3点です。

- ・ボタンの遷移を挟まずにフォームを直接埋め込む
- ・スクロールしなくともフォームが画面に収まるようにデザインする
- ・フォーム入力までの導線をシンプルでわかりやすいものにする

特に**BtoB企業のLPはノイズが多ければ多いほどCVRが下がる傾向**にあります。

まずは**「今すぐ検討したい顕在層」が訪れた時に、ノイズなく、最短で資料請求を完了できるLP**を目指すべきです。

ファーストビューで訴求

※「株式会社SAKIYOMI　Instagram運用代行サービス」（URL：https://sns-sakiyomi.com/agent）

実際にSAKIYOMIで検証した結果、**LPのCVRは120 ～ 150%ほどに増加**しました。

この施策自体はLPをフルリニューアルする必要もなく、予算や工数もほとんどかからないので、今すぐ取り組むべきです。またかなり再現性が高く、

175

体感値として8割以上のケースで成果が出ます。

　実際にBtoBマーケティングにおけるコンサルの現場でも、真っ先にLPの
ファーストビューにフォームを設置し、成果を出すことを考えるようです。
実績を上げ信頼を獲得した上で、戦略全体の見直しに着手する、という話を
よく聞きます。私の経験から言っても、合理的で、有効だと思います。

Point. 2　CTAボタンのマイクロコピーを変更してCV率UP

　こだわっていない企業が多いですが、CTAのボタンは細かく工夫できる点
がいっぱいあります。CTAボタンのクリック率が1％変われば、売上もかな
り変わってきます。

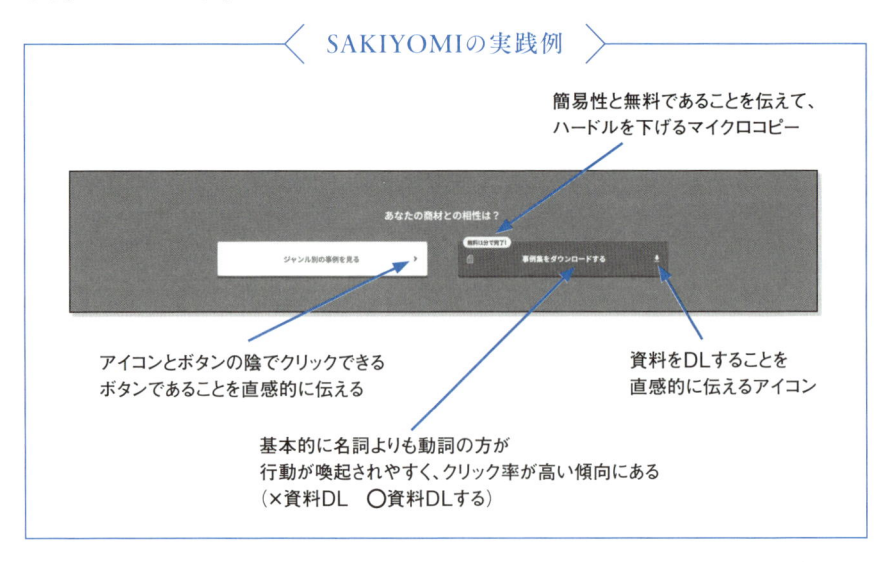

〈 SAKIYOMIの実践例 〉

簡易性と無料であることを伝えて、
ハードルを下げるマイクロコピー

アイコンとボタンの陰でクリックできる
ボタンであることを直感的に伝える

資料をDLすることを
直感的に伝えるアイコン

基本的に名詞よりも動詞の方が
行動が喚起されやすく、クリック率が高い傾向にある
（×資料DL　〇資料DLする）

〈見直すポイント〉

・CTAボタンの中の文言を見直す

・ボタンのデザインやアイコンを見直す

・マイクロコピーを3つのパターンから選び実装する

　マイクロコピーは、下記の3パターンのいずれかから自社に合うものを選べばOKです

パターン①：簡易性を訴求する（1分で完了）

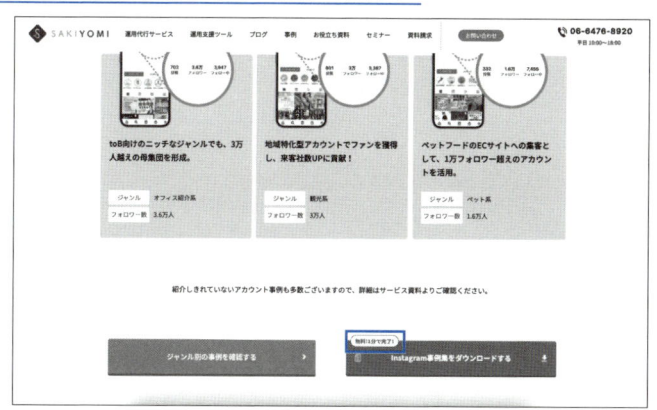

パターン②：無料や割引キャンペーンを訴求する（無料で今すぐ試してみる）

※「fondeskが会社・事務所の電話受付を代行します」（URL:https://www.fondesk.jp/feature/）より引用

パターン③：疑問形で続きを読みたくなる訴求をする

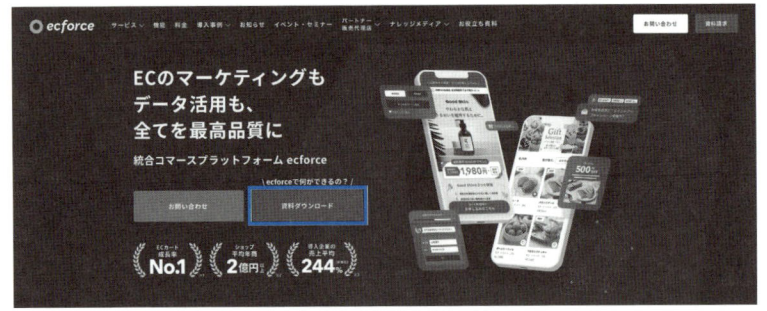

※「ECのマーケティングもデータ活用も、全てを最高品質に統合コマースプラットフォーム ecforce」（URL:https://ec-force.com/）より引用

Point. 3：ファーストビューで押さえるべきPoint

　LPの中でもインパクトが大きいのはファーストビューのキャッチコピーです。

　ここはサービスによって違いが出ますが、重要なことは2つです。

①3秒で直感的に理解できる
→理解できなければ離脱される

②具体的に顧客の得られる成果を表現する
→ふわっとしていると「よくわからない」と思われて離脱される

　あえてまとめるなら、**いかに「離脱されないか？」**を軸に考えると自社にとってのベストなコピーを見つけやすいです。

ファーストビューのパターンはBtoBだと大きく4種類あります。

①成果×数字のパターン

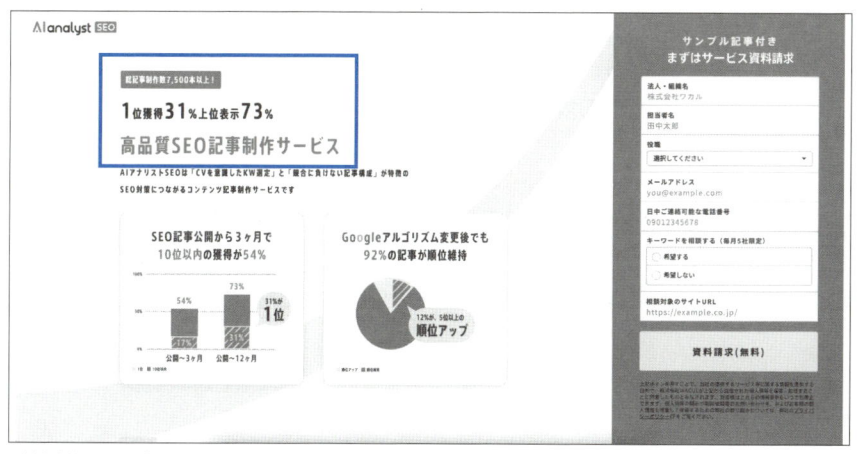

※株式会社WACUL「高品質SEO記事制作サービス」（URL:https://wacul-ai.com/seo/）より引用

②No.1実績×ロゴパターン

※株式会社SmartHRWEBサイト「労務管理もタレントマネジメントも」（URL:https://smarthr.jp/）より引用

③仮想敵へのカウンター（危機感訴求）パターン

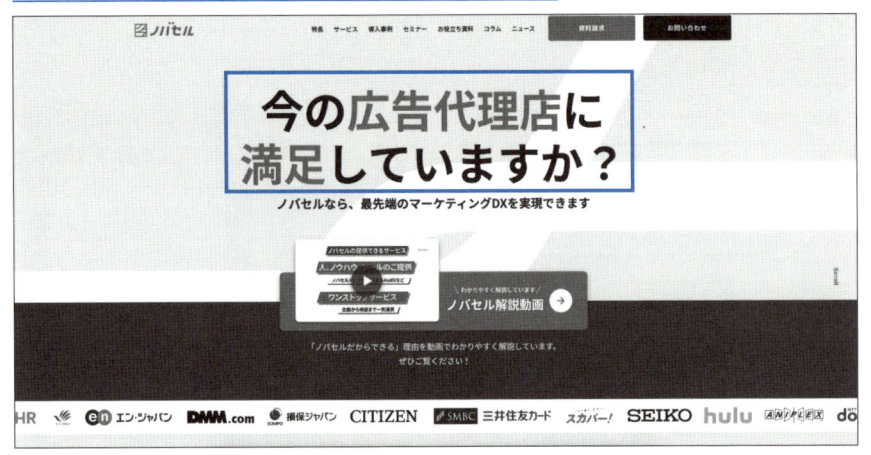

※ノバセル株式会社WEBサイト 「今の広告代理店に満足していますか？」（URL: https://novasell.com/）より引用

④独自のコンセプト推しパターン

※株式会社Sales Markerウェブサイト 「あなたのサービスをほしい顧客に出会えるインテントセールス」（URL:https://sales-marker.jp/）より引用

Point. 4　CVRを上げるために、今すぐ実践すべき6つの改善アイデア

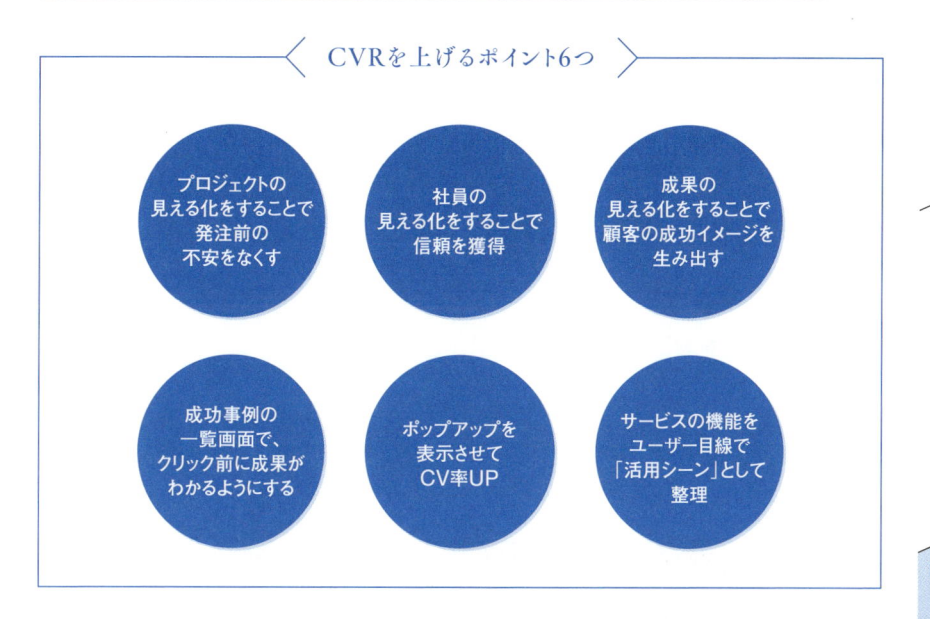

〈 CVRを上げるポイント6つ 〉

- プロジェクトの見える化をすることで発注前の不安をなくす
- 社員の見える化をすることで信頼を獲得
- 成果の見える化をすることで顧客の成功イメージを生み出す
- 成功事例の一覧画面で、クリック前に成果がわかるようにする
- ポップアップを表示させてCV率UP
- サービスの機能をユーザー目線で「活用シーン」として整理

①プロジェクトの見える化をすることで発注前の不安をなくす

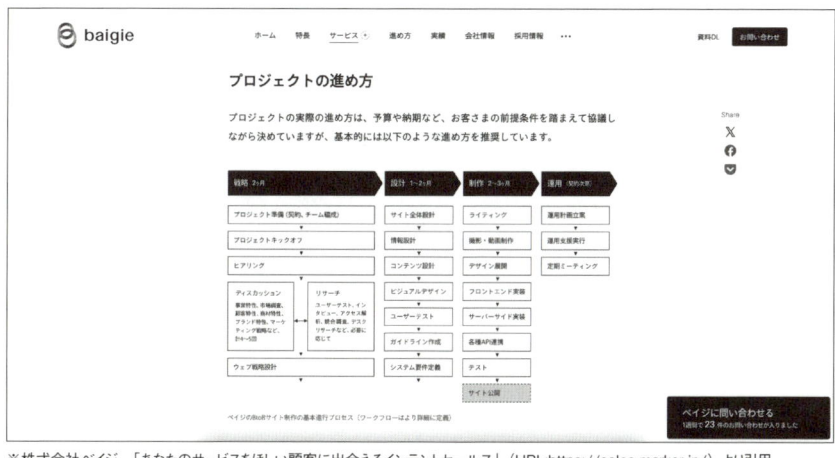

※株式会社ベイジ　「あなたのサービスをほしい顧客に出会えるインテントセールス」（URL:https://sales-marker.jp/）より引用

- プロジェクトの基本的なロードマップを公開
→顧客の理解度が上がって、発注確度の高いお問い合わせがUP
- 無形商材は不透明性が高くなりがちなので有効
→自社の強みのアピールにもなる

②社員の見える化をすることで信頼を獲得

※「株式会社THE MOLTS MEMBER」（URL: https://moltsinc.co.jp/member/saori-nagata/）

- サービス提供者の人物情報を掲載。特にコンサルティングサービスなど無形商材の場合に有効

③成果の見える化をすることで顧客の成功イメージを生み出す

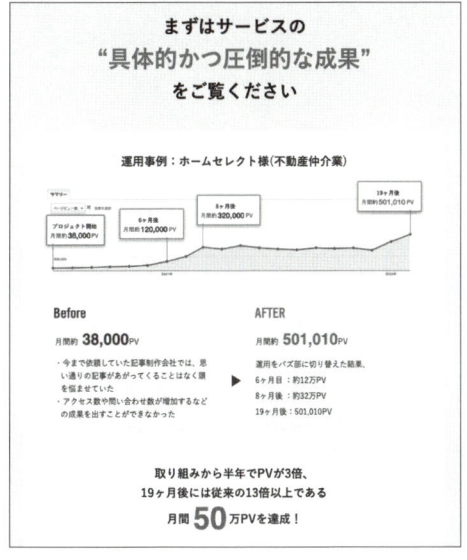

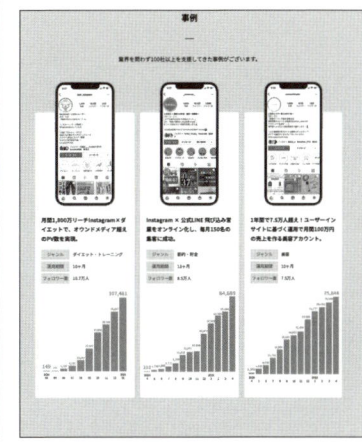

※「株式会社ルーシー　サービスサイト」（URL：https://lucy.ne.jp/bazubu/owned-media-service-lp2）を引用

・依頼前と後でどのような変化（成果）があったのかを数字で見せる
・グラフで見せることで視覚的に表現

④成功事例の一覧画面で、クリック前に成果がわかるようにする

※株式会社ベイジWEBサイト　「顧客満足度4.53※を誇るウェブ制作成功の秘訣インタ
ビュー」（URL: https://baigie.me/）より引用

- 具体的な事例に飛ぶ前に成果がわかることで、UXがよくなる
- 中身のチラ見せを行うと遷移率が高くなる

⑤ポップアップを表示させてCV率UP

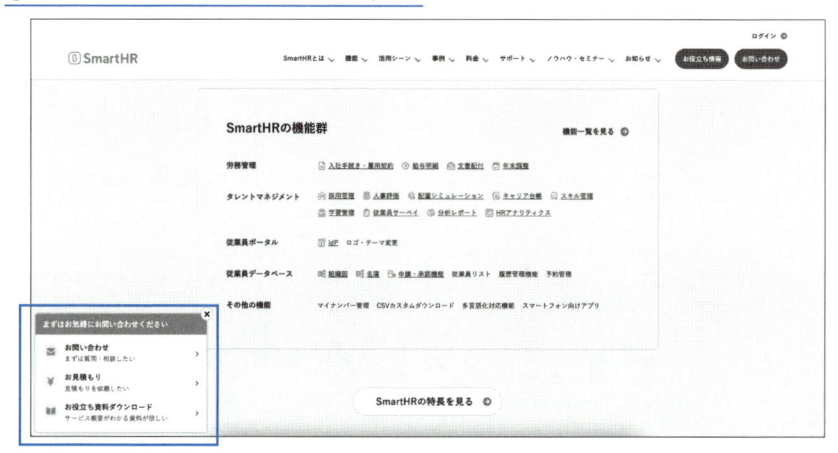

※株式会社SmartHRWEBサイト「SmartHRの機能群」（URL:https://smarthr.jp/）より引用

- 「すぐにわかる○○：資料3点セット」は鉄板で、CVRが高い傾向あり
- お問い合わせ/見積り/お役立ち資料の3つの導線を押さえておけばOK

⑥サービスの機能をユーザー目線で「活用シーン」として整理

※株式会社MoneyForwardクラウドWEBサイト（URL: https://biz.moneyforward.com/）より引用

・ユーザーにとって理解しやすいように機能を「活用シーン」の Before→Afterとして説明する
・イラストを使って直感的に表現できるとベター

Q. サービスサイトやLPの制作は内製？　外注？

A. 基本的には骨子を自分たちが作り、デザインとコーディングのみ業務委託に外注するのがおすすめ。LP制作会社に依頼すると100万～500万円ほどかかるが、上記の場合<u>20万～40万円ほどで作成</u>でき、コストを大きく抑えることができます。

特に初期は、自分でサイトの構成やコピーを考えましょう。「どんな訴求をすれば顧客に響くか」を考えるプロセス自体もマーケティングにおいては重要です。

予算も限られているので、浮いた予算を広告や他のマーケティング施策に回す方が良いです。

新規事業が複数立ち上がりサイト構造が複雑になったり、資金調達してマーケティング予算が一気に増えたりすること以外は、基本的には上記のやり方をおすすめします。ちなみにSAKIYOMIのLPは、いまだに私やチームのメンバーが直接構成やキャッチコピーを作っています。

指名検索：理想的な状態である 指名検索をされるまで

押さえたいポイント
- 前提：事業が伸び、マーケティングの施策数が増えれば、結果的に指名検索は伸びる
- どうしてもショートカットしたいなら、マス広告と動画広告が唯一の選択肢

今すぐ試してほしい施策
- ユーザーの視覚や聴覚に訴える動画広告を実施すると瞬間風速的に指名検索が増える

目標KPI
- 指名検索経由のリード数：50件 / 月
- 指名検索経由のアポ率 / 受注率：30％

「指名検索」とは、文字通り自社の製品名やサービス名がGoogleなどの検索エンジンで直接検索されることです。

どんな事業であれ、指名検索は最もアポ率 / 受注率が高くなります。

検索流入の母数が増えてくると30％前後に集約されますが、初期は50％を超えることもあるでしょう。だからこそ「この指名検索数をどうにか増やせないのか」と、誰もが一度は考えると思います。私自身何度も考えてきましたが、現段階での結論をお伝えします。

Point. 1　指名検索数を伸ばそうとするな、事業を伸ばせ

　色々試行錯誤した結果、BtoBのマーケティングにおいてはこの結論に落ち着きました。

　「指名検索数は伸ばそうと思って伸ばすものではなく、事業が伸びた結果として増えるもの」 なのです。理由はシンプルで指名検索数を伸ばすための変数は、いってしまえば事業活動すべてです。特に、マーケティング施策はすべて連動していると言えるでしょう。

　それゆえに、1つの施策で伸ばせるほど簡単ではないのです。

　プロダクトと各マーケティング施策を磨き込むと、アポ率や受注率が上がり、許容CPAも拡大していきます。

　それに比例してマーケティングの予算が増えていきます。広告費が増えたり、同時に実施するマーケティングの施策数やコンテンツ数も増えていくでしょう。

　徐々に第1想起が取れるようになり、結果として指名検索の数が増えていくのです。

〈指名検索数が増えるまで〉
プロダクトのLTVを伸ばす
→アポ率 / 受注率を向上させる
→許容CACを引き上げる
→マーケティング予算を増やす
→自社の総合インプレッション数が伸びる
→指名検索数が増える

強いていうなら、**プロダクトのLTVとアポ率 / 受注率を向上させてマーケ**

ティングに積極投資をすることが、指名検索を伸ばす方法ということになります。このステップを飛ばし、いきなり指名検索を獲得するというのは不可能に近いのです。残念ながらこれが現場のリアルだと思います。

それでも可能性を探ってみたく、いろいろと学んだ結果、いくつか方法が見つかったので、考え方をシェアします。

Point. 2　指名検索を得るための王道施策はマス広告

前提として先ほど紹介したサイクルとの掛け合わせを行いましょう。そのうえで、一気に指名検索を増やす施策は存在します。

それがマス広告、すなわちテレビや新聞、タクシーや主要な駅の看板などに出稿する広告です。これらはリーチを稼ぐことができ、一気に指名検索を増やすことができるでしょう。

ただし、出稿するには最低2,000万円以上の予算が必要となりますので、それなりの事業規模でないと実施は困難になります。

ほとんどの企業では、大型の資金調達をしていないと思います。ですからまずは1つずつマーケティング施策の費用対効果を高めていき、全体の施策数を増やしたり、マーケティングそのものに投資可能な予算を引き上げたりすることになるはずです。

上記を徹底的に追求した結果、LTVが伸び、許容CACが引き上がった結果、マス広告すらも費用対効果が見合うシミュレーションが具体的に見えてきます。そんなタイミングこそが、マス広告を打つべきタイミングだと考えるべきなのです。

第 3 章

全60のマーケティング施策 ～各施策のKPIと成功例～

01

潜在層向け施策

02

準顕在層向け施策

03

顕在層向け施策

04

商談改善施策

Point. 3　一時的な指名検索を得るには動画広告

「マス広告を打てるほどの予算はない。だけどどうにかして、指名検索を増やす裏技はないか？」そう考えたくなる気持ちもわかります。

その答えとしては今のところ「動画広告（YouTube広告）」が唯一の選択肢でしょう。

動画広告はユーザーの視覚や聴覚に訴える施策でもっとも人の記憶に残りやすいです。加えて、マス広告のように多額な予算は不要で、毎月数十万～数百万円でも効果はあるでしょう。

とはいえ、指名検索をされるためには、やはり自社の事業を着実に成長させていくことが最短であり王道です。

〈SAKIYOMIの指名検索の生データ〉

・直近1年間の指名検索数合計：約1.5万
・直近半年間の指名検索数の増加：約2,000（130%）
・マス広告は実施していない

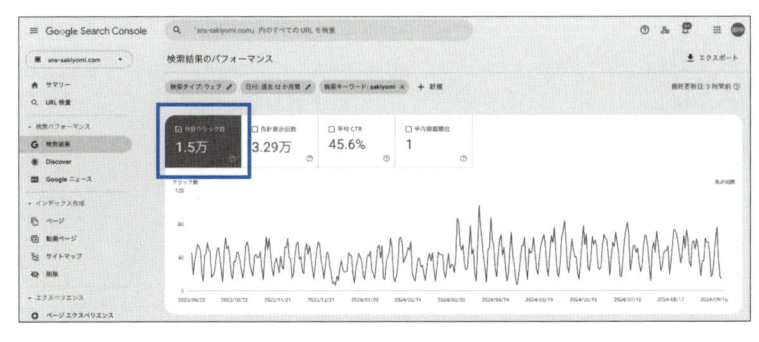

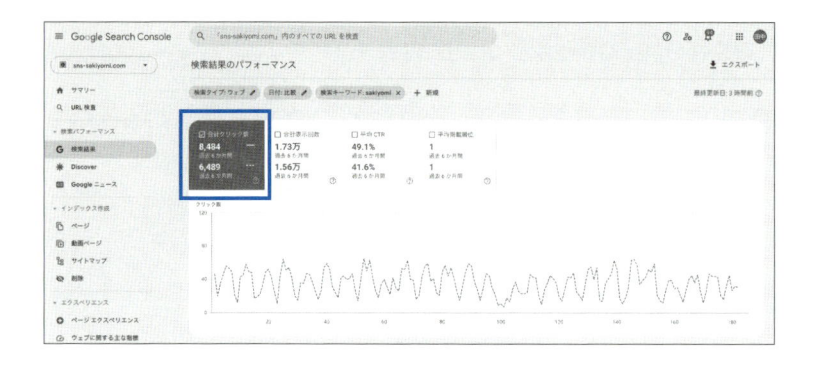

〈指名検索経由のリード数と受注数の推移（月別）〉

作成日 ↓	リード件数 合計:	BtoC（新）合計:	コネクト（リード用）合計:	アポ獲得済み 合計:	商談済み 合計:	ヨミ化数 合計:	受注 合計:	f_x アポ率（BtoC）
2023 年 4月	76	41	23	17	0	8	4	22.4%
2023 年 3月	93	61	44	23	0	17	5	24.7%
2023 年 2月	85	52	40	24	0	20	7	28.2%
2023 年 1月	118	64	47	30	0	23	10	25.4%
2022 年 12月	71	30	32	25	0	18	5	35.2%
2022 年 11月	95	47	37	18	0	12	5	18.9%
2022 年 10月	105	47	41	26	0	11	4	24.8%
2022 年 9月	81	37	43	26	0	9	3	32.1%
2022 年 8月	109	63	57	36	0	15	7	33.0%
2022 年 7月	86	44	39	26	0	15	10	30.2%
2022 年 6月	77	39	29	15	0	11	4	19.5%
2022 年 5月	17	12	11	9	0	9	5	52.9%
2022 年 4月	26	15	15	12	0	10	1	46.2%
2022 年 3月	33	18	9	6	0	6	1	18.2%
2022 年 2月	3	1	1	1	0	1	1	33.3%
2022 年 1月	8	2	2	1	0	1	0	12.5%
2021 年 12月	29	22	10	4	0	2	0	13.8%
2021 年 11月	13	8	5	3	0	0	0	23.1%
2021 年 10月	16	11	8	4	0	2	2	25.0%
2021 年 9月	8	5	2	0	0	0	0	0.0%
2021 年 8月	4	4	2	0	0	0	0	0.0%
2021 年 7月	3	0	0	0	0	0	0	0.0%
2021 年 6月	11	2	2	1	0	1	0	9.1%
2021 年 5月	4	1	1	1	0	1	0	25.0%
2021 年 4月	1	1	0	0	0	0	0	0.0%

〈指名検索経由のリード数と受注数の合計（全期間Ver）〉

source_medium ↓	リード件数 合計: BtoC（顧）合計:	コネクト（リード用）合計:	アポ獲得済み 合計:	ヨミ化数 合計:	受注 合計:	f_x コネクト率（BtoC）	f_x アポ率（BtoC）
service_organic	2,544	1,364	1,040	603	354	137	76.2%	23.7%

　本当は全期間の指名検索数の推移データをシェアしたかったのですが、サーチコンソールのデータが16ヵ月分しか残らない仕様になっていました…！代わりに、SFに残っている指名検索経由のリード数と受注数の推移を全てシェアします。データを見てみると、22年6月頃からリード数が一気に増えています。

　このタイミングは、複数のマーケティング施策で成果が出るようになり、リード数も1,000件を突破し始める前後のタイミングでした。そして、急激に事業も伸びはじめています。

　この時も、特別なことをしたわけではありません。
　しっかり各マーケティング施策で費用対効果を見合わせ、マーケティング予算や同時並行で実施している施策数が伸ばしたことで、全体のインプレッション増加に繋がり、指名検索数が伸びたといった形です。体感的にも、電話した時に「SAKIYOMI」という社名を知っている人の割合が上がった時期です。

5分以内の架電：400%改善⁉️ アポ率に最もインパクトのある施策

押さえたいPoint
- まずは「×リードの質でアポ率が変わる」「○5分以内に架電できるかどうかでアポ率が変わる」と考える

今すぐ試してほしい施策
- 問い合わせには5分以内の架電
- 問い合わせが即時通知される仕組みを「Zapier」で築く

目標KPI
- 新規リードのうち、5分以内に架電できる割合が90%

　顧客からの問い合わせや資料ダウンロードが発生した際にアクションを担うのがインサイドセールスです。ここではそのインサイドセールスの動きを仕組み化してアポ率や受注率を上げていく改善策を紹介します。

Point. 1　とにかく黙って5分以内に架電せよ

　「何だそんなことか」と思った人もいるでしょう。しかし、次ページの図版をみるとこの施策の威力を実感できるはずです。

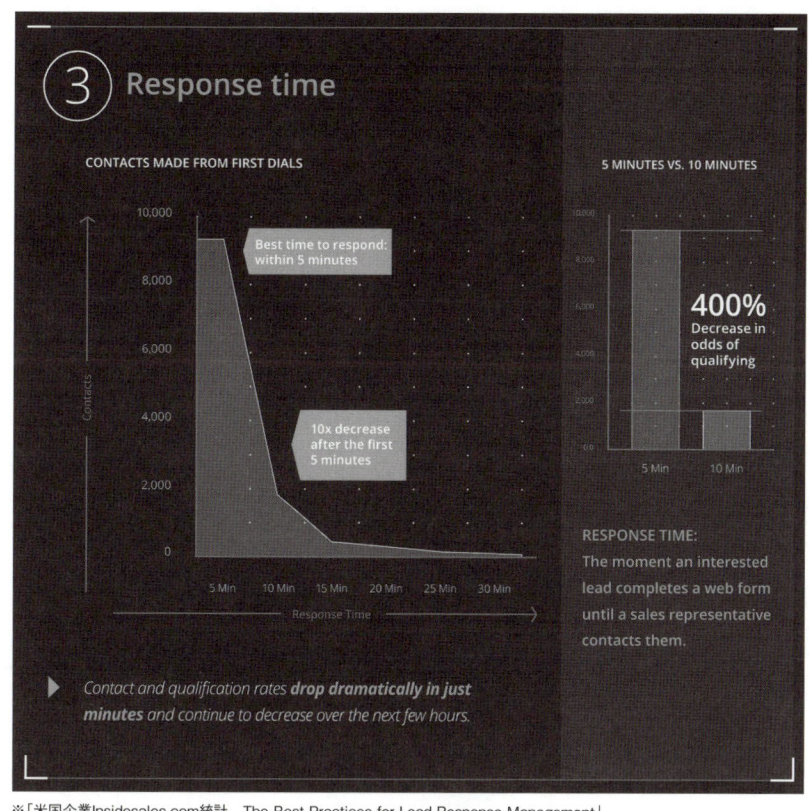

※「米国企業Insidesales.com統計 The Best Practices for Lead Response Manegement」
　(URL：https://cdn2.hubspot.net/hubfs/733226/LRM-info-graphic-poster-16-5x21-5_1.pdf?t=1453903505413) を引用
※3Years of Date,Across many companies that respond to web-generated leads,15,000 Unique leads,100,000 Call attempts

　図はアメリカの企業が調査を行い、ハーバードビジネスレビューに掲載されたものです。

　なんと、**インサイドセールスの架電対応が5分以内か10分後以降かでアポ率の差が400％にもなるのです。**

　私自身、これを聞いた時に「さすがに大袈裟では？」と思いましたが、社内でシェアして1週間実践しました。すると、アポ率は2倍になったのです。

一部のリードには電話対応していたので、伸び率が400%とまではいきませんでしたが、5分以内の架電を徹底するだけで、アポ率は2倍になったのです。

Point. 2　「Zapier」を使ってメール→Slackへの通知を自動化せよ

　数百名規模の組織であったり資金力のある企業であればSalesforceやHubSpotの上位プランを契約することで、通知をSlackに自動化できますが、少し金額が高いです。そこでおすすめなのが「Zapier」です。

　このサービスを使えば月額1万円以下でコンバージョンメールを自動でSlackに連携し、即時通知することができます。正確には、現時点の機能ではZapierから直接Slackに通知を飛ばすことはできませんが、Slackの設定でZapier→メール→Slackというフローを組めば自動化の仕組みを構築できます。

　設定もそこまで難しいわけではなく、少し時間を確保できれば設定することができます。

第3章
全60のマーケティング施策 ～各施策のKPIと成功例～

01

潜在層向け施策

02

準顕在層向け施策

03

顕在層向け施策

04

商談改善施策

Point. 3　初期はとにかくリードの質よりもコールのスピードを追え

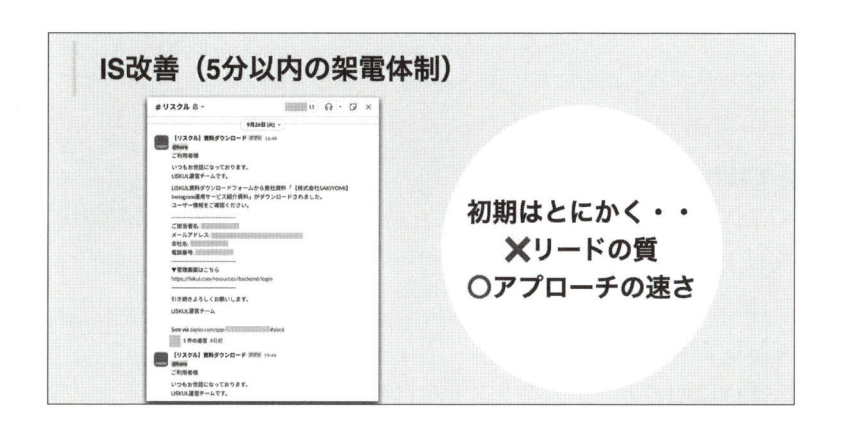

　どの企業でも一度はぶち当たるのが「**リードの質が落ちてアポ率が下がっ
たのではないか?**」と考えることです。しかし、アポ率の低下にはかなり複
雑な要因（リードの変数とメンバーの変数）があります。

　もちろん本書で紹介した階段設計の見直しや、各ナーチャリング施策の実
施によって改善を目指すべきですが、立ち上げ段階では先ほど紹介した「ア
プローチの速さ」を追求しましょう。

　次に、セールストークの内容。

　そこがPDCAを回す中で固まってから初めてリードの質を議論すべきです。
また、同時に新規リード数もせめて毎月200～300件以上あることも必要で
す。

　初期は、マーケティング予算やマーケティング施策の選択肢も多くないた
め、リードの質の良し悪しを議論したところで、打ち手を増やせるわけでは
ありません。

　実際にPoint. 1でお伝えしたように、リードの質云々ではなく、5分以内に
架電するだけで目標のアポ率を達成できるのです。初めのうちはリードの質
を問うよりもアプローチの速さに徹してください。

テレアポ改善

押さえてほしいポイント

- SAKIYOMIが4年間PDCAを回した結果を自社に導入し、MAXアポ率70％以上を目指す

今すぐ試してほしい施策

- SAKIYOMIのトークスクリプトを自社に取り入れてみる
- 自社専用の7つのセールストークを作成する
- BANTCHとアポランクを導入する
- 数値管理シートを活用してPDCAを細かく回す

目標KPI

- アポ率：20％

　ここでは、この4年間でテレアポにおけるPDCAを回してきたその実践知をすべて公開します。このフローを自社に導入できれば、SAKIYOMIと同じように毎月数百件のアポ獲得を目指せるはずです。

　実際にSAKIYOMIのトップセールスマンは電話がつながったら7割以上アポ獲得をしています。具体的なトーク内容や、数値管理テンプレシート、評価育成管理シートまで、社内で使っているものをそのまま公開しています。

　詳細は見やすいように、複製可能なNotionとスプレッドシートにまとめていますので、この施策の最後のページにあるQRコードより、LINEを追加し

第3章
全60のマーケティング施策 ～各施策のKPIと成功例～

01

潜在層向け施策

02

準顕在層向け施策

03

顕在層向け施策

04

商談改善施策

て合言葉「テレアポ改善」で受け取ってください。

⟨ SAKIYOMI流：アポ率を最大化するトークスクリプトの全体像 ⟩

トークスクリプト

▼フロントトーク

💡目的
- フロント突破！ なんかいい話聞けそう！
- 「この人とだったら話してもいいかも…」の信頼獲得！

- 流れのイメージ（大枠）
  ○ お世話になっております。
    株式会社SAKIYOMIの〇〇です。〇〇さんでお間違いないでしょうか？
    〇〇（リードソース/キャンペーン）からInstagram運用に関するお役立ち資料（WP）をダウンロード頂きありがとうございました。
    こちらの資料をDLしていただく方の多くがインスタグラムを活用して今後集客や売上などを目的として運用をご検討されている方が多かったので、お役立ちできそうな追加情報やサービスのご案内をお伝えできればと思ってご連絡させていただいております。
    今回こちらの資料をDLしていただいた背景をお伺いしてもよろしいでしょうか。
- リード別のフロントトーク集（具体例）
  ▼Point：～アカウントPCで調べながら質問投げて相手のリテラシーを図っておく～
  ▶過去自社セミナー
  ▶書籍
▶ヒアリング
▶新7つのセールストーク
▶アポ打診
▶サービス説明/BANTCHのヒアリング
▶サービス案内・打診（※サービス提案は簡易にします。それぞれ20～30秒でおさめたい）
▶決裁者確認・部署構造ヒアリング同席依頼（A）
▶コンペ状況（C）
▶日程調整
▶最後に

〈ヒアリング項目のテンプレート〉

〈アカウント〉

※アカウントがない場合（HP/事業・サービス内容/ターゲット/マネタイズポイント）

〈運用目的〉売上/認知拡大/集客/EC

〈現状・課題〉
（他施策/予算/Instagram広告費用/現状のCPA)

〈現状の施策上手くいっているか/いっていないか〉

〈Instagram検討優先度〉
会社としてInstagramに注力することになったのか（はい/いいえ）
・いいえの場合
└担当者/部署/レベル感をヒアリング

〈運用体制〉

〈担当者の役割〉

〈運用課題〉

〈予算〉（運用費用/インスタ広告）

〈聞きたいサービス〉

〈当日聞きたいこと〉

〈商談参加者〉

〈その他〉

第3章
全60のマーケティング施策 〜各施策のKPIと成功例〜

01
潜在層向け施策

02
準顕在層向け施策

03
顕在層向け施策

04
商談改善施策

〈顧客の期待値を上げて商談に繋げる7つのセールストーク〉

　テレアポでまず必須なのは顧客の期待値を上げて「相手から御社に相談したい」と言わせること。そのための武器がこの「7つのセールストーク」です。スプレッドシートにまとめているので、この内容をフォーマットとして、自社にとっての理想のセールストークを作ってみてください。

　作成する際は、自社のトップセールスマンに普段のトーク内容を棚卸ししてまとめて貰えばOKです。

〈インサイドセールスメンバーの育成効率を上げるトークレベル評価シート〉

　インサイドセールスのメンバー育成は、事業成長には欠かせません。
　インサイドセールスが属人的だったり、ノウハウが整備されていないと、いくらマーケティングが順調でリード数が増えても、アポ数や受注数が増えない深刻なボトルネックになってしまいます。

　私の体感としては、この課題はどの事業でも直面し、常に見直しとアップデートが必要なテーマになっています。

現時点で、SAKIYOMIの社内で運用している育成体制とその管理シートを共有するので、こちらを使ってどんなにリード数が増えても「アポ率：20％」を切らない、頼れるインサイドセールスチームを構築しましょう。

	ルール	ロープレ実施日		11/25	12/2		
Goal サービスの提案する体制でアポを取ることができている		amptalk URL / ロープレ					
	・レベルUP条件 →2回連続 80%超え	FB	目的				
		Level		1			
		SCORE		0.00%	0.00%	0.00%	0.00%
<FB項目> ●GOOD ●MORE ●POINT！ 課題 ●メモ ●上長からのFB	コミュニケーション能力	SCORE		0%	0%	0%	0%
		チャネル、目的別のフロントトークができている	電話を切られず、いい感じが聞けそうなスタンスにする	□	□	□	□
		電話を切られそうになるのが分かりづらくできている	懸念可能かもしれないリードを無駄にしないなり（担当者接続→コネクト）	□	□	□	□
		声のトーンやスピードが適切か適度である（抑揚）	コミュニケーションにおいてストレスを与えない	□	□	□	□
		ビジネスマンとしてもおかしくない最低限の会話ができている	SAKIYOMIの人員として、会社の信頼確保	□	□	□	□
		相手の話に対して適切なあいづちができているか	共感する力	□	□	□	□
		一方的なトークではなく、会話になっているか	気持ち良いコミュニケーションをとる	□	□	□	□
Lev.1	ヒアリング能力	SCORE		0%	0%	0%	0%
		ヒアリングも、水平、垂直質問で聞き出せている	進用の質向上（受注率があがる本質的な提案）	□	□	□	□
		目的のずうわせがおうむ返し返しができている	解釈に間違いがない姿を確認、yes切り	□	□	□	□
		先方の情報（運用担／業務面）が把握できているか聞いてでいる、かつ内容連動保持てている	確度の質問上（受注率があがる本質的な提案）	□	□	□	□
		Yes 取りや質問ができている（先方の商客や自分の解釈）	課題解釈がないか確認	□	□	□	□
		正しいBANT確認「アポランク割り割り」ができている	アポランクを判断する	□	□	□	□
	ヒアリング内容	資料DL・申込経験	背景から課題キャッチアップ	□	□	□	□
		アカウント					
		（アカウントなしの場合）事業内容	商談する上で、会社の事業を把握する事が必要なため	□	□	□	□
		（アカウントなしの場合）ターゲット	FBの提案準備の質工場	□	□	□	□
		運用技術が抜けている	取引課題の把握	□	□	□	□
		先方の詳細（運用面／集客面）	取引課題の把握	□	□	□	□
		他施策（現状の集客方法・CPAなども）	可能な予算把握する	□	□	□	□
		インスタ広告予算	広告予算は運用内増上で予算どうもしている可能性が高く、SAKIYOMIのサービスは広告系の料金なので予約なら提案	□	□	□	□
		ンスタ運用体制・運用時間の確認（内製化検討している？）	マッチング他、運用行行か、どちら御願いしているのか測る	□	□	□	□
		担当者の役割	決裁打診など判断する	□	□	□	□
		決裁予算	BANT確認	□	□	□	□
		検討予算	BANT確認	□	□	□	□
		導入時期（1ヶ月？2-3ヶ月？3ヶ月以上？）	BANT確認	□	□	□	□
		他社検討状況	FBの提案準備の質を高め、受注率を上げる	□	□	□	□
		上長同席確認（決裁権ない場合）	商談にて強いニーズをヒアリングできたり、FBがクロージングをしやすくなる	□	□	□	□
		SCORE		0%	0%	0%	0%
		アルゴリズム		□	□	□	□
		参考		□	□	□	□
		運用体制・サービス		□	□	□	□

〈アポランクとBANTCHでアポの質を評価〉

インサイドセールスとフィールドセールスの間で起きがちなのが、アポの質の問題です。2者間で、理想的なアポの認識がズレ、最悪のケースは「受注ができないことをお互いのせい」にしてしまい、適切にPDCAが回らないことがあります。

SAKIYOMIでもまさにそれに近い課題が発生し、議論を重ねて辿り着いたのがこの「BANTCHとアポランク制の導入」です。

第3章
全60のマーケティング施策 ～各施策のKPIと成功例～

01

潜在層向け施策

02

準顕在層向け施策

03

顕在層向け施策

04

商談改善施策

Budget
予算

Authority
決裁権

Needs
ニーズ

Timeframe
検討時期

Competitor
競合

Human resources
人員体制

▼受注につながる理想のアポの定義＝BANTCHが確認できているアポ

　まず、BANTCHをベースにしてアポランクを決めています。テレアポ時のヒアリング項目も、BANTCHをすべて聞けることを理想に設定しています。

　そしてアポランクの高いAランクアポに関しては、絶対に受注できるようトップセールスマンに割り振り、受注率50％越えを目指すなど、商談担当者の割り振りに反映させています。

　このアポランクごとに想定受注率が設定されており、その受注率を基準に営業担当者は自分の受注率を振り返り、改善するのです。

　実際にSAKIYOMIの社内で使っているアポランクの定義も、シートにまとめて全て共有しているので、こちらを参考に自社オリジナルのアポランクの定義とアポの割り振りフローを設計してみてください。

　営業担当者が増えてくると、どうしても各々の主観的な感情や人間関係的な問題が発生しやすくなります。これらは、担当者が悪いのではなく、構造の問題なのです。こういったケースでも客観的な指標があることで適切にPDCAを回し、全体の受注率UPにつなげることができるので、営業チーム

が増えた段階で導入してみてください。

〈インサイドセールスのPDCA数値管理シート〉

　意外と属人的で細かく数値管理できてない企業も多いため、数値管理シートも実際に社内で使っているものをテンプレとしてシェアします。

〈チェック〉

- ・アポ獲得の手前に「コネクト（電話が繋がる）」の数字とコネクト率を設定し、管理
- ・メンバーの稼働量やコール数も月初に算出し、管理
- ・月初にその月の目標を設定、常にこのままいくと…の着地ヨミをマネージャーが管理し、PDCAを回す（アラートや未達になりそうかどうかなど早めに気付くことができ、先手を打てる状態）

　いかがでしたでしょうか？　ここで紹介した基礎を徹底できているかどうかで、営業力や受注金額は大きく変わります。

　強力なインサイドセールスチームなしに、「マーケティングの費用対効果

が合うことはない」と肝に銘じ、まずはこのテレアポ改善から以前から取り組むべき企業が大半な感覚です。

　ここで紹介した内容（実際にSAKIYOMIの社内で使っている管理シート）はすべて下記から受け取れるので、ぜひ活用し、**アポ率20％までの道のりをショートカットしてください。**

〈 SAKIYOMIのテレアポ改善シート 〉

【完全版】テレアポ改善シート_書籍用

トークレベル評価シート
https://docs.google.com/spreadsheets/d/1ectxpRcrAKKuxFi9b3xxdE_GGPV8cXTZXabD27u6Lcqs/edit?gid=341436416#gid=341436416

BANTCHとアポランク
https://sakiyomi.notion.site/BANTCH-_-12b04b6faa2380089a12ddfia367e1a8a1?pvs=4

トークスクリプト
▶ フロントトーク
▶ ヒアリング
▶ 新7つのセールストーク
　▼7つのセールストークまとめ
　https://docs.google.com/spreadsheets/d/1ectxpRcrAKKuxFi9b3xxdE_GGPV8cXTZXabD27u6Lcqs/edit?gid=64393257#gid=64393257
▶ アポ打診
▶ サービス説明/BANTCHのヒアリング
▶ サービス案内・打診（＊サービス提案は簡潔にします。それぞれ20～30秒でおさめたい）
▶ 決裁者確認・部署確認ヒアリング・同意喚起 (A)
▶ コンペ状況 (C)
▶ 日程調整
▶ 最後に

【営業担当者・商談管理ツール連携用】ヒアリング内容記録テンプレ
＜アカウント＞
・アカウントがない場合（HP/事業,サービス内容/ターゲット/マネタイズポイント）
＜運用移行＞売上/認知拡大/集客 etc
＜現状・課題＞（他media/予算/インスタ広告費用/現状のCPA）
＜現状の施策上手くいってるかいってないが？＞
＜インスタ検討優先度＞
会社としてインスタ注力することになったのか（はい/いいえ）
・いいえの場合
　担当者/部署/レベル
＜運用体制＞
＜担当者の投資＞
＜運用頻度＞
＜予算＞（運用費用/インスタ広告）
＜聞きたいサービス＞
＜当日聞きたいこと＞
＜問合せ内容＞
＜その他＞

こちらのQRコードより、書籍購入者限定LINEを登録し、合言葉「テレアポ改善」と入力してください。
SAKIYOMIが4年間PDCAを回して培ってきた「テレアポ改善シート」をダウンロードできます。

事例インタビュー/事例記事/成功事例集：事例を起点にアポ率を引き上げる

押さえたいポイント

- 事例ヒアリングを打診するタイミングは「導入時」と「成果直後」
- 1コンテンツマルチユースで成功事例を横展開する

今すぐ試してほしい施策

- 記事ではインタビューの会話よりも、成果が出るまでのプロセスを見せる
- 顧客との信頼感の醸成や最後の一押しにはYouTube動画の活用が効果的

目標KPI

- 事例記事10個の作成
- 上記をホワイトペーパー化する

サービスサイトや資料に必ずと言っていいほど掲載されている「事例コンテンツ」や「お客様の声」。これらを見ていると、本来の目的を見失っているコンテンツになっているケースが多いです。

単に顧客にインタビューしてそれを記事にするだけではアポ率や受注率は上がりません。

本項目では事例インタビューの際、注意すべきことを紹介します。

Point. 1　事例記事は「課題・プロセス・成果」の3点を見える化せよ

顧客の写真とあわせて、インタビュー形式で書かれた事例記事が掲載され

第 3 章
全60のマーケティング施策 〜各施策のKPIと成功例〜

01

潜在層向け施策

02

準顕在層向け施策

03

顕在層向け施策

04

商談改善施策

ているのをみたことはありませんか？　しかしこれだと「成果の再現性を確認したい顧客」にとっては、意思決定材料にはなりません。

せっかく成果が出ているのに、非常にもったいないです。

また、役員や管理職をはじめとする経営陣は忙しいのです。そういった方々には、中身を読んでもらえず、離脱されてしまうでしょう。そこで、押さえて欲しいのは「**課題・プロセス・成果」の3点を図解を使ってわかりやすく表現すること。**

これらが冒頭に入っている事例記事を見ると「顧客のことをよくわかっているな」と唸ってしまいます。

たとえば、事例記事に下記のような画像を1枚挿入するだけでもOKです。

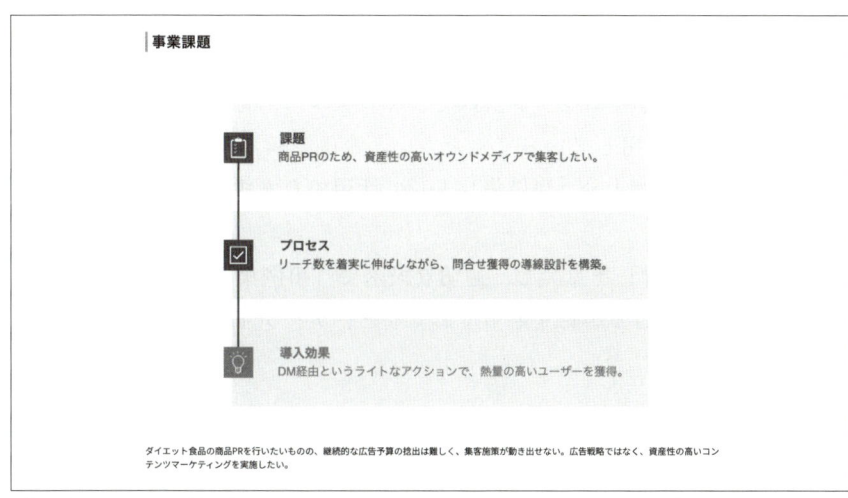

※「株式会社SAKIYOMI　競合の多いダイエットメディアで、2ヶ月で1万人のフォロワー増。広告費をかけずに集客ができるチャネルを構築。」（URL:https://sns-sakiyomi.com/blog/case/diet/009-2/）

加えてさらに顧客に寄り添うなら、サービスサイトの項目でも紹介しまし

たが、事例記事の一覧画面で、下記のように「業界/ジャンル/課題/成果」を表示すべきです。これだけで、ユーザーが直感的に見るべき事例記事を選びやすいはずです。

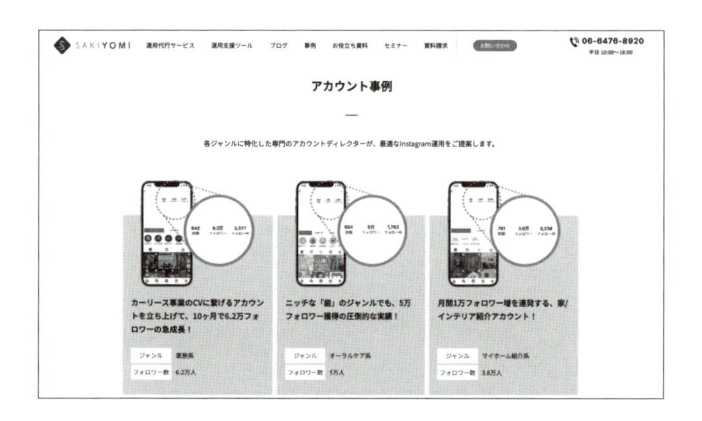

Point. 2　1コンテンツマルチユースで適切な導線を設置

ここで作成した事例コンテンツはぜひマルチユースとしてホワイトペーパーやLPなどにも活用していってください。事例記事を10クライアント分スライドにまとめれば十分「事例集」として活用できます。

また、「階段設計」を意識し、適切な段階で「事例集ホワイトペーパー」をダウンロードできる導線を貼っておくなど、ナーチャリングにも使えます。

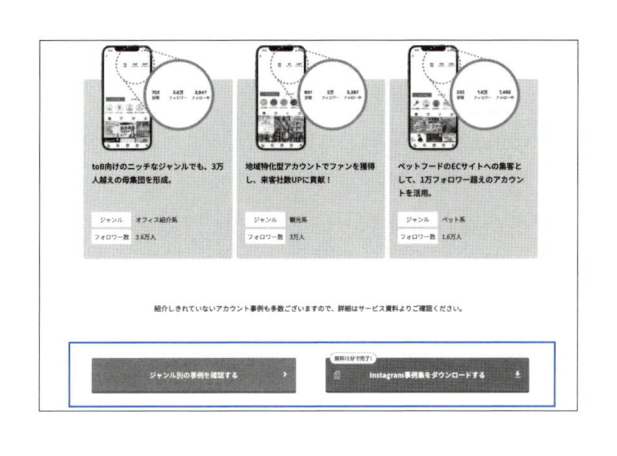

Point. 3　顧客への打診タイミングは「導入時」と「成果を出した直後」

「事例インタビューをやりたいけれど、なかなか許可がもらえない」と思う人もいるはずです。確かに、なかなかデリケートな問題です。

事例インタビューの許可どりはタイミングが命です。具体的にはこれから紹介する2つのタイミングで許可をもらいやすいので、営業チームやCSチームの業務フローに組み込んでルーティン化することがおすすめです。

（1）顧客がサービスを導入した直後

まだ結果はでていないため、「なぜ発注したのか？」「どんな意思決定のプロセスを経たのか？」を聞けると良いでしょう。また、このタイミングで事例インタビューをする許可をとると、以降もインタビューを受けてくれる可能性が高まります。

（2）サービスを導入して成果が出た時

注意したいのは、時間が経てば経つほどほど、許諾率が下がるということ。結果が出たら必ずすぐに事例インタビューの打診をしましょう。

何度か動画の話はしましたが、事例コンテンツでもやはり動画のインパクトは大きいです。

　実際にお客さんと直接話している動画の方がテキストベースの情報よりも雰囲気や関係性も見えて安心できますよね。

　また記事だと「良い風に編集しているのでは」などと思われることもありますが、動画であれば顧客のリアルな声を届けることができます。

**　結果的にそれが信頼や安心感につながり、受注の後押しにもなるのです。**

　ただ、動画と聞くと「手間がかかる」と感じる方もいらっしゃいます。その気持ちよくわかります。しかし、テクノロジーが発達した現代では実はそれほど手間がかかりません。

　事例インタビューをする際、直接対面でやるケースも多いと思いますが、その時にスマートフォンを置いておけば、事例動画を撮影でき、手間もかかりません。

　オンラインで実施する際は、レコーディングのボタンを押すだけで良いです。

　また動画編集面では、カットとテロップの編集をして外注しても1〜2万円です。仮に10クライアント分を作るとしても、1件受注が増えたり、数％アポ率が上がるだけで費用はペイできるはずです。

<SAKIYOMIで3年間で合計300本のYouTubeを投稿した結果の数値データをすべて公開>
→LINEを追加して「YouTube」と合言葉を入力してください

無料相談/無料診断/シミュレーション： ハードルを下げてCVRやアポ率を引き上げる

押さえてほしいポイント

- CVRやアポ率を最大化させるには、顧客の心理的ハードルを下げることが必要
- →お問い合わせやサービス資料のDL"以外"のCVポイントを用意せよ

今すぐ試してほしい施策

- 「無料診断」や「先着○名の無料相談」は鉄板で活用する
- 診断結果の共有や解決策の提示をフックにすることでアポ率が向上する

目標KPI

- サービス資料以外のCVポイント：2種類
- 上記施策のCVR：2%
- 上記施策経由の商談化率：20%

「サービスサイトやオウンドメディアを開設したのに問い合わせが来ない…」そう嘆く割に、単に問い合わせフォームを設置するだけに止まっていませんか？

　顧客にとって問い合わせは一定の心理的ハードルが必ず存在します。人付き合いと一緒で、見ず知らずの人にいきなり話しかけるのは勇気が要りますよね。しかし、何かきっかけがあれば自然と会話できる。それに近い形のきっかけを用意しましょう。

例えば、SAKIYOMIでは「Instagramアカウント診断」という形で無料の診断サービスを提供していますが、これがきっかけとなり顧客との接点を築くことができています。

具体的には、プロ目線で顧客のInstagramアカウントの良し悪しをチェックし、診断結果から出てきた課題と打ち手をシェアするといった形をとっています。もちろんこれは顧客とのアポイント時に行いますので、そこから自然と商談に繋げることができるわけです。

顧客にとっても無料で診断してくれて解決策まで提示してくれるとあれば、断る理由はありません。このように、**見せ方一つでアポ率は大きく向上させることができます。**

ここではそのハードルを下げ、気軽に相談をもらえるような施策を紹介します。

Point. 1　お問い合わせは全部で6種類で言い換えて、 CVポイントの種類を増やせ

多くの企業WEBサイトなどには「お問い合わせ」「資料DL」「セミナー申し込み」はあっても、それ以外のCVポイントが作れていません。

そこでまずは、自社にあったCVポイントを模索するために、どんな選択肢があるのか？　その全体像から把握していきましょう。

〈お問い合わせを6種類のCVポイントで言い換える〉
・無料相談
・○○診断
・シミュレーション
・料金表/お見積もり
・デモ
・カタログ

この中でも**特に鉄板で試すべきは「無料診断」と「先着○名様の無料相談」**です。

これはどの業種でも使える施策で、かなり汎用性が高いです。

また、コスト削減系のツールの場合は「コストシミュレーション」がかなり有効です。

こういった診断系やシミュレーション系の施策は、BtoC向けではかなり前から使われてきました。

例. 性格診断/肌質診断/パーソナルカラー診断/（転職時の）年収シミュレーション

このほかにも挙げればキリがありませんが、それほどマーケティングにおいて有効なものなのです。

Point. 2　真っ先に参考にすべき事例5選

　特に読者に参考にしてもらいたい事例を抜粋しました。

　どれもその施策の見せ方だけでなく、実際のUI/UXもイチオシです。

　これらのロールモデルを眺めながら、自社にはどんな施策が合いそうか？実施するならどんなUI/UXにすべきか？を考えると、きっとたくさんのアイデアが湧き出るはずです！

コストシミュレーション

　下記のWEBサイトではコスト削減のシミュレーションを全3STEPとシンプルに訴求しています。わかりやすいため、ユーザーの関心もひきやすいでしょう。特にバックオフィス系のSaaSの場合は効果的な見せ方です。

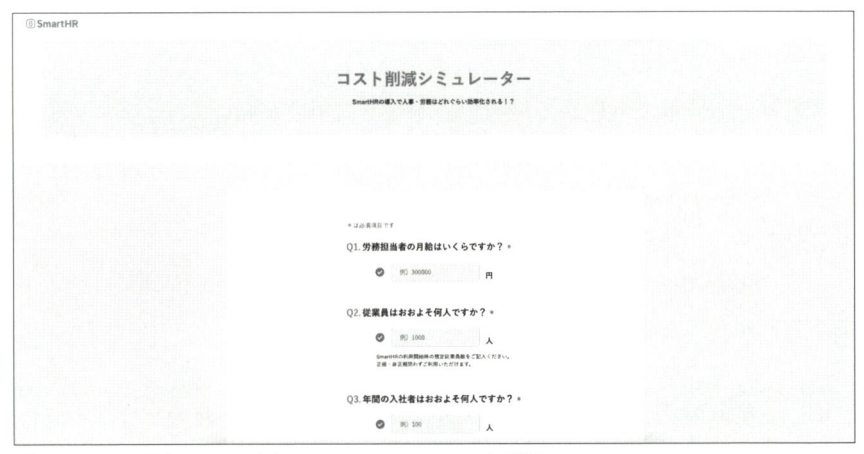

※「SmartHR　コスト削減シミュレーター」（URL:https://soroban.smarthr.jp/）を引用

第3章
全60のマーケティング施策 〜各施策のKPIと成功例〜

01 潜在層向け施策

02 準顕在層向け施策

03 顕在層向け施策

04 商談改善施策

○○診断

↓

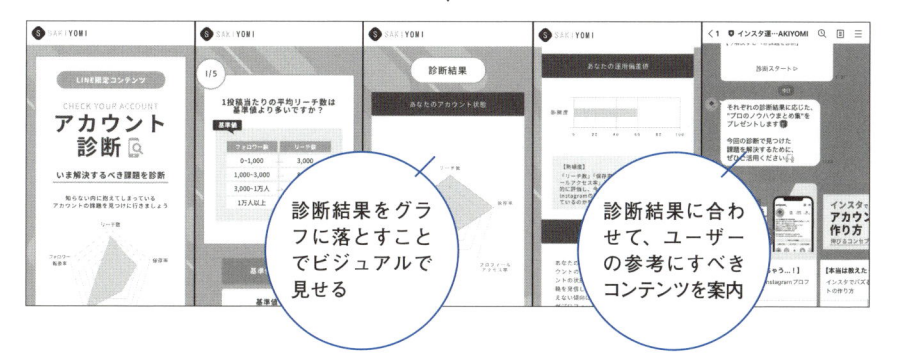

診断結果をグラフに落とすことでビジュアルで見せる

診断結果に合わせて、ユーザーの参考にすべきコンテンツを案内

○○診断②

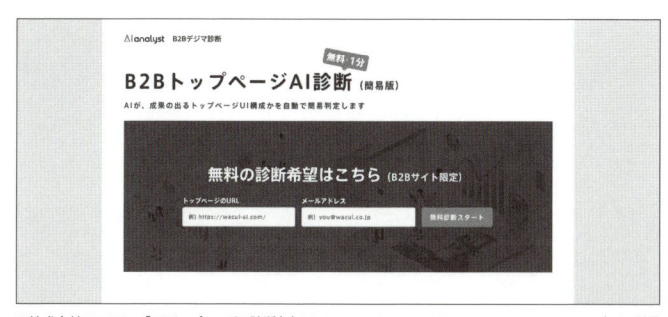

※株式会社WACUL「B2BトップページAI診断」（URL: https://diagnose-b2b.wacul-ai.com/top-page/）より引用

無料相談

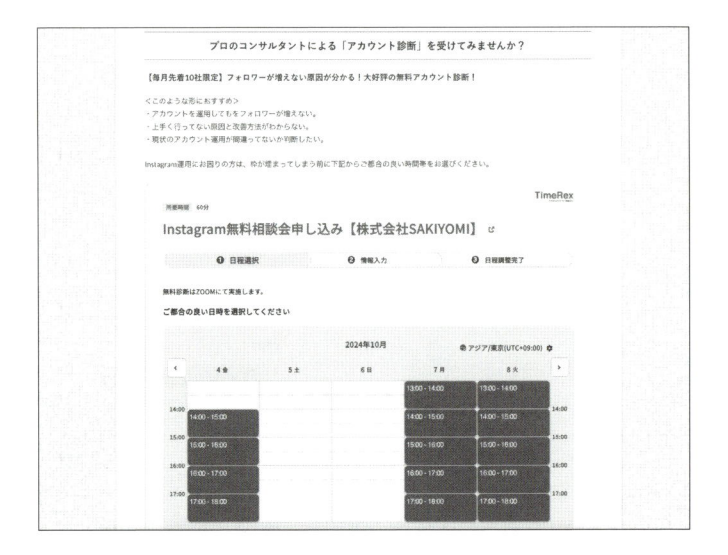

お見積もり

※株式会社SmartHRWEBサイト「見積もり依頼フォーム」（URL: https://smarthr.jp/pricing/form/）より引用

サンクスページ：資料ダウンロード後のページに ○○をすることでアポ率を引き上げろ

押さえてほしいポイント
- 資料ダウンロード直後に導線を作り、顧客に次のステップへ進んでもらう

今すぐ試してほしい施策
- サンクスページに直接日程調整ツールを埋め込む

目標KPI
- 新規リードの5%が無料相談/無料診断に申し込む

Point.1 ホワイトペーパーのダウンロード後のサンクスページにアポ獲得の仕掛けを作れ

　資料をダウンロードしてもらうことで顧客と接点が持てたとしても、アポへの導線設計がスムーズでなければアポも取れなくなります。そこで「TimeRex」というアポ調整ツールを使い、顧客がワンクリックで無料相談（=商談）の場を設定できる体制を作りましょう。実際にSAKIYOMIではこのような導線を引いています。

サービス資料やホワイトペーパーのダウンロードフォームに入力

↓

資料のダウンロードページ（サンクスページ）

↓

下にスクロールすると「無料診断」や「セミナーの導線」

第 3 章

全60のマーケティング施策 ～各施策のKPIと成功例～

01

潜在層向け施策

02

準顕在層向け施策

03

顕在層向け施策

04

商談改善施策

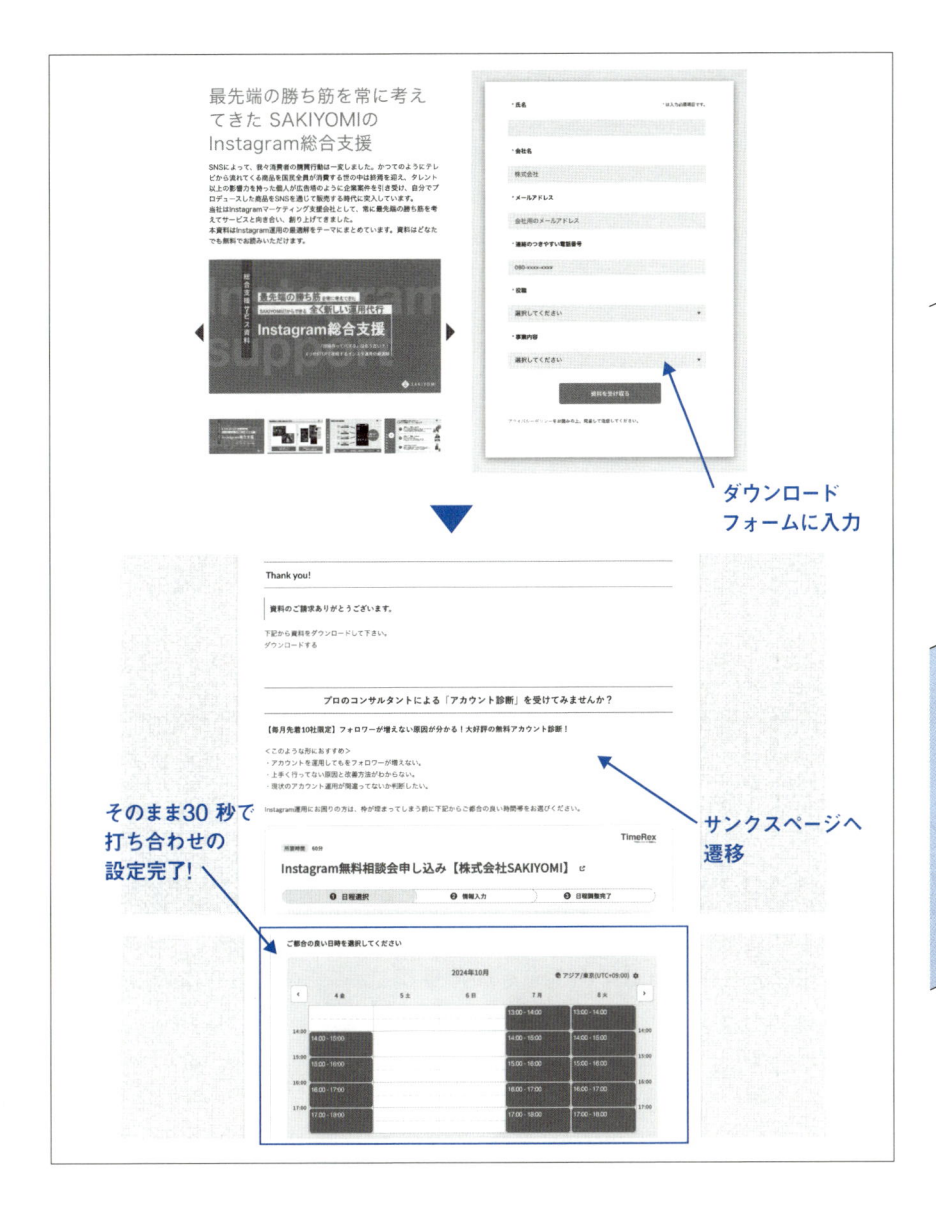

5分以内の架電のパートでもお伝えしましたが、アポ率に一番インパクトのある変数は「スピード」です。

「鉄は熱いうちに打て」と言うように、顧客の温度感は時間と共にどんどん下がり、数日後には資料をダウンロードしたことも忘れ、打ち合わせのコールをしても無視されるようになります。

サービス資料のダウンロードやセミナーの申し込みのような、顧客が自分から能動的に行動している瞬間こそが絶好のチャンスです。

このタイミングで打ち合わせの案内を送ることができるかがアポ率の高い企業と低い企業の分かれ目です。SAKIYOMIでは資料系でもセミナー申し込み系でも、全てサンクスページに何かしらの次のステップの導線を引いています。

階段設計のパートでも解説した通り、顧客の次のステップのハードルを下げ、その上でこのようなあらゆる導線に工夫をすることで、**何もせずとも毎月新規リードの10%は自動でアポが設定される状態を作ることができます。**

その中でも、まず全企業が工夫すべきインパクトゾーンはこのサンクスページです。
自社のサンクスページに、工夫を加えることができないか、見直してみてください。

※TimeRexWEBサイト（URL:https://timerex.net/）より引用

　ちなみにSAKIYOMIのサンクスページで使用している日程調整ツール「TimeRex」は月額700〜1,200円程度で活用できますので、導入コストが低くオススメです。

　重要なことはユーザーがページ遷移することなく予約完了できることです。もしページ遷移が1回でも入ってしまうと、それだけで確実に機会損失が生まれます。機会損失が積み上がると、大きな損失になります。常にユーザー導線に気を配りましょう。

サービス資料（営業資料）/ 稟議用の資料：
アポ率/受注率を引き上げるために
見直すべき4つの観点

押さえたいポイント
- サービス資料は「4つの不（不要、不信、不適、不急）」を解消すれば
アポ率/受注率が上がる

今すぐ試してほしい施策
- サービスの「見える化」を行い、4つの不が解消できているか見直す

目標KPI
- 受注率：20%

　本項目は、実際にBtoBマーケティングのコンサルを行う時に早い段階で取り組むことが多いです。そもそも、サービス資料が必要最低限の説明になっており、顧客にとって

「思わず商談で話を聞いてみたくなる」
「他の競合会社より明らかにイケてる」

そんな期待値を作れていないケースが本当に多いのです。

　サービス資料をダウンロードした時に、
「これを見ても自社の課題が解決できるのか、このサービスの成功確率が高いのか、判断できない（意思決定の参考にならない）」

第 3 章
全 60 のマーケティング施策 ～各施策の KPI と成功例～

01

潜在層向け施策

02

準顕在層向け施策

03

顕在層向け施策

04

商談改善施策

一度はこういった経験をしているのではないでしょうか。

しかし、いざ自社のサービス資料を作ると、それと「同じになっている」そんなケースが多いのです。ですからまずは、よくあるサービス資料の構成を見ていきましょう。

・表紙と目次
・サービスの概要説明
・機能・サービスの詳細
・事例
・料金プラン
・よくある質問と回答
・CTA

当然これでは不十分です。ユーザーとして考えてみてください。上記の項目を見ても、「この企業の資料すごいな！」「他社よりここに相談しよう！」とは感じないのではないでしょうか？

では、**"何が足りないのか？"それを"4つの不"というフレームワークを紹介しながら紐解いていきます。**

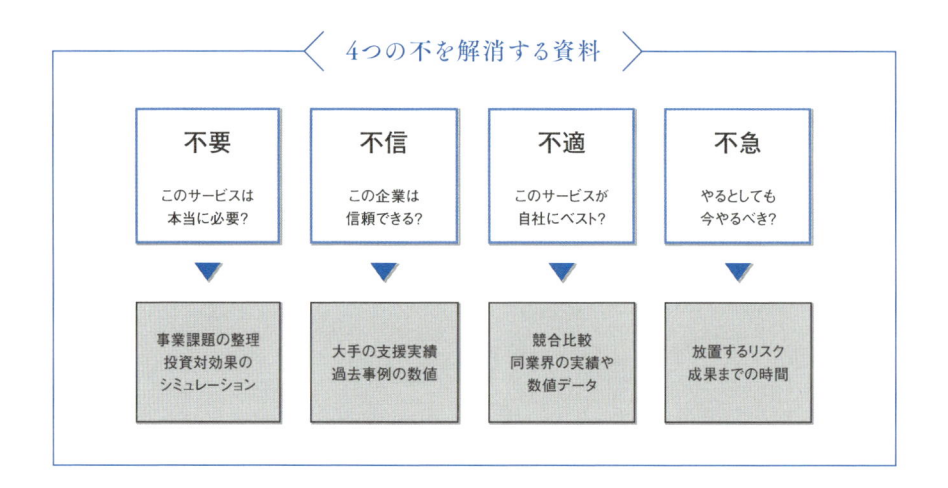

「4つの不」とは、顧客関係管理（CRM）ソリューションを中心としたクラウドコンピューティング・サービスの提供企業であるSalesforceの営業が提唱する、**顧客の意思決定を阻害する4つの壁**をまとめたものです。

自社のサービス資料には4つの壁に対応する情報が盛り込まれている必要があり、ここが顧客にとってクリアにならないと発注は見込めません。

しかし安心してください。これらの不については、社内のトップセールスマンが顧客との商談において話していること、答えていることをまとめれば大丈夫です。

その際に気をつけるポイントを紹介します。

Point. 1　顧客の社内稟議を想定して作成せよ

サービス資料は商談時だけでなく、顧客の社内稟議にも使われます。
BtoB企業において発注の有無は担当者の感情ではなく組織としての合理性

にもとづいて判断されるため、**「決裁権を持つ人物が何を気にするのか」**という視点を持って作成すべきです。

この視点がないと商談の場では担当者が前のめりで「ぜひやりたい！」と言っていたのに、数日後にお断りのメールが届いたり、返信が来なくなります。そう言った場合は、往々にして「社内で稟議を通せなかった」「経営陣に反対された」ことが理由なのです。

ですから、**商談に来てくれた「担当者のスキルに依存しない状態を作る」ことが鍵です。**

そして、その視点こそが冒頭に挙げた「4つの不」の解消ということになります。

そのための一番の注力ポイントは、見るだけで社内稟議で伝えるべき情報が網羅されていることです。**サービス資料/営業資料を見せながら話せば「自社のサービスを導入すべき理由」が誰でも説明できる状態を目指すのです。**

そのためには次ページに掲載しているような「シミュレーション情報」や「社内説明用のスライド」を盛り込んでおくとスムーズに社内稟議が進むでしょう。

観点	10万プランの場合 （打ち合わせなし）	30-50万プランの場合 （打ち合わせあり）	マーケコンサルA社	広告代理店 SEO支援会社 etc.	内製（独学）
費用	10万/月	30-50万/月	50-100万/月 （年間900万）	50万前後 手数料20%	40〜80万円 （担当者1〜2名）
事業フェーズとの相性	ベンチャー・新規事業・マーケ立ち上げフェーズと相性◎		予算が大きいため 大手向き	自分たちでは手に 負えない事業サイズ向き	立ち上げ後 に目指すべき
実績	0から自ら実践した実績あり		会社の実績はあるものの、 担当者に実績が無いケースあり		△
社内	◎ （全チャネル支援可能）		△ （戦略立案だけ）	△ （一部のみ）	△
チームの組閣	可能 （必要に応じて業務委託メンバーでチームを組閣します。）		×	×	△
0からの立ち上げ	得意分野です。 全チャネルで立ち上げてきた実績があります。		担当者自身には直接経験がないことが多い。		
内製化支援	◎ （必要に応じて社内メンバーの育成やチームの組閣を実施）		○	△	-
担当者ガチャの有無	無し （全て田中が直接支援します。）		有り	有り	-

Point. 2　サービスの「見える化」で顧客に価値を認識させよ

　4つの不を整理すれば、顧客の意思決定にかなり近づくことができます。そこに加えてもう一点工夫が必要なことが、サービスの「見える化」です。特にBtoB企業の商材の場合、無形商材が多いがために、不透明になりがちです。基本的には、サービスの解像度 / 透明度を上げなければアポ率/受注率が向上しません。

　そこで、下記の見える化を意識しましょう。

〈サービスの解像度を上げる10の見える化〉
・サービスのコンセプトの見える化
・サービスのプロセス/ロードマップ/スケジュールの見える化
・サービスの納品物（アウトプット）の見える化
・サービスの提供者/関わる人の見える化
・サービスの費用対効果の見える化

・競合との違いの見える化
・サービスの実績・データを見える化
・サービスのBefore→Afterを見える化
・サービスのKPIを見える化
・サービスの独自のノウハウ（強み）を見える化

これは言い方を変えると、「**ふわっとした抽象的な状態で受注しない**」とも言えます。

つまり、顧客との間で「目指すゴールのために何をどこまでやるのか」を可視化できなければ、投資の意思決定はできないのです。

そのためには、提供価値や具体的なアクションを可視化すること。

そうすることで顧客にも「これは自分たちだけではできないな」と感じてもらえるでしょう。自社の価値を認識してもらった上で"発注すべき理由"を顧客自身に自覚してもらうこともできます。

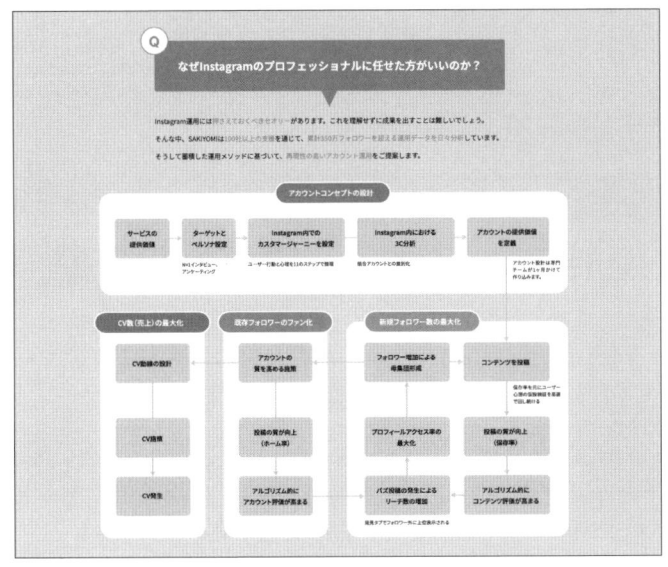

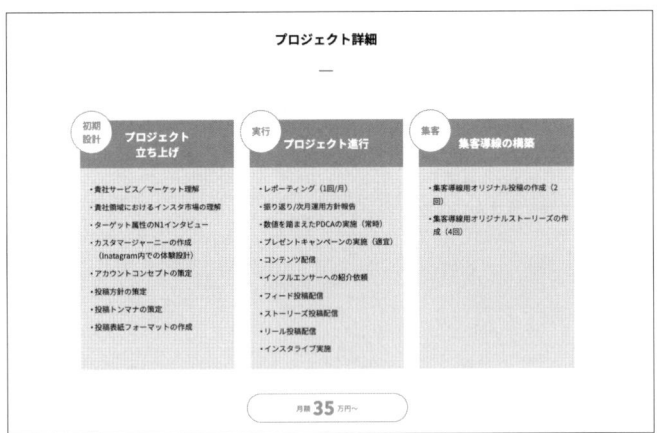

　ちなみにSAKIYOMIの場合は、上記のInstagram運用のフロー図のように見える化しています。「自社の担当者にここまでの運用はできないですね」と納得していただけることが多いです。

　また、サービス資料も〈顧客の理解度を上げる10の見える化〉の観点を

押さえて作成しています。「御社のサービス資料感動しました！ここまで明確なロジックと成功への期待を持てたのは初めてです」などと言われて強く共感していただいております。

〈合言葉「営業資料」でSAKIYOMIが実際に使っている資料を受け取る〉

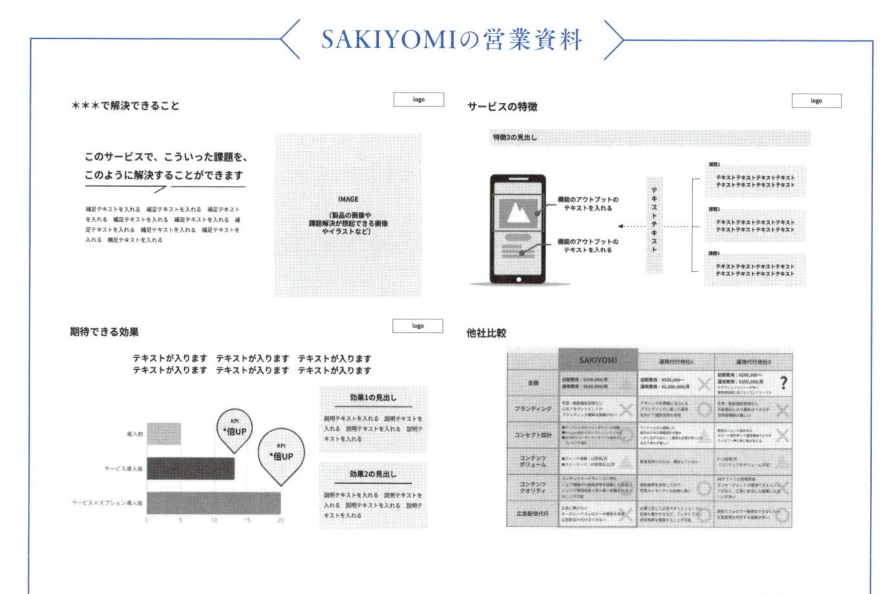

こちらのQRコードより、書籍購入者限定LINEを登録し、合言葉「営業資料」と入力してください。全業界で使える営業資料のテンプレートをダウンロードできます。

紹介/代理店との協業・顧問制度

　商談から受注に至るフェーズでは、紹介や代理店との協業、顧問制度の活用が非常に重要です。以下の施策を取り入れることで、商談からの受注率を高めることができます。

Point. 1　代理店との協業/アライアンス開拓

　当初、SAKIYOMIは「代理店をインバウンド施策で集めていこう」と考え、メルマガを代理店に向けて配信しました。結果メルマガに対して反応もあり、数社と打ち合わせはできました。しかし、代理店経由では一切サービスが売れず、結果を出せなかったことがあります。

　「代理店をつかって一気に市場を開拓しよう」などという発想ではだめです。代理店と折衝する担当者をつけ、1〜3社丁寧に打ち合わせを行いましょう。
　インバウンドによる代理店の開拓を考えるのは、まずは協業を成功させる代理店が1社現れてからが良いでしょう。

▼代理店契約は3パターン

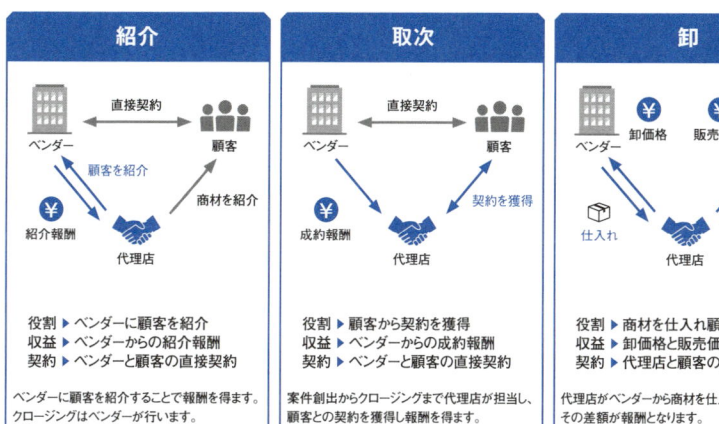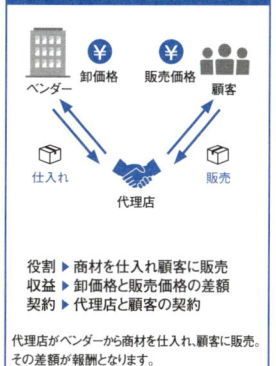

※出典:「【ホワイトペーパー解説】SaaS企業のパートナープログラム事例集20選。」
（URL:https://note.com/_partnersuccess_/n/n7478458af436）

代理店開拓をするための選択肢

・社員/役員からの紹介
・知り合いからの紹介
・取引会社からの紹介
・SNSのDM/フォームへのお問い合わせ
・CXOレター（手紙）
・交流会への参加

Point. 2　代理店が自社の商材を売ることにコミットできる理由を設計する

　代理店と自社が「Win-Win」になれなければ、必ず失敗します。例えば、

初期の座組みを整理できずに始めると「1社もサービスを売れない代理店」が多数でてくる可能性が高いです。事前の打ち合わせで「どんな座組であればコミットできるのか？」を聞き出したうえで、座組みを整理すべきです。代理店との協業は「座組みが9割」です。

　座組みを整理するときに大切なことは3つあります。

〈代理店開拓をする上で明確にすべき3つの問いと答え〉
①代理店にとって収益を見込めるものになっているか？
- ・新規開拓はしやすいか？
- →実際の受注率やニーズを分析
- ・単価は高いか？
- →平均単価を分析。単価の高さをアピールできるか、単価が低い場合にはドアノック商材としてアピールできるか確認
- ・売上は積み上げやすいか？
- →ストックビジネス形式にできないかどうか検討する
- ・他の商材とのシナジー効果はありそうか？
- →ターゲット顧客に対してクロスセルできるかシミュレーションする

②代理店が売りやすいか？
- ・代理店の販売網に、ターゲット企業がいるか？
- →想定ターゲットをいくつかのセグメントに分けて整理する
- ・そもそもニーズは十分にあるのか？　競合優位性は十分あるか？
- →代理店の既存顧客を調べる。競合はいるかどうか、競合に対して自社の強みがあるかどうかを整理する

③売った後はどうなるか？
- ・顧客の成果はだせそうか？
- →自社の顧客の成果実績や成果が出るロジックを整理する

第3章
全60のマーケティング施策 ～各施策のKPIと成功例～

01

潜在層向け施策

02

準顕在層向け施策

03

顕在層向け施策

04

商談改善施策

> ・手離れは良いか？
> →できる限り納品時に工数がかからない座組にする

Point. 3　代理店がアクティブに売ってくれるかどうかの鍵はランク制にあり

→代理店がランクを維持・昇格できる条件を明確にし、コミットするインセンティブを設計することでWin-Winな構造を設計します。

▼ランク制・公認パートナー制の参考例

株式会社うるるが運営する「電話受付代行サービス」のfondeskは、報酬体系を業務内容ごとに設定しています。アクティブに動いてくれるパートナーに報酬が入るため、Win-Winの関係を築いています。

パートナーランク・報酬体系

ユーザー獲得数、または加盟金に応じて、3つのパートナーランクを用意しました。
パートナー様・被紹介者様双方にメリットがあります。

契約種別	パートナー種別	取次（直接契約）パートナー			メディアパートナー
	パートナーランク	ブロンズ	シルバー	ゴールド	－
報酬	契約獲得時 （1アカウントあたり）	10,000円	30,000円	100,000円	10,000円
	ランクアップ条件	－	累計実績1件以上 （2件目から）	3か月連続各月5件以上 or 年会費100万で1年間維持	－
	ランクダウン条件	－	過去12ヶ月の累計実績 6件未満なら ブロンズに降格	過去12ヶ月累計実績 60件未満ならば降格 or 次年度100万を支払い ゴールドを継続	－
被紹介者様特典		初回決済から5,000円OFF			

・契約締結後、パートナー様専用の紹介コードを発行します。専用の紹介コードを入力して利用開始した実績に基づいて累計させていただきます。
・サポート体制等、詳細は販売代理店契約書をご確認ください。

※fondeskWEBサイト「プログラムの仕組みは簡単です」（URL:https://www.fondesk.jp/partnership/）より引用

また、サイボウズ社は継続条件として年会費の設定も行っています。

そうすることで、結果的にアクティブな代理店しか残れない仕組みになっているのです。

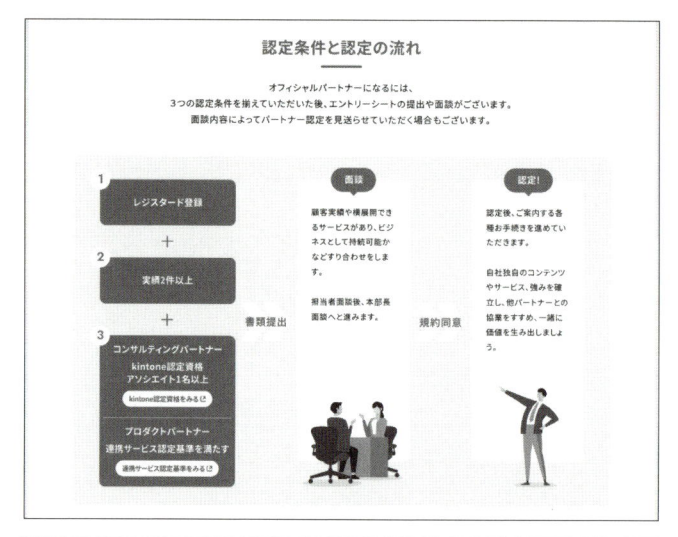

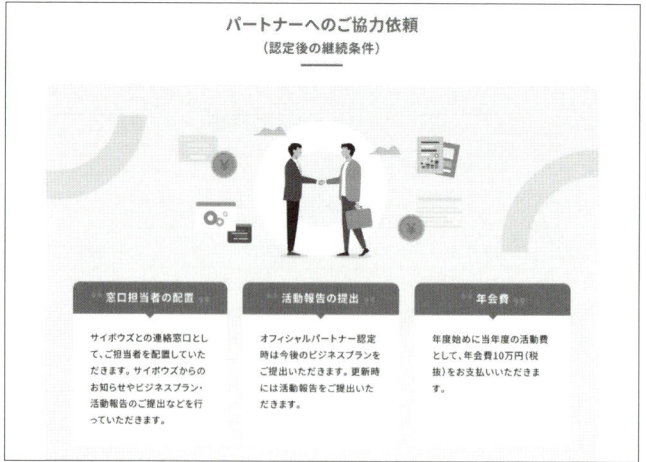

▼パートナーへのサポート体制の参考例

　また販売に傾注させるだけだと、ノウハウの実践の仕方にばらつきがでて、会社のブランドを棄損してしまう可能性もあります。どういった売り方をすればいいのか、どの資料を使うと効果的なのか、セールストークにおけるキ

ラーフレーズは何かなどを共有するとより効果的に協業ができるでしょう。

　マーケティングオートメーションツールの開発・提供を行う、SATORI株式会社では、代理店へのサポート体制が充実しています。
　営業活動同行サポートやコンテンツ資料のバックアップ体制がWEBサイトにも記載されており、代理店ケアへの熱意が伝わってきます。

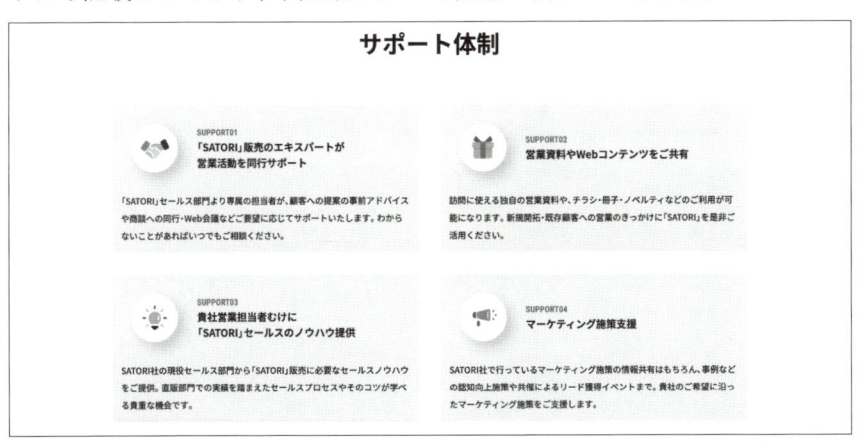

※SATORI株式会社WEBサイト「SATORIパートナープログラム」（URL:https://satori.marketing/partner-program/）を引用

　最後に改めてサイボウズ社の代理店へのアプローチに関して紹介します。代理店にとっては、他の代理店がアライアンスを組むとどんなメリットを享受できているのかが、とても重要です。そこがわかるだけで、協業へのハードルが下がるだけでなく、積極的にプロモーションしてくれるきっかけとなるでしょう。

　サイボウズ社では、パートナー（代理店）へのアンケートを実施しています。それをWEBサイトで公開していますが、そこを見ればパートナーが
「サイボウズ社と組むことで、売上が上がるのか？」
「新規開拓ができるのか？」
　などがわかります。

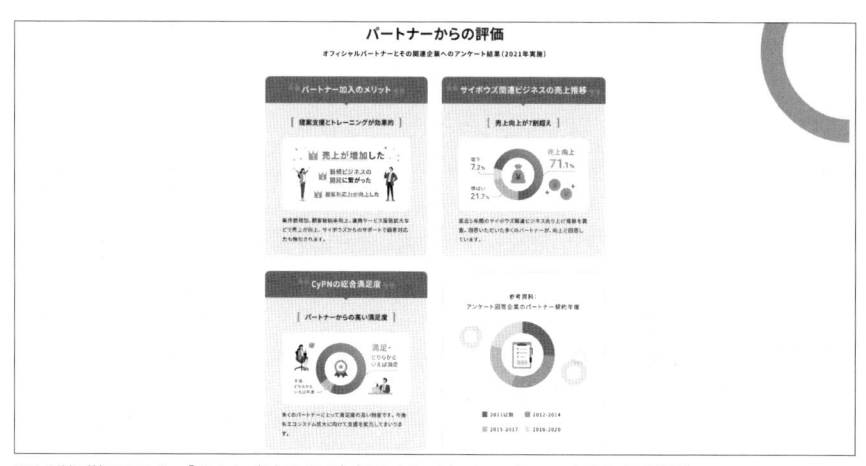

※サイボウズ社WEBサイト 「パートナー加入のメリット」（URL：https://partner.cybozu.co.jp/join/）より引用

営業の標準化/仕組み化：
受注率20%を安定させる

⟨ 営業の標準化 / 仕組み化 ⟩

1 ▶ 営業資料 / 補足資料を磨く

2 ▶ 案件マネジメント / ヨミの可視化

3 ▶ 採用 / 育成 / 評価の3点セットを固める

Point. 1　営業資料/補足資料を磨く

　顕在層向けの「**サービス資料**」（220ページ）にて解説済みなので、そちら
を参照してください。

Point. 2　案件マネジメント/ヨミの可視化

　案件マネジメントを効率化し、予測の精度を高めるためには、商談のフェーズを明確に区切ることが重要です。例えば、以下のようなフェーズで区切ります。

・打ち合わせ

- ニーズの適合
- 提案価値の合意
- 取り組み実施への合意
- 受注に向けた条件調整
- クローズ済み

　これにより、担当者ごとの主観に依存せず、客観的なデータに基づいた案件管理が可能となり、予測のズレを減少させることができます。

Point. 3　採用/育成/評価の3点セットを固める

　営業チームの成長を促進するためには、採用、育成、評価の3つの柱を確立することが不可欠です。具体的には、以下の取り組みを行います。

〈 営業の標準化/仕組み化 〉

4	SAKIYOMI (インスタグラム) の知識	✓	✓	✓	✓	☐
		サービス内容の理解・各種インスタグラムの機能説明ができる	サービスの強み・各種インスタグラム機能の役割を説明でき、質問にも的確に答えられる	他施策との優位性やシナジー効果を軸にして、広告での提案金額の向上を狙うことができている	ISが取得した事前情報からアカウントのロールモデルを複数準備でき適切なタイミングで提示することができる	インスタグラムの新たなあり方や思いも寄らないアイディアを商談中に即興で思いついて提示することができる
3	アカウントの方向性のすり合わせ	✓	✓	✓	☐	☐
		顕在課題を抽出し、整理することができる	現状の運用状態を聞き出し、当社の運用ロジックをもとに数値的な理想状態を説明できる	マーケティング観点から現状の集客の課題について現状把握と深掘りができている	事業内容の把握からInstagramをやる理由を作り出し、投資する温度感を上げることができる	整理した課題を総合的に判断し本質的な課題を設定・共有し、最適なアカウントコンセプトを商談中に合意できる
3	プレゼンテーション能力	✓	✓	✓	✓	☐
		適切なスピードでわかりやすく話をすることができる	ジェスチャーやクローズド/オープンクエスチョンを使い分けてわかりやすく説明ができる	営業マンとしてのスタンスや守るべきところがわかっていて営業マンらしい立ち振る舞いができている	稟議を通す上での共創関係を構築するために先方KDIを明確化して、合意が取れている	提案内容に自信を持っていて、情熱を伴ったプレゼンができることで先方をワクワクさせることができる
4	リアクション能力	✓	✓	✓	✓	☐
		先方よりもテンションが低い	先方の等倍のリアクション	先方の2倍のリアクション	先方の3倍以上の過剰なリアクション	先方の3倍のリアクション

営業に必要な能力を習熟度とともに可視化し、5段階評価することでメンバー毎のスキルを明確にします。これによって組織が拡大した際にも一貫した育成と標準化が行えるようになります。

Point. 4　トップセールスマンの営業を全メンバーに標準化して受注率UP

これについては、営業メンバーが増えてきたら必須でやるべきです。

詳しくは実際にSAKIYOMIの社内で使っている「商談改善シート」をすべて公開しますので、ぜひこちらを参考に自社の理想の商談フローを棚卸ししてみてください。

まだまだ受注率が安定してない場合は、このシートにある商談フローやトークスクリプトを参考にすれば、それだけでもヒントが見つかるはずです。この内容も、正直ここまで公開していいのか？というレベルですが、SAKIYOMIの大事にしている「共創」の価値観と全公開スタイルにもとづき、公開します！

【完全版】商談改善シート_書籍用

▼ アポランク

●FSはこのランクを上げることを目的に商談を行う。

- 検討の進捗度で分ける
- 担当者の影響力で分ける
- 登場人物のリテラシーを明確にする
- ペイドのバジェットとオーガニックのバジェットを別物として明確にする

商談準備・報告について

- 商談実施の一両日前までに商談準備を行なって、営業責任者に提出する。
- 商談検報告テンプレ

▼ 商談フロー

- アイスブレイク（1min）
- 会社紹介（2min）
- サービスのコアコンピタンス / 強み（業界によって依存しない）（10min〜15min）
- 重要分岐（3min）
- ヒアリング&セールストーク（20min）
- ロールモデル商談動画
- サービス説明（8min）
- クロージング

　こちらのシートは公式LINEにて合言葉「商談改善」で配布しています。
ぜひ受け取り忘れのないようにお気をつけください。

〈LINEを追加して合言葉「商談改善」で資料を受け取る〉

第 3 章
全60のマーケティング施策 ～各施策のKPIと成功例～

01

潜在層向け施策

02

準顕在層向け施策

03

顕在層向け施策

04

商談改善施策

番外編（1）：アップセル＆クロスセルのコツ

アップセルやクロスセルを効果的に行うためには、2つのポイントを押さえることが重要です。

1. フック商材を作る（ミクロな施策）

まず、低価格で直接決済型のフック商材を作ることが有効です。商談せずにサイト上で受注することで、顧客の裾野を広げることができます。

マーケティングのセオリーとして、<u>新規顧客に販売するコストは既存顧客に販売するコストの5倍かかる</u>という「1：5の法則」がありますが、このフック商材があると新規事業の立ち上げがしやすくなり、既存顧客へのクロスセルも容易になります。

例えば「LP修正し放題3万円」や「サイト分析レポート1回5,000円」などです。SAKIYOMIでは月額1万円のインスタ運用ノウハウの学習コミュニティサービスなどを用意しています。

2. 自社内でパイを食い合うような同じジャンルの事業を作る（マクロな施策）

あえて自社内で競合するような事業を展開することも戦略の1つです。これにより、異なるニーズを持つ顧客を取り込むことができ、市場シェアを拡大することが可能です。

例えば、リクルートが展開しているリクナビとIndeedのように、異なるアプローチで同じ市場にアプローチする手法があります。SAKIYOMIでも、

運用代行とコンサルティング、そしてマッチングサービスといった複数の事業を展開することで、同じターゲットに異なるサービスを提供しています。

番外編（2）：マーケティング組織の作り方

　よく聞かれるマーケティング組織の作り方について、わたしの経験を活かしてお話しします。ここまで紹介してきた施策は、すべて自分が管掌してきました。では、これらの施策を「どうやってほぼ一人で回すことができたのか？」「皆さんがそれを再現するにはどうしたらいいのか？」紹介します。

▼業務委託人材でチームを編成
　正社員が少ない中でマーケティング組織を効率的に運営するためには、**フリーランスや業務委託人材を活用することが重要です。** プロフェッショナルな外部リソースを適切に活用することで、短期間で結果をだすことができます。

▼各自の役割を明確にし、ミッションを依頼する
　業務委託人材を効果的に活用するためには、各自の役割を明確にし、ミッションを持たせることが重要です。重要なことは2つあります。
①ゴールを設定する
　例えば、「オウンドメディアのPVを120%伸ばす」という具体的な目標を設定します。
②方向性・可能性を示す
　目標を達成するための可能性や方向性を提示し、自主性を持たせます。

▼3ヵ月に1回の戦略策定に命を賭ける

定期的に戦略を見直し、必要な修正を加えながら前進します。

この戦略がバチッと定まっていれば、当然成功確率は上がります。

▼重視するスタンス

組織の成功には、外部のプロフェッショナルが積極的に関与したくなるような環境作りが欠かせません。以下のスタンスを重視しています。

①自分のスキルを上げようとする（50点の選択肢）

自分で全てを学び、スキルアップを図ることも大切ですが、限界があります。

②プロをアサインする（80点の選択肢）

専門家を適材適所に配置することで、効率よく成果を得られます。

③プロがコミットしたくなる環境を作る（120点の選択肢）

プロフェッショナルが働きやすく、モチベーションを持って取り組める環境を提供することが、最大の成果を生み出す鍵です。このようにして、少人数でも効果的なマーケティング組織を構築し、大きな成果を上げることが可能となります。

最後に……

3章いかがでしたでしょうか？

この章は、**実際にあらゆるマーケティング施策を未経験がゆえに毎回ゼロからインプットしていた当時の自分に向けて書きました。**

こういう内容をあの頃知っていたら、どれだけの時間を無駄にせずに済ん

だのか計り知れません…笑

　この章は理解するものでも、暗記するものでもありません。
　ぜひ日々マーケティングに取り組むあなたの真横に、頼れる相棒として置いてやってください。

　困った時はこの本に立ち返って調べればOK、そんなバイブルになるようにと、一つひとつ気持ちを込めて執筆しました。そして、時にはゼロから調べて執筆しました。

　（データを洗い直すのには正直苦労しましたが…！）

　また、本書の内容は、ページ数の都合上カットした部分も多々あります。
　時間の経過とともに、「（3年後は）こっちのノウハウや最新事例が熱い！」というようにトレンドが変化することもあるでしょう。

　そのため、常にアップデートできるように、またカットした箇所もシェアできるように、読者特典として公式LINEを用意しています。

　ぜひ登録して、最新のノウハウを見逃さないでください。書籍の特典もあるので、合言葉の送信も忘れずに。

〈公式LINEを登録し、合言葉「マーケ本」で特典を受け取る〉

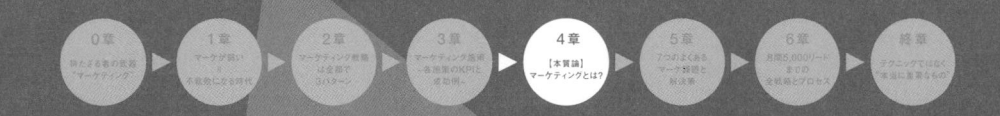

0章	1章	2章	3章	4章	5章	6章	終章
持たざる者の発見"マーケティング"	マーケが弱い=不戦敗になる時代	マーケティング戦略は全部で3パターン	マーケティング戦術・各施策のKPIと成功例	【本質論】マーケティングとは?	7つのよくあるマーケ課題と解決策	月間5,600リードまでのプロセス	テクニックではなく"本当に重要なもの"

第4章

【本質論】
マーケティングとは〇〇である。

「マーケティングとは何か?」

この問いに、即答できますか?

マーケティングに向き合う人間として、
この問いに対する答えを常に模索し、
日々アップデートしています。

この問いに対する答えを考えることで、
事業全体を俯瞰することができ、

今まで気づけなかった「第3の選択肢」を
見つけるきっかけになります。

簡単に積み上げた"モノ"ほどもろく、
長く積み重ねた"モノ"ほど資産になる。

これは世の中の 原理原則でしょう。

4章を読んだ上で、あなたなりの「マーケティングと
は?」に対する答えをじっくりと考えてみてください。

きっとそのマーケティング思考は
10年後にもあなたを支える"武器"
になっているはずです。

マーケティングとは何か？

あなたは自分なりの答えを持っていますか？

もちろん、その答えは1つではありません。多くの著名な人物が異なる定義を提唱しています。

・フィリップ・コトラー：「ニーズに応えて利益を上げること」
・スティーブ・ジョブズ：「価値そのもの」
・森岡 毅：「売れる仕組みを作ること」
・足立 光：「商売そのもの」

上記を見れば「**マーケティング≠マーケターに必要なスキル**」ではなく、事業全体に関わる話であり、「**すべてのビジネスマンに求められる考え方**」だと理解できるはずです。

4章では、これまでの具体的な実践の手引きではなく、よりマーケティングの本質について解説します。

3章ではあえて記載しませんでしたが、事業を伸ばすためにはこの"本質"を経営者や事業責任者、マーケターが理解しておくことが欠かせません。

これまで私が、

> ・SAKIYOMIがたった3年でInstagram業界でNo.1になれたこと
> ・24歳で執行役員CMOというキャリアを歩めたこと
> ・新規事業を連続的に立ち上げていること

という実績を積めたのも、マーケティングという考え方を身につけることができたからです。

ここからは、私が現場で必死に試行錯誤しながら身につけたものを解説します。

できる限りビジネスの現場で役に立つように、体系的に整理したので、ぜひ最後まで見てマーケティングという武器を身につけてください。

〈4章の全体像〉

1. マーケティングは"ジョブ理論"と"Who/What/How"ですべて説明できる
2. Who:ペルソナは考えるな、顕在層と潜在層の差は"目的の解像度の高さ"
3. What:ニーズ/ベネフィット/インサイト/ジョブの違いと"本当の差別化"とは？
4. How:価値を届ける→3つの○○を制する仕組み作り

マーケティングの語源は〇〇だと知っていましたか?

　マーケティングの語源を辿ると、戦争の領地争いに由来していることがわかります。領地（Market）を奪うための活動（ing）を意味し、**適切なマーケット（市場）に対してシェアを奪い合うための活動**がマーケティングだと言えます。

＜　マーケティングの語源　＞

語源　**戦争において領地（Market）を奪うための活動（ing）**

　1人のマーケターとして事業を作る中で、自分なりの「マーケティングとは何なのか?」を常に考え続けてきました。

　そして最終的にたどり着いたマーケティングの定義が「**価値を届けるべき人に対して、価値を届けること**」です。

マーケティングを分解すれば、全体像を理解できる

　とはいえ先ほどの定義だけ見ても「ふーん、そうなんだ」で終わってしまうと思うので、もう一段階解像度を上げるために具体的にしてみましょう。

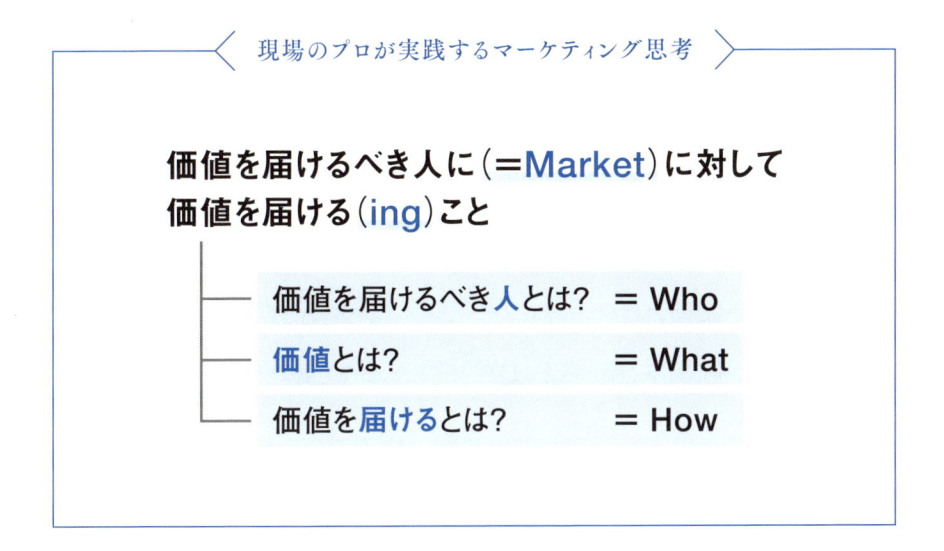

そうすると、この3つの要素から構成されていることがわかります。

・価値を届けるべき人とは誰か？
・どんな価値を届けたらいいのか？
・どうやったら価値を届けられるのか？

これらの疑問は「Who」「What」「How」に集約されます。この3つの要素こそがマーケティングの全体像です。

価値を届けるべき人に（＝Market）に対して
価値を届ける（ing）こと

価値を届けるべき人とは？	＝ Who	＝目標
価値とは？	＝ What	＝戦略
価値を届けるとは？	＝ How	＝戦術

馴染みのある言葉に言い換えてみましょう。

それぞれ「Who＝目標」「What＝戦略」「How＝戦術」となります。
少しずつ、解像度が上がってきましたか？

本章の冒頭で説明した下記の言葉が、今なら少し腹落ちしやすいのではないでしょうか。

"「マーケティング ≠ マーケターに必要なスキル」ではなく、事業全体に関わる話であり、「全ビジネスマンに求められる考え方」だ"

マーケティングが「目標」「戦略」「戦術」で構成されている考え方なのであれば、当然部署に関わらず全員にとって必要な考え方ですよね。

マーケティングの全体像が理解できたところで、ここからは具体的に「Who・What・How」の3つに分けて、理解すべき箇所と事業への活かし方をシェアします。

Who=目標＝価値を届けるべき人(ユーザー)を正しく理解する

マーケティングにおいて「ユーザーを理解しよう」「ユーザー視点に立とう」とよく言われますが、**多くの企業でこの「ユーザー像」は形骸化し、機能していません。**

「ペルソナ」を一度設計しても、その後は誰も確認しないことは"よくあること"ではないでしょうか。

この「ユーザー」を表す言葉は複数あります。

- ペルソナ
- ターゲット
- セグメント
- 潜在層
- 顕在層

まずは正しく言葉を理解し、使い分けられるようになることから始めましょう。

次ページの図を頭に叩き込めばOKです。

言葉の定義と違いを正しく理解する

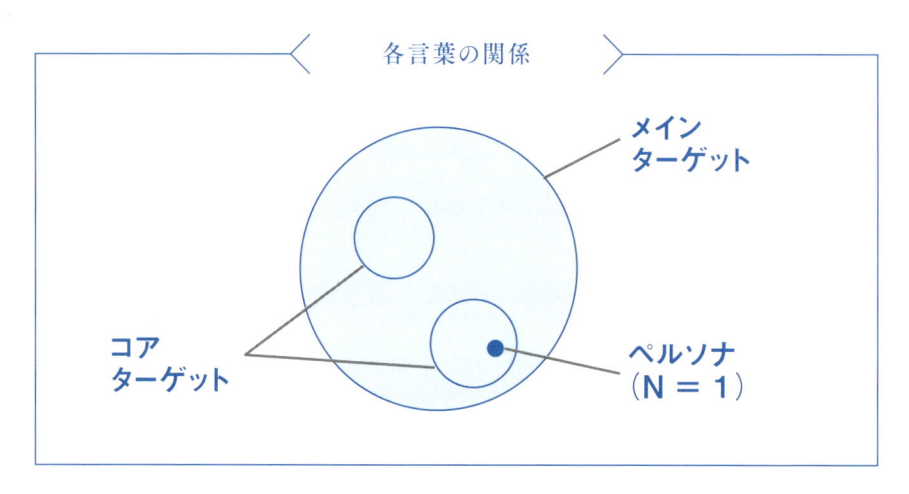

メインターゲットとは自分たちのサービスやプロダクトが対象とする最大のグループです。例として、SAKIYOMIのInstagram運用代行事業であれば、BtoC事業者全体がメインターゲットになります。

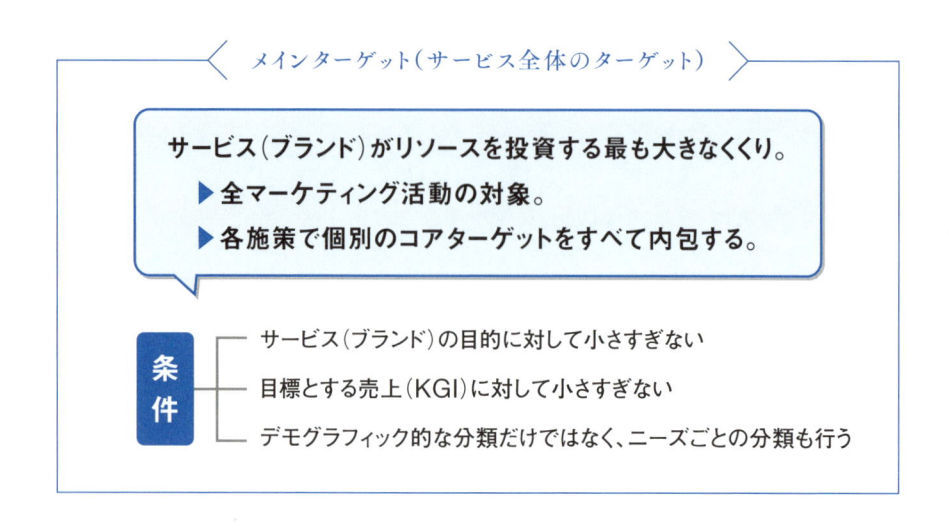

コアターゲット

　コアターゲットは**メインターゲットに含まれますが、特定の属性をもった小さなくくりです。各施策ごとに「コアターゲット」を設定します。**

　メインターゲット全体に対して一律のマーケティング施策を行うと効果が分散してしまうため、特定の属性に絞ることで効果を最大化します。

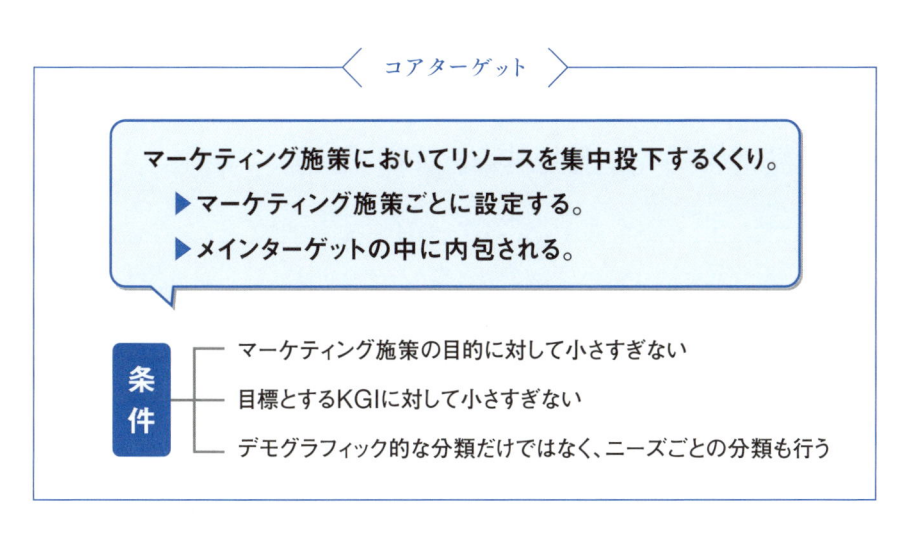

〈参考例：SAKIYOMIのInstagram運用代行事業の場合〉
・コアターゲット：ECに広告以外で集客したい企業、アフィリエイト
　　　　　　　　　メディアでSEO依存から脱却したい企業など

ペルソナ

　コアターゲット内の具体的な人物像（N＝1）です。ただし、**多くの企業でペルソナの設定をしてメインターゲット／コアターゲットが整理されてい**

ないケースが多いのは気になるところです。

　メインターゲット／コアターゲットが正しく設定されていないのにもかかわらず、ペルソナを設定しても、それが"適切なユーザー像かどうか"は判断できません。

　冒頭でお話ししましたが、**適切ではないペルソナを設定したことで満足し、実態と合っていないために誰にも使われなくなる。**そんなケースがとにかく多いのです。

ペルソナは考えるな、ターゲット設定は"解像度"が命

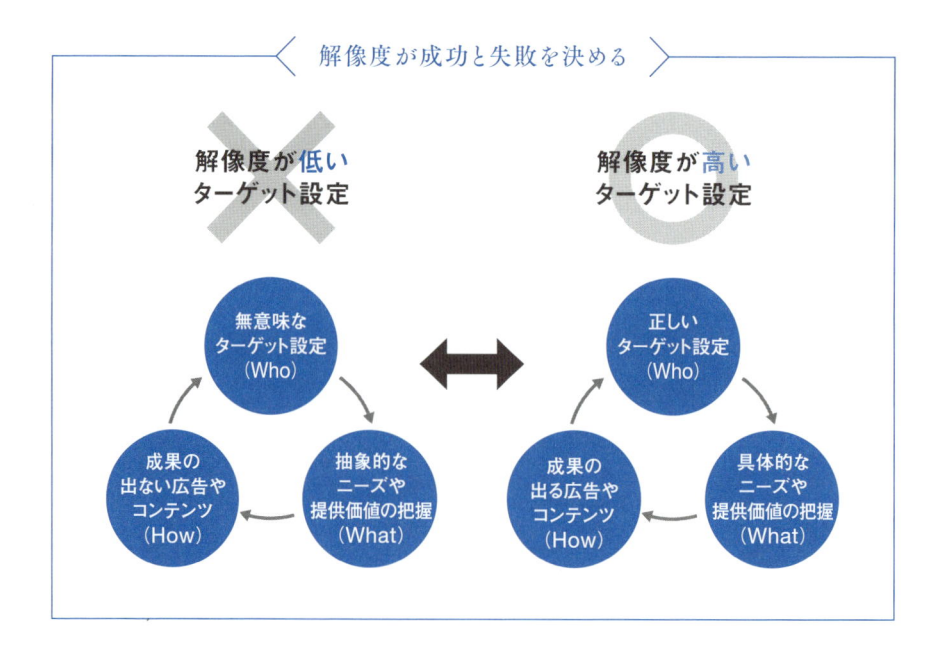

　ターゲット設定は、とりあえず設定さえすれば良いと言うわけではありま

せん。

設定したターゲットの解像度が"成功"と"失敗"の分かれ目です。

顧客（ターゲット）の解像度が低いと、抽象的でぼんやりとした共通項しか捉えられません。

その結果、具体的なニーズや行動が見えないため、企画や施策の質が下がり、**結果としてありきたりで成果の出ない「広告やコンテンツ」が大量発生します。**

そうなると「数撃てば当たる」という状態になり、なかなか成果を出すことができず、無駄なコストが膨らみ、スピード感も落ちます。

失敗の要因も不明瞭で、PDCAサイクルが適切に回りません。

よくあるターゲット設定における失敗

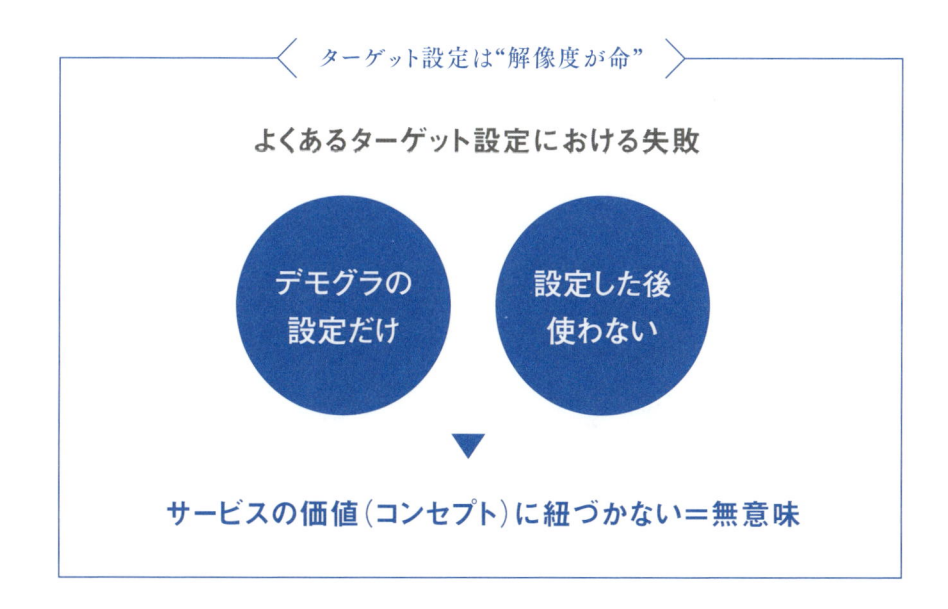

〈デモグラフィック（年齢、性別、職業、業界など）によるペルソナ設定だけで終えてしまうケース〉

統計学的な分類だけではターゲットの解像度が十分に上がりません。これは事業の立ち上げ時に、市場規模を見るシーンなどでは有効ですが、**実際の現場のマーケティング施策では意外と使えない（役に立たない）ことが多い**です。

例えばみなさんがSEO支援会社のマーケティング担当だとしましょう。ターゲットは男性と女性両方含みますし、年齢もたいして重要ではないでしょう。

マーケティング施策（アウトプット）に紐づかないターゲット設定は時間の無駄です。そんな時間があれば、1つでも多くコンテンツや広告の企画を考えることに時間を使った方が良いのです。

ターゲット設計は「潜在層or顕在層」×「目的の種類」で考えよ

最も正しく理解する必要があることは「潜在層」と「顕在層」の定義です。

言葉はもちろん誰もが知っているとは思いますが、ここをもう一段階深ぼりしていきましょう。

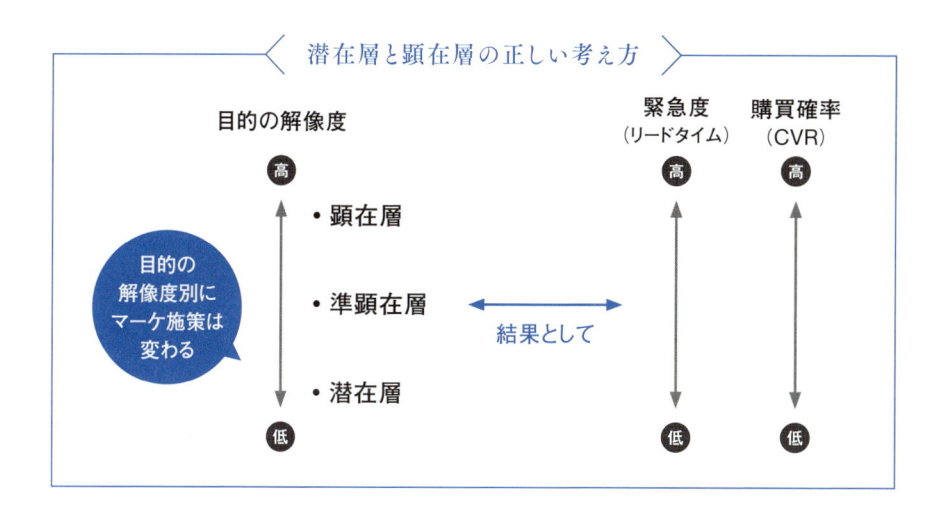

顕在層or潜在層の違いは一言で表すと、"ユーザーが行動を移すときの目的の解像度が「高い」or「低い」です。"

この目的の解像度の違いによって**リードタイム（緊急度）や購買確率（CVR）が変わります。**

事例を挙げながら解説します。身近な商品の方がイメージが湧きやすいため、ここではあえてtoC向けの商材を例に挙げますが、**考え方自体はtoB向けの商材でも同じです。**

例：コアラマットレスの場合

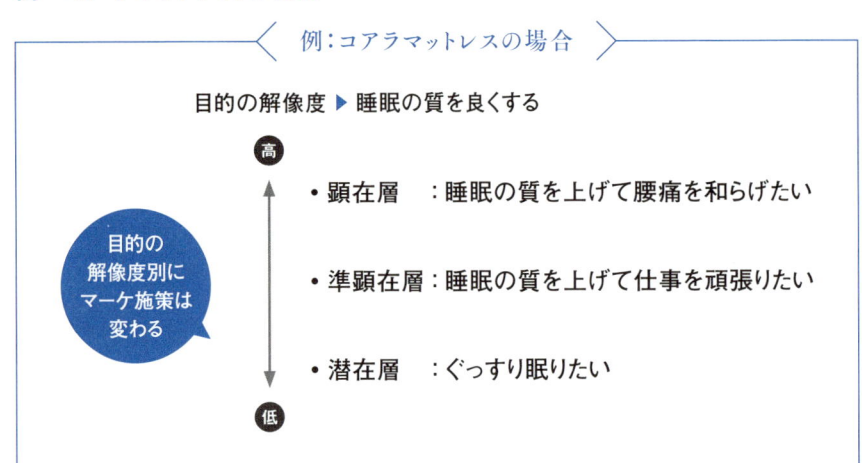

目的の解像度 ▶ 睡眠の質を良くする

高

目的の
解像度別に
マーケ施策は
変わる

- 顕在層　：睡眠の質を上げて腰痛を和らげたい

- 準顕在層：睡眠の質を上げて仕事を頑張りたい

- 潜在層　：ぐっすり眠りたい

低

▼目的の解像度：睡眠の質を改善したい

- **目的の解像度が高い（顕在層）**：腰痛を改善するために睡眠の質を上げたい
- **目的の解像度が低い（潜在層）**：ぐっすり眠れたらいい

　同じ「睡眠の質を良くしたい」と言う目的（ニーズ）でも、顕在層はなぜマットレスが欲しいのかが明確で、意思決定の基準も潜在層と比較してより明確です。いち早く購入につながりやすいことがイメージできます。

　このように、**目的の解像度が高いと購入までのリードタイム（緊急度）が短く、購買確率（CVR）が高くなります。**

　そして、当然マットレスを買ってもらうための広告の訴求や表示させるべきLPの説明は、「顕在層」と「潜在層」で使い分けた方がCVRが上がること

もイメージ湧きますよね。

　男性・女性や年齢のようなデモグラ的な分類だと、現場のマーケティング施策に直結しないターゲットの分類になりやすいのです。

　例えば、「睡眠の質を改善したい30代男性」と設定しても、実際には潜在層と顕在層で購買動機や求めている情報が違うため、クリティカルな施策にはならず、ノイズが入ってしまうでしょう。

〈本来あるべき姿：ターゲット論→マーケティング施策への反映〉

・目的の解像度ごとにコアターゲットを設定する
・コアターゲットごとにマーケティング施策を最適化する（広告やLPを使い分ける）

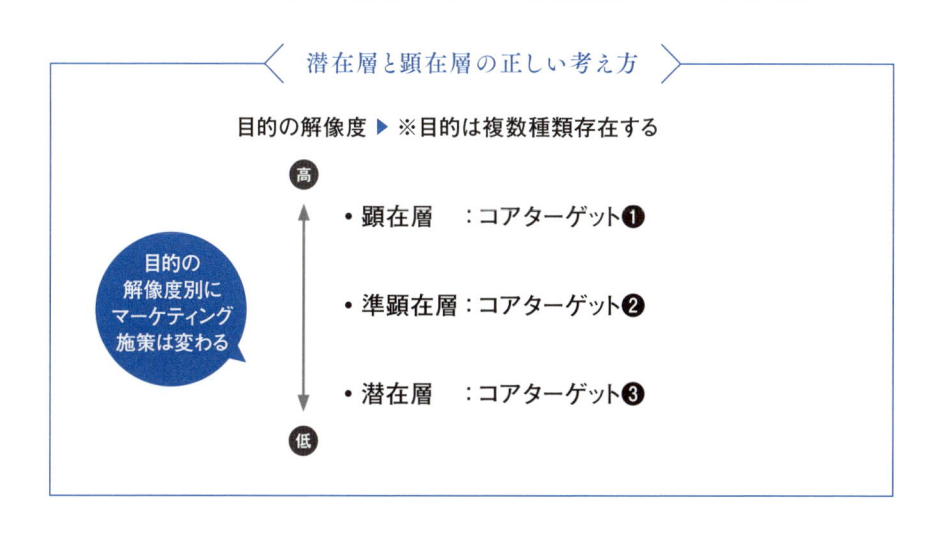

潜在層と顕在層の正しい考え方

目的の解像度 ▶ ※目的は複数種類存在する

高

目的の解像度別にマーケティング施策は変わる

・顕在層　：コアターゲット❶

・準顕在層：コアターゲット❷

・潜在層　：コアターゲット❸

低

　ターゲット論はどうしても机上の空論になりやすいので「実際のマーケティング施策につながっているか？」が重要なのです。

コアターゲットは目的の数だけ（複数種類）存在する

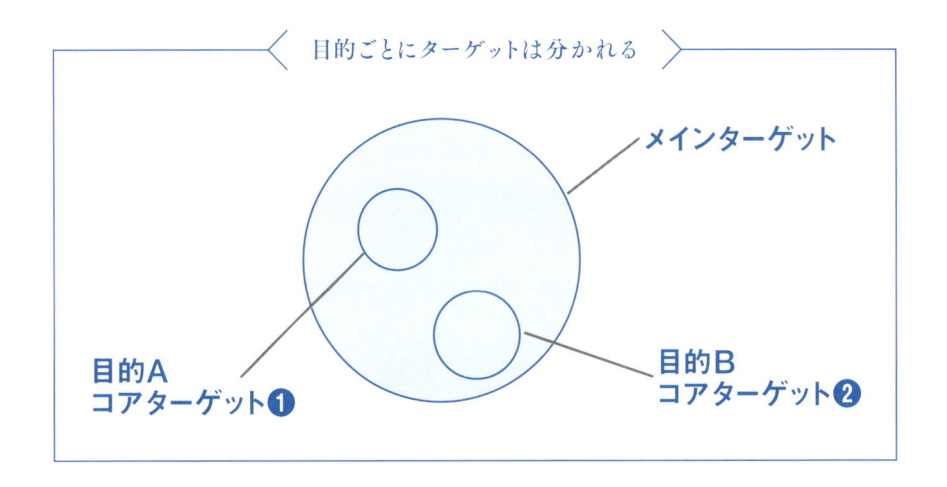

先ほど、目的の解像度の違い（潜在層〜顕在層）によって、コアターゲットが変わるとお伝えしましたが、それだけでは不十分です。

顧客の目的も複数種類あり、1つのブランド（商材）に対するコアターゲットは、目的の種類×目的の解像度（潜在層〜顕在層）の数だけ存在します。

例えば先ほどの高級マットレスにおける別の目的の場合を例に挙げてみます。

例：コアラマットレスの場合

目的の解像度 ▶ 人生初の高級マットレスを買う

高

目的の
解像度別に
マーケティング
施策は変わる

- 顕在層　：10万円のマットレスを今週買う

- 準顕在層：ボーナスで5〜10万円ぐらいの
　　　　　　マットレスを今月買おうかな

- 潜在層　：高級マットレスをいつか買ってみたい

低

このように、同じ商品でも目的の種類が違えば同じ潜在層だとしてもまた別のコアターゲットとして整理する必要があります。

カスタマージャーニーマップの作成

マーケターが正確に「Who」を把握するための有効な施策の1つがカスタマージャーニーマップの作成です。

カスタマージャーニーマップ

態度	認知	情報収集	来店	試着	購入
顧客行動	●ハッシュタグ検索 ●まとめ記事のフィード閲覧	●自分の体形と似た人の着用感を確認 ●ブランドサイトを閲覧	●サイズ感を確認 ●店員に服の場所/在庫を確認	●試着をしてサイズと着心地を確認	●欲しかった服を購入
顧客接点	●Instagram ●ファッションサイト ●雑誌、広告 etc.	●Instagram ●ファッションサイト ●雑誌、広告 etc.	●店舗	●店員	●店舗
思考	●かわいい! ●欲しい!	●自分でも着こなせそう ●目当てのサイズはあるだろうか? ●ちょっと高いけど仕事頑張ったご褒美にいいな…	●特集されてたから残っていて良かった ●棚が結構散らかっているな	●サイズ感は大丈夫そうだ ●自分でも着こなせそうだ ●せっかくだし他にも買っちゃおうかな	●買えて良かった!
課題感	●ブランドを知らなかった	●公式サイトの着こなしパターンや撮影の角度が限られている	●服がたたまれていなくて印象が悪い	●店員に知識がなくて頼りなかった	●他店に似た商品があり、価格でそちらにしようか迷った
対応策	●公式アカウントの発信を強化	●モデルの着こなしパターンを増やす ●UGCを増やすための施策展開	●店内の整理を入念に行う	●的確なコーディネートの提案(クロスセル)	●丁寧な接客で優位性を築く

※出典:「THE MOLTSをよく知る情報サイトKAAAN」(URL:https://moltsinc.co.jp/media/knowledge/9893/)

▼カスタマージャーニー

・役割:企業目線でユーザーを「認知」「興味」「検討」「購入」などの購買フェーズごとに整理する
・メリット:フェーズごとに企業のマーケティング活動を整理するのに有効
・限界:企業目線で購買プロセスを整理するため、顧客の複雑な行動や心理を捉えきれず見落としてしまう可能性がある

ヒーローズジャーニーマップの活用

　ユーザー目線でより解像度を上げるために、ヒーローズジャーニーマップが有効です。これは、ユーザーの生活のなかでの体験を物語のように整理するツールです。

　カスタマージャーニーマップよりも、さらに「N=1」のリアルなユーザー体験を詳細に整理しやすく、既存のマーケティング施策に行き詰まり、改めてさらに細かくユーザー像を見つめ直したいときに使います。

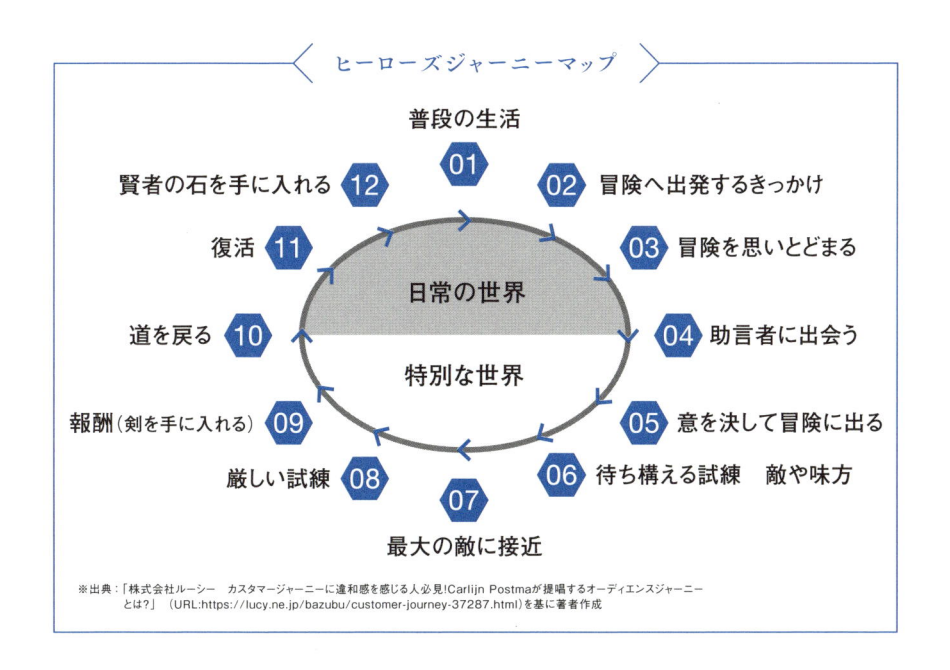

〈 ヒーローズジャーニーマップ 〉

普段の生活
01

賢者の石を手に入れる 12　02 冒険へ出発するきっかけ

復活 11　03 冒険を思いとどまる

道を戻る 10

日常の世界

特別な世界

04 助言者に出会う

報酬（剣を手に入れる）09　05 意を決して冒険に出る

厳しい試練 08　06 待ち構える試練　敵や味方

07

最大の敵に接近

※出典：「株式会社ルーシー　カスタマージャーニーに違和感を感じる人必見!Carlijn Postmaが提唱するオーディエンスジャーニーとは?」（URL:https://lucy.ne.jp/bazubu/customer-journey-37287.html）を基に著者作成

▼ヒーローズジャーニーマップ
・役割：ユーザー（見込み顧客）の生活のなかでの体験を物語のように整理するツール
・メリット：ユーザー目線での深い洞察が得られ、見落としていたニーズや課題、購入までにネックとなる部分を発見できる

例：コアラマットレスの場合
・普段の生活：ユーザーは普段、高級マットレスではなく普通のマットレスを使用している

- 冒険へ出発するきっかけ：腰痛や友人の口コミなどがきっかけで高級マットレスに興味を持ち始める
- 冒険を思いとどまる：高級マットレスが高価で購入を躊躇する
- 助言者に出会う：「コアラマットレスを買って良かった」という声を聞いて前向きに検討し始める。さらに高級マットレスがなぜ良いのか？　を教えてもらう
- 意を決して冒険に出る：「マットレス買おうかな」と具体的な価格帯を検討し始める
- 待ち構える試練（敵や味方）：種類が多くてどれを買えばいいのか迷う
- 報酬：最終的にマットレスを購入し、使い始める

このように、**より実際の購買体験に近いのは、ヒーローズジャーニーマップです。**

もちろんBtoC向けの商材であろうと、BtoB向けの商材であろうと、どちらでも有効です。

カスタマージャーニーマップで整理しても、新しい気づきが得られなかったり、ピンとこない時はこのヒーローズジャーニーマップで、具体的に整理してあげると、突破口を見つけやすいのでおすすめです。

ユーザーインタビューをするときはニーズではなく、WhyとWhenを質問せよ

ここまでWhoに対する正しい理解を解説してきましたが「こんなこと考えてなかった！今すぐ見直さねば…」という方も多いと思います。

とはいえ今まで正しくユーザー理解ができていない場合は、そもそもどうやって顧客の解像度を上げたら良いのかわからないのではないでしょうか？

その答えは「**インタビュー**」にあります。

実はインタビューを正しく実施できてないケースが多いので、解説します。

・前提：ユーザーは嘘をつく

有名な話ですが、マクドナルドはユーザーアンケートで「もっとヘルシーなメニューも増やしてほしい」という結果を得て、サラダマックを発売したものの、結果は大失敗で全く売れなかったことがありました。

実際にマクドナルドに行くユーザーはジャンキーな食事を求めていて、ヘルシーな食事をしたい時はそもそもマクドナルドに行かないのです。

要するに、ユーザーはアンケートやインタビューで答えることと、実際の購入シーンで考えていることとは、異なることが往々にして起こり得るという話です。

これに似たようなことはBtoBでも同様で、よくあります。

商談での提案の時点では「導入したい！」「その機能が欲しい！」と先方が答えているのに、いざ導入の意思決定の直前で話が覆ることは、よくあることです。

〈押さえておくべき教訓〉

アンケートやインタビューでは「ユーザーの感想」ではなく「事実」を聞き出すべきです。

解釈を聞いてしまうと、ユーザー自身も嘘をつきますし、質問をしている自分自身も良い方に解釈したいというバイアスがかかります。

だからこそ、実際に聞くべきは「何が欲しいですか？」(what) ではなく

「どんなきっかけで」「どのタイミングで」（When）×「なぜこの商品を買ったのか？」「この商品を知ったのか？」「この商品を調べたのか？」（Why）なのです。

ユーザーに感想を求めてはいけません。ユーザーに意見を求めてもいけません。

ユーザーの解像度を上げるには「ユースケース」（WhenとWhy）を起点にヒアリングするべきなのです。具体的には各購買行動のステップごとに「きっかけ」と「タイミング」をメインに質問できればOKです。

ユーザーに直接ニーズを聞くから「Who」の解像度が上がるのではありません。
それだと、机上の空論になりやすいです。

「WhenとWhy」を起点に「ユースケース」をヒアリングし、結果として「Who」の解像度が上がる（新しいWhoの人物像が見つかる）ことを目指しましょう。

ちなみに、ユーザーインタビューをするときも「認知→興味・関心→…」のようなカスタマージャーニーマップを起点に深堀りするよりも、ヒーローズジャーニーマップを起点に質問をする方が、より「WhenとWhy」を聞き出しやすく、リアルなユーザー像を見つけることができます。

What＝戦略＝価値を見極めて 商品が売れる理由を設計する

そもそも、価値とは何か？

まず理解しなければならないのは「価値」とは何かということです。

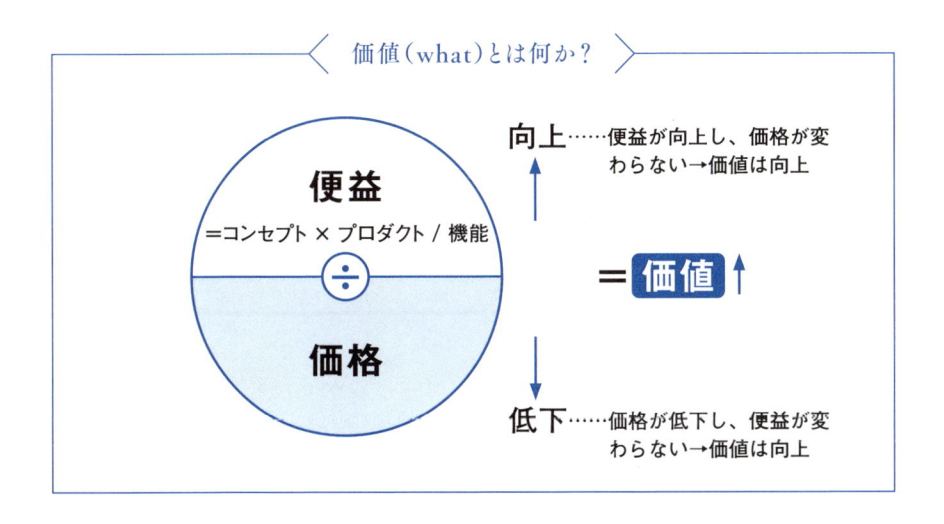

価値（what）とは何か？

便益
＝コンセプト × プロダクト / 機能
÷
価格

向上……便益が向上し、価格が変わらない→価値は向上

＝ 価値 ↑

低下……価格が低下し、便益が変わらない→価値は向上

「価値は、価格に対してユーザーが享受できる便益の総量」です（**価値＝便益 ÷ 価格**）。

つまり、価値は便益と価格との関係で決まります。価格がそのままで便益が向上すれば価値は上がりますし、便益が変わらなくても価格が下がれば価値は上がります（どちらもユーザーからすると、お買い得になっている）。

当然ですが、**この価値が高い状態＝ユーザーにとって商品を買う理由がある状態であり、企業からすると商品が売れる理由です。**

Point：Whatを設計する＝価値を設計する＝商品が売れる理由を設計する

便益は「コンセプト」と「プロダクト/機能」によって構成される

　では、便益とは一体何か？
　便益は「コンセプト」とそれを実現する「プロダクト/機能」によって生み出されるモノです。

便益＝コンセプト × プロダクト/ 機能

　単にサービスの機能や性能が優れているだけでは価値は生まれません。**良いコンセプトがあり、それを実現するプロダクトが揃って初めて価値が生まれる**のです。

　プロダクトだけを磨いてもダメですし、コンセプトがあってもプロダクトが伴っていなければ価値にはなりません。

価値（What）を設計するためにまず言葉の違いを理解しよう

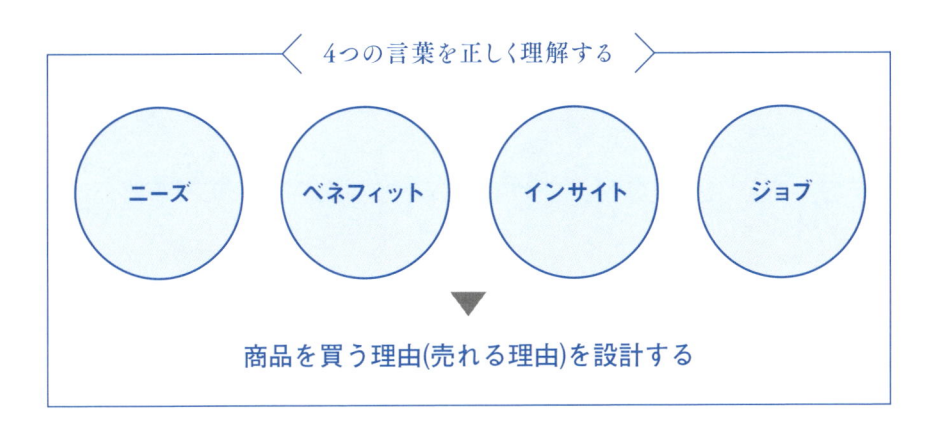

「ニーズ」「ベネフィット」「ジョブ」「インサイト」これらの言葉、おそらくどこかで聞いたことがありますよね？

ではこれらの言葉の違いを、説明できますか？　おそらくすぐには出てこないはずです。まずはこれらの言葉の違いを正しく説明できるようになることが、スタートです。

余談

実際に私も、この言葉の違いがわからず当初は苦労しました。
弊社の代表から「ニーズには届いているけど、ベネフィットまでは届いていないから微妙だな」というフィードバックがあったとき、具体的に何を改善すべきかがわからず悩みました。当時の自分に教えるイメージでこの項目を作りました。

ニーズ、ベネフィット、ジョブ、インサイトの定義

実際、これらの言葉の違いは説明が難しいです。図解で説明するのが一番わかりやすいため、下記に記載いたします。

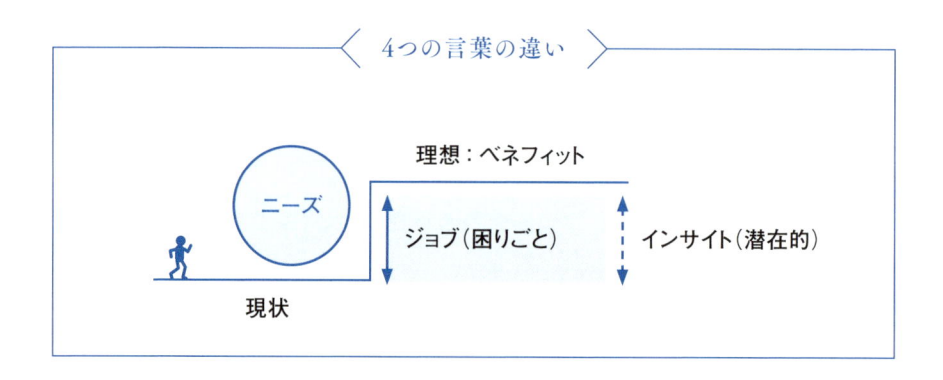

イメージとしてはこのような違いです。

ユーザーにとって、

・現時点で欲しているもの＝ニーズ
・将来の理想を実現できるもの＝ベネフィット
・理想の未来に対する現状のGAP（ジョブ）＝困りごと
・ジョブ（困りごと）の背景にある潜在的な欲求＝インサイト
です。

もう少しこれらの特徴を比較して説明してみると下記のようになります。

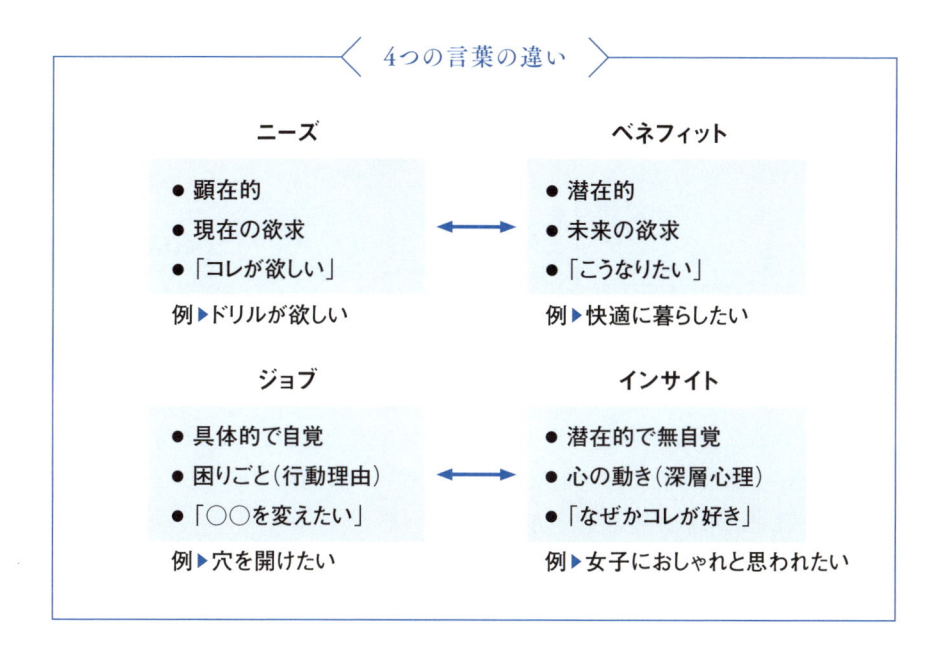

「ニーズとベネフィット」「ジョブとインサイト」はそれぞれ対比しながら捉えると理解しやすいです。

　これらは定性的で難度が高いものの、とても重要です。次ページの図「価値の見極め方（コンセプトの作り方)」を見て、チームで共有してください。

　具体例を使いながら、もう少し理解を深めてみましょう。

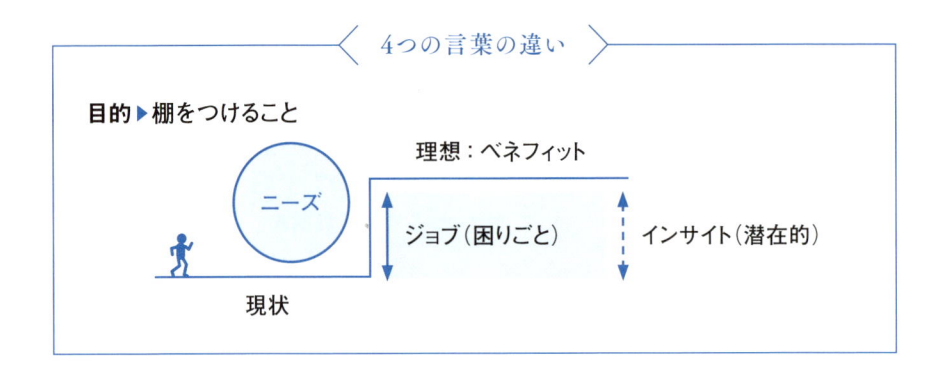

　例えば有名な書籍である『ドリルを売るには穴を掘れ』（佐藤 義典著　青春出版社）を例に考えてみましょう。ユーザーの目的は「棚をつけること」です。それぞれの欲求を整理すると、

ニーズ：棚をつけるためにドリルが必要
ベネフィット：棚をつけて快適に暮らすこと（より便利に）
ジョブ：棚をつけるために穴を開けたい
インサイト：棚をつけてDIYすることでおしゃれと思われたい（モテたい）

　この例からわかることは、ユーザーが求めているのはドリル自体ではなく「今、穴を開ける」こと、そしてその結果として「快適に暮らすこと」や「おしゃれと思われること」です。

　マーケターがドリルを売るためには、ニーズだけではなく、その背景にあるジョブやベネフィット、インサイトを理解し、商品を設計したり、マーケティング施策を設計したりする必要があるのです。
　よくあるマーケティング施策の失敗例やサービス設計の失敗例は、この表面的なニーズしか捉えることができず、「ベネフィット/ジョブ/インサイ

ト」を理解できていないことが要因なのです。

価値（What）の作り方：Whatに必要な5ステップ

　ではこれらを理解した上で、価値をどのように生み出していけば良いのか？

　これはすなわち、「どのように事業を作れば良いのか？」という問いでもあります。

　具体的に解説するために、実際のビジネスの現場で私自身「どのように活用してきたのか？」を解説していきます。

　価値（What）を設計するフローは全部で5STEPです。この5つの要素をしっかり押さえることで、商品を買う理由（売れる理由）を設計することができきます。

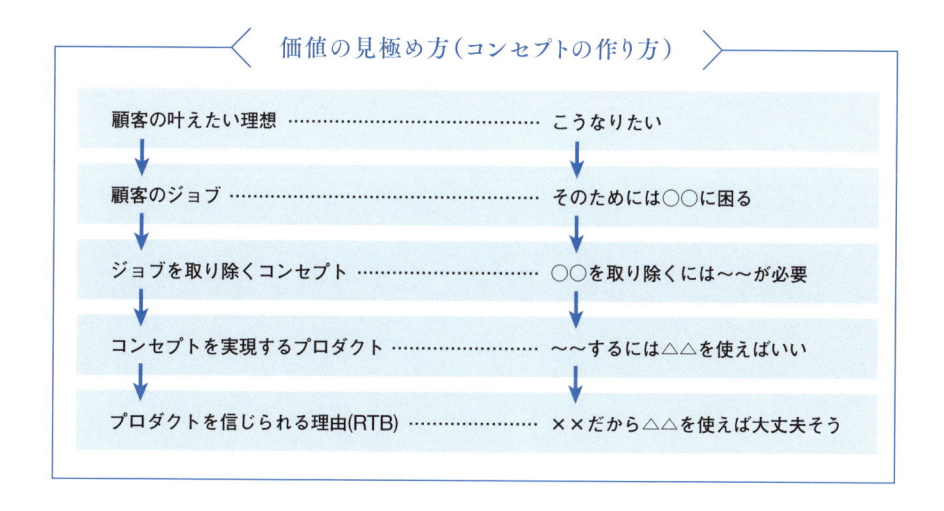

価値の見極め方（コンセプトの作り方）

顧客の叶えたい理想	こうなりたい
顧客のジョブ	そのためには○○に困る
ジョブを取り除くコンセプト	○○を取り除くには〜〜が必要
コンセプトを実現するプロダクト	〜〜するには△△を使えばいい
プロダクトを信じられる理由(RTB)	××だから△△を使えば大丈夫そう

1. **顧客の叶えたい理想（ベネフィット）**
   - 顧客の「こうしたい」「こうなりたい」という未来の欲求を理解する
2. **顧客の困りごと（ジョブ）**
   - 表面的な課題（ニーズ）と本当に困っている課題（ジョブ）を理解する
3. **困りごと（ジョブ）を取り除くコンセプト**
   - 顧客の課題を取り除くためのコンセプトを設計する
4. **コンセプトを実現するプロダクト**
   - コンセプトを実現する具体的な製品やサービスを設計する
5. **プロダクトを信じられる理由（RTB（Reason To Believe））**
   - 「このプロダクトを使えばジョブを解決し、ベネフィットが得られる」という根拠を示す（顧客が納得できる理由を整理する）

このフレームワークを使って、有名企業の事業を分析し（2社）、実際に私が作ってきた事業（2つ）の設計フローをお見せします。

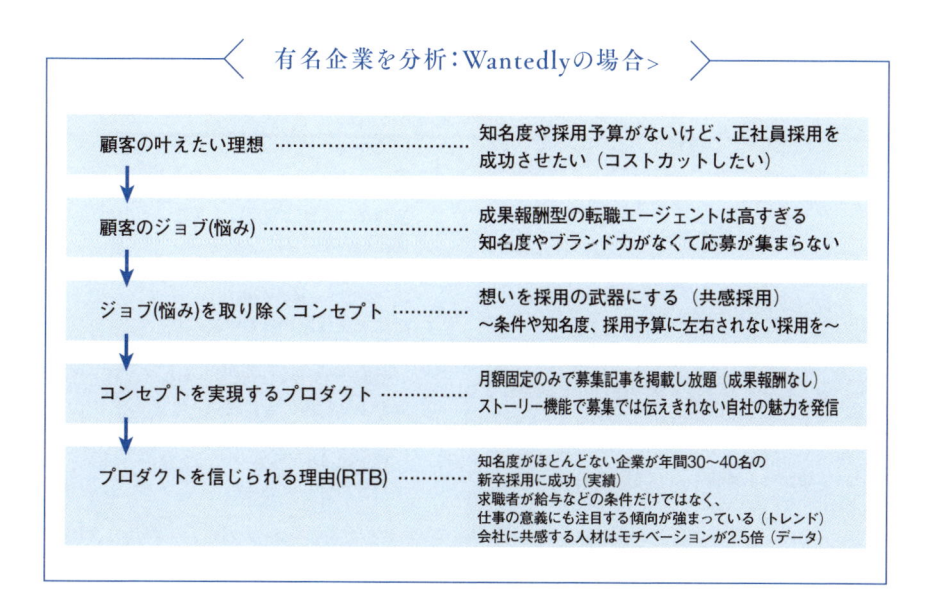

有名企業を分析：ノバセルの場合

顧客の叶えたい理想	マス広告の費用対効果を改善したい （感覚的でなんとなくのマス広告をやめたい）
顧客のジョブ(悩み)	マス広告の効果を数値で可視化できない →適切にPDCAが回せない
ジョブ(悩み)を取り除くコンセプト	リアルタイムにテレビCMの 効果と改善点がわかる（運営型テレビCM）
コンセプトを実現するプロダクト	クリエイティブ別/番組枠別/エリア別の 数値データがリアルタイムに見られるツール
プロダクトを信じられる理由(RTB)	過去累計500億円以上のテレビCMを分析 実際に自社で広告を改善するために開発した

有名企業を分析：Wantedlyの場合>

顧客の叶えたい理想	知名度や採用予算がないけど、正社員採用を 成功させたい（コストカットしたい）
顧客のジョブ(悩み)	成果報酬型の転職エージェントは高すぎる 知名度やブランド力がなくて応募が集まらない
ジョブ(悩み)を取り除くコンセプト	想いを採用の武器にする（共感採用） 〜条件や知名度、採用予算に左右されない採用を〜
コンセプトを実現するプロダクト	月額固定のみで募集記事を掲載し放題（成果報酬なし） ストーリー機能で募集では伝えきれない自社の魅力を発信
プロダクトを信じられる理由(RTB)	知名度がほとんどない企業が年間30〜40名の 新卒採用に成功（実績） 求職者が給与などの条件だけではなく、 仕事の意義にも注目する傾向が強まっている（トレンド） 会社に共感する人材はモチベーションが2.5倍（データ）

多くの事業の場合、このWhatの設計が不十分です。

　実際に私がBtoBマーケティングのコンサルをする際は、このフレームワークをベースとして事業の価値を言語化することから始めます。

　まずは経営陣を招集し、このフレームワークを穴埋めする形でディスカッションすることから自社の事業を見直してみてください。

正しい差別化の戦略とは？　POPを確立→PODを構築する

　「差別化」というワードを聞いて何を思い浮かべますか？

　BtoBだとどうしても競合と類似のコンセプトになりやすく、差別化ができずに苦戦しているとの相談をよくもらいます。ただし、ここにも失敗しがちな"落とし穴"があります。

　まず、**差別化とは何なのか？の解像度を上げるために**次ページの図を見てください。

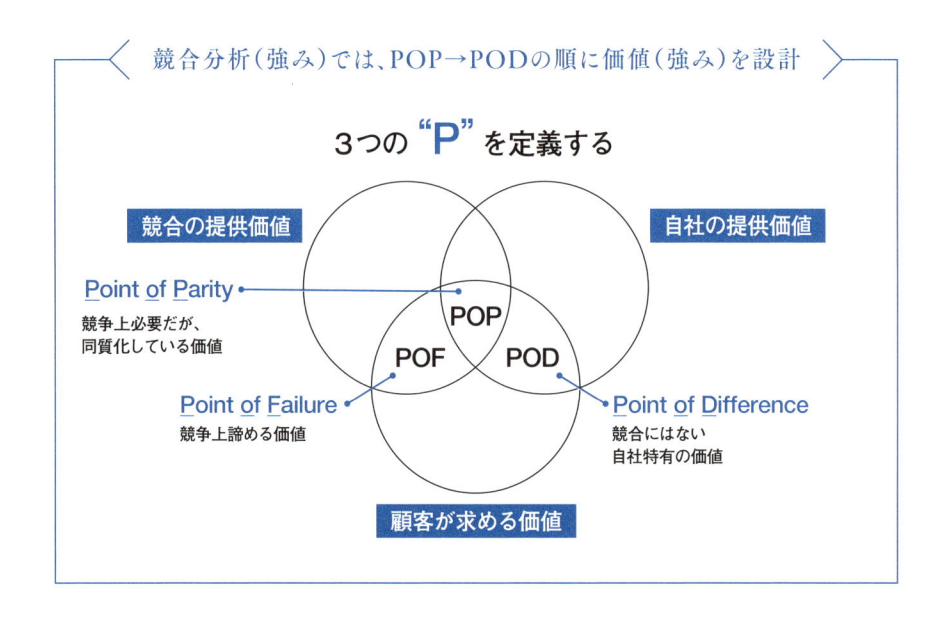

競合分析（強み）では、POP→PODの順に価値（強み）を設計

3つの"P"を定義する

競合の提供価値　　　　　　　　　　　　　自社の提供価値

Point of Parity
競争上必要だが、
同質化している価値

POP

POF　　POD

Point of Failure　　　　　　　　　　　　Point of Difference
競争上諦める価値　　　　　　　　　　　　競合にはない
　　　　　　　　　　　　　　　　　　　　自社特有の価値

顧客が求める価値

・POP（Point of Parity）：競争上必要だが、同質化してしまう価値。
　　　　　　　　　　　　　→まずはこれを確立する
・POD（Point of Difference）：競合にはない自社ならではの価値。
　　　　　　　　　　　　　　　→POPを確立した後で追求する

新しく事業を立ち上げる際は、

①まず顧客の課題解決のために必須なPOP（基本的価値）を確立
②その後に自社のPOD（独自性）を追求する

この順番を間違えてはいけません。

POPは競合も提供している価値なので、差別化はできません。しかし、このPOPがなければいくら差別化できる部分のPODを設計しても、顧客の意

<u>**思決定の土台に乗ることができないのです。**</u>

　「Nice to have」と「Must have」で説明されることも多いですが、まずはMust haveから押さえなければいけないのです。

> ・Must have＝顧客にとって「欠かせない」価値
> ・Nice to have＝顧客にとって「あったらいいな」と思う価値

　競合分析をする時も、必要な観点は「競合がどうか？」ではなく**「競合のサービスは顧客にとってどう捉えられているか？」**というユーザー視点での分析です。

　複数の機能・価値がある時に、それぞれを「Nice to have」と「Must have」に分け、その上で自社に必須のPOPと目指すべきPODを設計するべきです。

　間違っても、競合だけを見てプロダクトを設計してはいけません。**競合の先にいる顧客を見て設計するのです。**顧客（Who）の解像度を上げるために、競合分析をするのです。

　事業をゼロから立ち上げる際は、まずPOPから始め、確立した後にPODを追求する。この順序で進めることで、サービス開発の優先順位が整理しやすくなります。

How＝戦術＝3つの〇〇を制して価値を届ける

　価値を表現する戦術、つまりマーケティング施策の具体的な内容は第3章で詳述しましたが、ここではその基本となる「価値を届ける仕組み」について紹介します。

　この仕組みを押さえることで、ユーザーに正しく価値が届き、売上を最大化することができます。

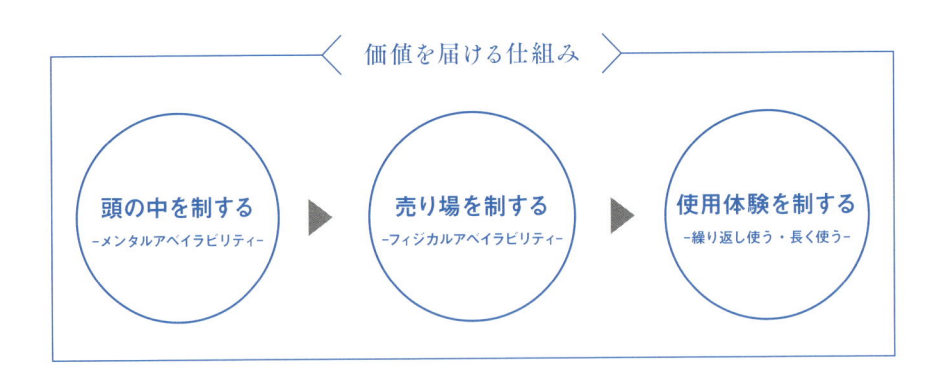

価値を届ける仕組み

頭の中を制する
-メンタルアベイラビリティ-

▶

売り場を制する
-フィジカルアベイラビリティ-

▶

使用体験を制する
-繰り返し使う・長く使う-

1. 頭の中を制する（選択肢に浮かぶ状態を作る）
- **意味**：ユーザーに認知され、第1想起される状態を作ること
- **方法**：広告展開やメディア露出、コンテンツマーケティングなど

2. 売り場を制する（購買時に商品を手に取れるようにする）
- **意味**：各チャネル（ブログ、SNS、WEBサイトなど）でユーザーが訪れたときに買いたくなる導線を作ること

- **方法**：SEOで上位表示される、SNSでレコメンドされる、WEBサイトやLPのCVR改善など

3. 使用体験を制する（リピート率を上げる）

- **意味**：製品やサービスを購入した後にユーザーが何度も使いたくなる体験を提供すること
- **方法**：製品の品質向上、優れたカスタマーサポート、継続的なコミュニケーションなど

マーケティングとして取り組むべき範囲は多岐に渡りますが、**あらゆるマーケティング施策の目的はこの3つに集約されます。**

各マーケティング施策を点で捉えるのではなく、この全体像と目的を押さえて取り組むことで、各チャネルのシナジーが生まれ、事業全体にレバレッジが効くのです。

自社のマーケティングを見直す際に「自社の価値は3つのうち、どのステップで歩留まりが起きているのか？」と自問自答し、マーケティングとして取り組むべき大局観を整理してみましょう。

〈見直すべき重要な問い〉
3つのうち、どこで歩留まりが起きていますか？（今の弱点はどこですか？）

- **頭の中を制する（認知率）**
- **売り場を制する（各マーケティングチャネルのシェア）**
- **使用体験を制する（リピート率）**

SAKIYOMIの事例：価値を届ける仕組み

　実際にこれらを制するために、SAKIYOMIではどうしたのか？　具体的には、以下のような「価値を届ける仕組み」を構築しました。

1. 頭の中を制する（どんな認知をとるか）

- **方法**：「Instagram運用のプロ集団」として認知を獲得。
- **背景**：感覚頼みの方法が多い中で、企業として再現性のある運用を提供。

2. 売り場を制する（どのマーケティングチャネルを押さえるか）

- **方法**：SEO対策（検索で上位獲得）、YouTube、セミナー、メルマガなどのコンテンツマーケティングにフルベット。どのチャネルでInstagramについて調べてもSAKIYOMIのコンテンツが表示されるという独占状態を作った。

3. 使用体験を制する（どんなユーザー体験を作り出すか）

- **方法**：各チャネルでどこよりも濃く、役に立つノウハウを全公開。「困ったら検索するかわりに、SAKIYOMIのノウハウを調べる」状態を目指した。

〈明確にすべき重要な問い〉

- あなたの事業はどんな認知をどうやって獲得しますか？
- 商品を導入してもらうためにどのマーケティングチャネルを押さえる必要がありますか？
- どのようなユーザー体験を設計すれば、リピーターが増えますか？

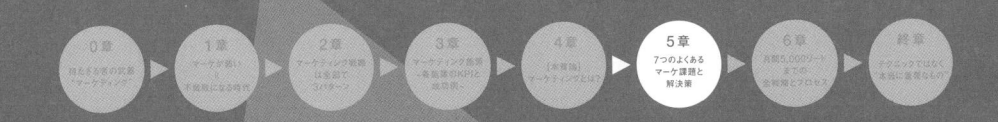

0章
持たざる者の究極マーケティング

1章
マーケが弱い日本になる時代

2章
マーケティング戦略は全部で3パターン

3章
マーケティング思考〜売上算出KPIと逆算術

4章
(本質論)マーケティングとは

5章
7つのよくあるマーケ課題と解決策

6章
月間5,000リードまでの全戦略とプロセス

終章
テクニックではなく"本当"に着眼なもの

第5章

誰もが失敗する!
7つのよくあるマーケ課題と解決策

「そうだよな、この課題って壁になるんだよね…」
「わかる、わかる、これは立ち上げ当初は難しい…」

最近では、飲みの場でマーケの相談をいただいたり、
マーケのコンサルをする機会も増えてきました。

その際、自分がぶち当たった壁に、
多くのマーケ担当者や経営者もまた同じく
ぶち当たっていることに気づかされました。

この現場の困っている声が、本書の原動力に
なったと言っても過言ではありません。

この章で紹介している7つの、"本当に"よくある
課題を見れば、あなたの課題もきっと解消される
ヒントが見つかるはずです。

もし、あなたの周りに同じような課題に困って
いる方がいれば、ぜひ本書の内容をシェアして
あげてください。

相談事例1：後発参入の勝ち方がわからない

課題

SEO支援事業を立ち上げたいけれど、業界内にはすでにポジションを確立した先行企業が存在する→後発での勝ち筋がイマイチ見つからない

解決策

後発参入の企業として成功するためには、オーソドックスなマーケティング戦略だけでなく、後発ならではの戦略が必要です。具体的には以下の3つのポイントが重要です。

後発参入：BtoBマーケティング戦略のポイント

1 ▶ 新チャネルを開拓し、独占的な認知を取る

2 ▶ 巨人の方に乗る（コラボをうまく活用する）

3 ▶ イノベーションのジレンマを利用して攻める

1. 新チャネルを開拓し、独占的な認知を得る

基本的には先行者優位な状況がどのマーケティングチャネルにも存在します。典型的な例はSEO対策でしょう。

SEO対策はどの業界でもレッドオーシャンの状態です。

ブランドのある先行企業の方が、ドメインパワーが高く、**後発参入だと基本的にはかなり厳しい戦い**です。

だからこそ、**業界的にまだ他社が取り組んでないチャネルに注目**しましょう。2024年の段階だと、BtoBマーケティングにおけるYouTubeの活用が効果的です。

直近では、有名なSEO支援会社がYouTubeに参入し始めましたが、まだYouTubeにアジャストできていないように思います。

このような**新たなマーケティングチャネルが確立するかどうかの境目は、後発企業にとってチャンスです。** 本来不利な状況から戦いが始まるはずですが、フラットな条件で勝負できます。

また、先行企業は他の既存のマーケティング施策を同時並行で動かす必要があるため、基本的には新しいチャネルに対して腰が重いケースが多いです。そこにリソースを投入することができれば、十分にチャンスがあります。

上記のような展開を狙うのは、後発企業の戦略として鉄板です。

実際にSAKIYOMIも、Instagram運用支援を始めた時は後発だったため、初期の段階から競合他社が参入できていなかった「YouTube」と「Instagram」で公式アカウントを作り発信に注力していました。

これらが、リード獲得や第1想起の獲得に与えたインパクトは計り知れません。

〈 新チャネルを開拓し、独占的な認知を取る 〉

集客チャネル	後発参入での勝ちやすさ	チャネルの特徴	競合Aの集客状況	競合Bの集客状況
SEO	△	ドメインパワーやブランド力の差が結果を左右しやすい。	○	◎
YouTube	◎	競合が第1想起を獲得できておらず、ポジションが空いている。	×（活用できず）	△（成果出ず）
X（旧Twitter）	○	SEOと比較してまだまだ勝機あり。記事機能＆長文投稿でオウンドメディアの役割に。	△	×
広告	○	先行者利益は基本的にはない。予算勝負になるためブランド力の影響はある。	◎	○
セミナー	○	先行者利益はほとんどない。	○	◎
マス広告	○	先行者利益は基本的にはない。予算勝負になるためブランド力の影響はある。	○	×
メルマガ	△	ハウスリスト数の差が影響あり。どの企業も実施するため開封率に限界あり。	◎	○
公式LINE	◎	活用できていない企業が多いため比較的優位。開封率・クリック率ともにメルマガの5倍ほど◎	×	×

2. 巨人の肩に乗る

これは具体的に言うと、先行企業と共催セミナーを開催したり、YouTube や記事などで対談したりすることで、認知度と信頼度を高めるという選択肢です。

他にもお金はかかりますが、著名人をホームページにアンバサダーとして掲載したり、「ホリエモン」や「キングコング西野」にPR案件を依頼するほど影響力を持ったPIVOTや、NewsPicks、新R25などに出演する、なども選択肢でしょう。

SAKIYOMIも初期は、知名度のあるマーケティング支援会社と多数の共催セミナーを開催していました。

〈 巨人の肩に乗って成功したCharge SPOT 〉

※ChargSPOTホームページ(URL:https://chargespot.jp/)引用

身近な例として、「ChargSPOT」もまさにこの事例にあてはまります。

スマートフォンのレンタル充電器はいくつか種類がありますが、ChargSPOTが多くのシェアを占めています。しかも急速に広まりました。

それはなぜでしょうか？

きっと身近な存在であるコンビニの棚を押さえたからでしょう。今ではどのコンビニに行っても目にしますよね。

大手コンビニチェーンとのコラボによってうまく巨人の肩に乗ることで成功し、圧倒的な露出と信頼感を勝ち取った結果、充電器をレンタルするならChargSPOTを使おう、と第1想起を取ったのではないでしょうか。

3. イノベーションのジレンマを利用して攻める

・**逆張りする**：既存のやり方だと取れない選択をする。

> 例：あえて超低単価のAIによる記事制作支援を行う。競合他社だと売上や単価が下がることを嫌がって参入しにくいため

・**極端に特化する**：後発企業は「顧客の絞り込み」を行っても、リスクが少ない。

> 例：BtoB企業に特化したWEBサイト専門の制作会社を立ち上げる。WEB制作会社は無数に存在するものの、基本的には全業界をターゲットにしている。あえてBtoB企業だけに絞りこむことでノウハウの専門性を強化し、第1早期を取りやすくする

- **フック商材を作る**：初期に低価格または無料で提供することで、リード獲得の役割を担うサービスを作る。

例：月額1万円でLPの修正し放題サービスを行う。顧客にとってリスクが少ないため、広告のCPAが圧倒的に安くなる。あえて利益度外視で行い自社やサービスの認知を広げるための広告費として捉える。また、LP修正後、新規LP制作を提案するなどして利益を作る

相談事例2：リードが増えたのに商談化しない、どうしたらいい?

課題

　リード数が増えたが、アポ率/受注率が低下して売上が伸びない

解決策

①階段設計に応じたコンテンツの追加を検討する
②リード獲得後の施策を見直す／追加で試す

　階段設計の項目で説明した「階段設計の見直し」と「リード獲得後の施策の見直し／施策を追加する」の2つの軸で進めるべきです。

1. 階段設計に応じたコンテンツの追加を検討

〈考えるべき問い〉
・潜在層、準顕在層、顕在層の各フェーズのコンテンツは網羅されているか?
・現時点で、コンテンツが不十分なところはどこか?

　潜在層、準顕在層、顕在層の各フェーズに合わせたコンテンツを揃え、チャネル内でも網羅的に提供することが必要です。これにより、リードが自然に次のステップに進むよう誘導できます。

SAKIYOMIの場合：BtoBマーケティングの階段設計（全体像）

顧客の階段	認知・初期接触	育成・継続接触	比較・検討	商談
発信内容	潜在層 Instagramは こう活用するべき （啓蒙・全体像）	準顕在層 具体的な運用の 悩みを解決	顕在層 サービスや体制の 解像度を上げる	個別提案
チャネル	●YouTube ●Instagram ●ブログ(SEO) ●潜在層向けWP ●共催セミナー ●書籍	●YouTube ●Instagram ●ブログ(SEO) ●自社セミナー ●メルマガ ●公式LINE ●準顕在層WP	●YouTube ●Instagram ●ブログ(SEO) ●自社セミナー ●メルマガ ●公式LINE ●顕在層向けWP ●サービス資料	●商談 ●無料相談/壁打ち会 ●アカウント診断 ●デモ / 擬似体験

※重複するものは薄いグレーで記載

　**マーケティング施策がうまく行くようになり、新規リードが一気に増える
と、基本的には潜在層のリードの割合が増えます。**問い合わせで入ってくる
リードは、確度の高い顕在層の顧客であることが多いためです。

　そんな中で、従来の顕在層向けの通常の営業フローだけだと、当然アポ
率・受注率は落ちます。潜在層の顧客が商談に来ることに備えて、**新規リー
ド数の増加と階段設計の強化は常にセットで行い、目標のアポ率20％を下
回る際は、見直すことが必要です。**詳しくは2章（44ページ）をご覧くださ
い。

2. リード獲得後の施策を見直す/追加で試す

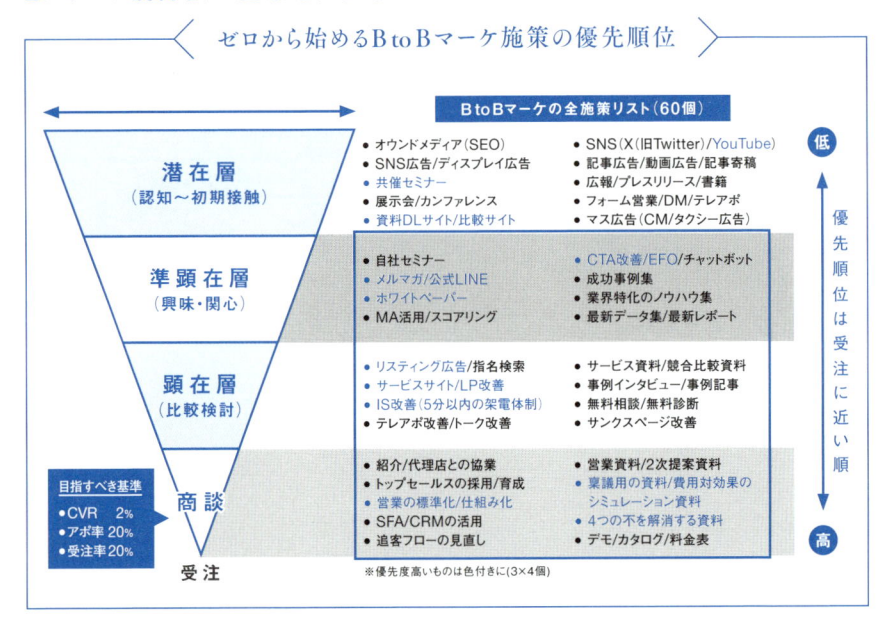

特に、**トップ営業マンが商談しているYouTube動画を商談前に事前に送ることは効果的です。**実際、SAKIYOMIではこの方法を活用することでリード獲得までに掛かる時間が半減し、受注率が3倍になりました。動画の施策について知りたい方は詳しくは3章（99ページ）をご覧ください。

相談事例3：リード数が頭打ちに なってしまった時はどうすればいい？

課題

　アウトバウンド営業（紹介/代理店/テレアポ）のみでリードを獲得→リード数が頭打ちになってしまう

解決策

STEP1：頭打ちの要因を整理する
STEP2：要因に合わせた解決策を実施する

　①既存チャネルの伸び代を考える
　②新たなチャネル・セグメントの開拓を検討
　③新たなプロダクト・プランの設計（低単価プラン/高単価プラン）
　④フック商材の導入
　⑤アライアンスの開拓
　⑥第1想起の獲得を目指す

1．頭打ちの要因を整理する

　ターゲットセグメントの顧客をすべて取ってしまったか？をYes、Noで整理します。

・Yes（ターゲットが残っていない場合）

　別セグメントへのアプローチを検討しましょう。

また、リード数の限界を確認したうえで、その後の遷移率や顧客単価を最大化して、売上を伸ばす方法を模索しましょう。

・No（ターゲットが残っている場合）
　現状の施策で取り逃がしている顧客との接点をどのように作るのか、新チャネルの検討とサービスの認知率を向上させる施策を検討しましょう。

▼解決策1　既存チャネルの伸び代を考える
・**広告**：「CPA」と「伸び代」と「受注までの遷移率」を見直し、予算を増やせないか検討
・**セミナー**：1件あたりの集客数、ハウスリストの数を確認
・**オウンドメディア**：検索ボリュームからのMAXのPV数を算出。あわせて新規キーワードも検討

▼解決策2　新たなチャネル・セグメントの開拓を検討
・**新規チャネルの開拓**→YouTubeの活用、アライアンス開拓、顧問の活用など
※第3章の施策の図解をもとに見直しましょう

・**新たなセグメントの開拓**→別業界を開拓する、大手企業を開拓するなど

▼解決策3　新たなプロダクト・プランの設計（低単価プラン/高単価プラン）
・ターゲットは同じでもニーズが異なる場合、新たなサービスを追加することで頭打ちを防ぐことができる

　例えば、SAKIYOMIの場合、月額70万〜100万円でInstagramの運用代行を行っています。これはマーケティング施策の中では高額だったため、商談

の中で「予算の都合上、10万〜30万円でスモールスタートしたい」という
ニーズが出てきました。当初はそういった提案に対してお断りしていたため、
ニーズを取りこぼしていました。

　そこで新しく作ったサービスが、フリーランスとしてInstagramの運用代
行を仕事にしたい個人と、低予算でスモールスタートしたい企業を繋ぐ、マ
ッチング形式の運用代行サービスでした。

　このようにすでにアプローチできているターゲットに対しても、より支援
の幅や支援プランを広げることで、同じリード数から作ることができる売上
を最大化できます。

　一方で逆の考え方もあります。例えば、50万円/月×100社＝5,000万円/月
ではなく、1,000万円/月×5社＝5,000万/月を目指すのです。

　月額で支援する場合、新規受注件数と解約率を比較したときに「成長の踊
り場」が必ずどこかできます。

> 既存クライアント数百社×解約率10％＝毎月の解約数十件
> ↕
> 毎月の新規受注件数

　これが成長の踊り場です。新規受注件数を増やすことによって、1社解約
発生に対するリスクは下がりますが、成長の踊り場が来る可能性が高まって
いることを頭に入れて事業判断/経営判断をしなくてはいけません。

　まさにこれはSAKIYOMIの運用代行事業で起こった、リアルな裏側です。
**サービスの質は上がっており、マーケティングやセールスも強くなってい
るのにもかかわらず、事業成長は頭打ちになり、鈍化していく。**

稲盛和夫さんが「値決めは経営である」と言っているように、細かい粒度での改善をしても事業成長が鈍化しているときは、一度値決めに立ち返ってサービスを見直すことが必要です。

▼解決策4　フック商材の導入

　フック商材を設計することで広告のCPA＝営業効率を改善します。

　また、アップセルで高単価な商材を作ることで、平均単価が上がり、許容できる広告費も増やせます。

　これにより、リード数の頭打ちを突破できます。

> 〈フック商材の導入〉
> ・目的：広告経由のリード数の頭打ちを打開すること
> ・KPI：広告のCPA改善

〈例〉

　実際にSAKIYOMIで実践し、月額1万円の会員が毎月新規で300社入る状態を作ることに成功。

▼解決策5　アライアンスの開拓

　アライアンスを強化する場合は、前提として代理店（パートナー企業）が自社の商品を売る理由を設計する必要があります。これがない中でいくらアライアンス開拓をしたとしても下記のような現象が起きます。

・アライアンス先が見つからない
・候補の企業と打ち合わせをしても、アライアンス締結まで至らない

・アライアンス締結に至っても、積極的に動いてもらえない（他の商材と比較して受注の優先度が低くなる）

※実際にSAKIYOMIで取り組み始めた時も同様の問題が起きました

〈代理店（パートナー企業）が自社の商品を売る理由〉

これは2つしかありません。

①フック商材として優秀である

代理店は、クライアント開拓の際に、フック商材を提案し、その代理店が扱う他の高利益の商材を売るきっかけにします。

フック商材の必須条件は下記になります。

・受注率が高い（30〜50%が目安）
・低単価である（数千円〜数万円ぐらい）
・メイン商材と顧客ターゲットが同じである（メイン商材を売るためのきっかけとして有効）

②高単価・高利益である

当たり前の話ですが、代理店の売上に貢献する商材であることが必須です。最低でも1件の受注で、100万円ぐらいの売上が目安で、インパクトは必須でしょう（代理店の規模によって金額は変わります）。

▼解決策6　第1想起の獲得を目指す

リード数を増やす選択肢として、第1想起獲得を目指す施策を検討します。これは難易度が高く短期的には実現しにくいですが、長期的な戦略としては欠かせないものです。

相談事例4：どのコンテンツから作るべき? どうすれば上手くいく?

課題

①どのコンテンツを作ればいいかわからない
②コンテンツマーケティングの戦略の立て方がわからない
③コンテンツ制作は自社でやるべきか、外注すべきか迷っている

解決策

①受注に近いコンテンツから作成する
②階段設計を意識する＆3H戦略を取り入れる
③基本的に内製すべき（特にコンテンツだけでも）

〈受注に近いコンテンツから作成すべき3つの理由〉

①成果が出るまでの検証期間が短い（リードタイムが短い）

成果が出ると、よりコンテンツマーケティングに投資でき、予算もつくりやすくなります。

②成果につながりやすい（不確実性が低い）

いきなり難易度が高い、潜在層向けのコンテンツマーケティングに取り組むことは避けましょう。

③すでにコンテンツが存在していて、横展開しやすい

どの事業にも共通する1つ目のコンテンツは営業資料。マーケティングに

取り組む時には、まずは営業資料を参考にコンテンツを作りましょう。

〈真っ先に取り組むべきコンテンツ〉

●営業資料をコンテンツ化→お役立ち資料・セミナー資料などに

●トップセールスのセールストークをコンテンツ化→お役立ち資料・
　セミナー資料などに

受注に近いのは営業現場である商談。これをベースにすれば、受注につながらないコンテンツを作るリスクは減らせます。ですから、まずは営業に注目するべきです。

普段営業をしながら、よく使う鉄板のセールストークを、トップセールスにヒアリングしましょう。

顧客に刺さっているセールストークは、最高のコンテンツになります。

この内容をスライドにすれば、営業資料のアップデートにもなります。また、その切り口に注目したり、さらに内容を膨らませてお役立ち資料にしたりして、セミナー資料にすることもできます。

スライドにしたあとは動画化（YouTube化）もおすすめです。

トップセールスの動画を商談前後にみてもらうことで、受注率UPが狙えます。

実際にSAKIYOMIでは、YouTube経由のリードは「受注率が3倍」「平均リードタイムも半分以下」と圧倒的なパフォーマンスになっています。

いきなりYouTubeでバズることは難易度が高いですが、商談前後のナーチャリングや追客としてはかなり取り組みやすいのでおすすめです。

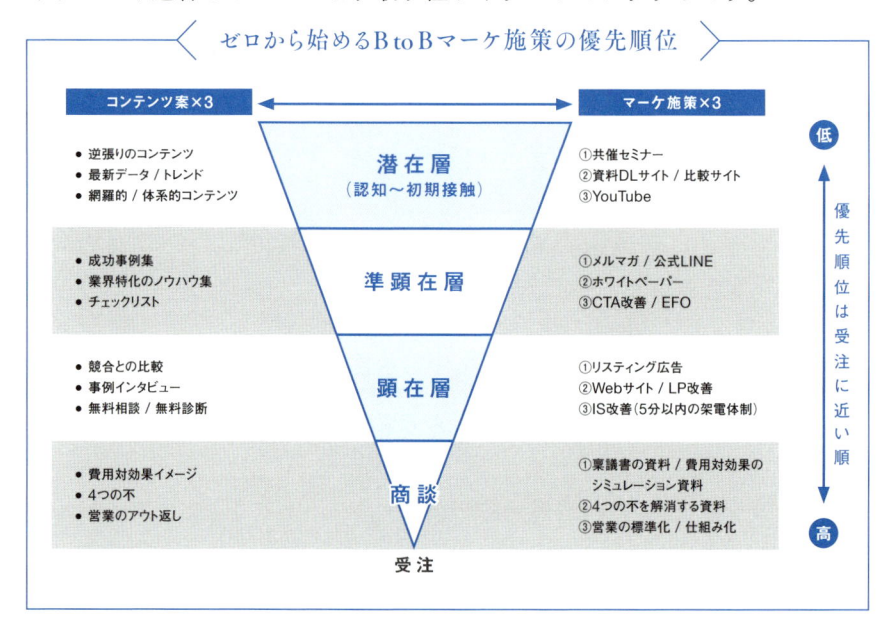

コンテンツマーケティングにおける5つのPoint.

1. 階段設計を徹底しよう

コンテンツマーケティングで売上を出すためには、階段設計をしっかりと構築することが重要です。これがなければ、PVは増えてもリードは増えません（44ページで解説）。

2. サービスの告知頻度は3回が目安

サービスの告知をやり過ぎるとうっとおしいと思われるのではないかという懸念もあるでしょう。**目安としては、1コンテンツに3回ぐらい告知を入れると反応が良くなります。**

SAKIYOMIの例では、記事の始まり、中間、終わりに告知を入れることで、リード数が5倍に増加しました。セミナーの告知も1回あたり3回までは告知回数が多いほどパフォーマンスが良い結果となりました。

1回の告知では「気付いてもらえない」ということを前提にしましょう。

3. 「メールは送り過ぎ」でいい

・「メールを送り過ぎても意外と開封率が悪くならない」という調査データもあります。メールの送り過ぎは気にしなくても良いです。

・ユーザーはすべてのメールを見ているわけではありません。ユーザーがほしいタイミングでメールが届くことを重視すべきです。あくまでもメルマガは顧客の温度感をキャッチする"センサー"の役割と考えましょう。

4. Googleの提唱する「3H戦略」を参考にせよ

コンテンツを考える際に参考になるのがGoogleが2014年に提唱した3H戦略です。

これは、動画コンテンツを作る際の基本で、当時YouTubeチャンネルを運営する上で、最重要のものとして提唱されました。具体的に下記に記載しますが、動画制作にとどまらず様々なコンテンツに当てはめることができます。

＊HEROコンテンツ
（目的）話題性を作り、新規ユーザーを引き付ける
（特徴）トレンディでキャッチーなコンテンツ
（例）SEO分野における「アルゴリズムアップデート」のような時事ネタ

＊HUBコンテンツ
（目的）ユーザーを回遊させ、ファンやリピーターを増やす
（特徴）いろんなコンテンツへの橋渡し役として中心的なコンテンツ
（例）SEOのノウハウが1つに網羅されているホワイトペーパーや動画

5. 結局、量と質どっちが大事？

　私は質一択だと考えています。 質が担保できないようであれば、数は追わなくていいのです。SAKIYOMIで最初に作成したホワイトペーパーは今でもダウンロードされています。

　質の高いコンテンツは長期的な価値があり、一定のクオリティに達していないコンテンツはかけた時間とコストが無駄になります。

　最近はSEOやSNSのアルゴリズムも「低品質&大量生産」を排除する方向に向かっています。

　結局、ユーザーが「見てよかった」と思えるものでなければ、空振りに終わるのです。

　質の良いコンテンツを作ることは簡単なことではなくて、作成者の気合いや覚悟が必要です。

　「数をこなせばいい」でうまくいくほど今は甘くない状況です。

　これがいろんな会社のコンテンツマーケティングの実態を見たり、自社でコンテンツを作ってきたりして得た教訓です。

相談事例5：新ジャンルの事業や サービスにおけるマーケティング戦略は どうやればいい？ 黎明期の市場を開拓する方法を知りたい

課題

市場がまだ形成されておらず、類似サービスもない中でマーケティングを任され、参考とする指標や事例もなくどういった施策を打つべきか、見出せない。

解決策

黎明期の市場を開拓するためには、市場を啓蒙し、新しい言葉を開発することが重要です。この2つはセットで取り組む必要があります。

Point. 新コンセプト（言葉）の開発で市場を啓蒙する

新コンセプト（言葉）の開発とは、顧客に新しい課題感やサービスの必要性をイメージさせる「キーワード」や「フレーズ」を作り出すことです。主に、新規性の高いサービスをマーケティングするときに鍵になり、古い（旧態依然の）市場に対して、新たな切り口を訴求するために用います。

難易度は高いですが、この新コンセプト（言葉）を開発すれば、自ずとそのマーケットの第1想起が取れ、No.1のポジションを確立することができま

す。

　下記に具体的な例を挙げますので、自社における新コンセプト（言葉）開発の参考にしてみてください。

〈5つの具体例〉

ノバセル
- テレビ広告の市場に対して
  →運用型テレビCM

Wantedly
- 中小企業の採用市場に対して
  →ビジネスSNS×共感採用

Sales Marker
- アウトバウンド営業の市場に対して
  →インテントセールス

Salesforce
- 顧客管理（CRM）/商談管理（SFA）市場に対して
  →THE MODEL型の営業モデル

YOUTRUST
- 中途採用/転職市場に対して
  →キャリアSNS

SAKIYOMIの事例

　まだ企業がInstagramのアカウントを運用するのが当たり前ではなかった頃、「SNSのバズは再現性がない…」とか「企業アカウントは伸びない…」という声がほとんどでした。その時に「Instagramの運用ロジック」として、重要指標に「保存率」と「ホーム率」という言葉を作り、この2つの指標が基準値を超えた運用をすれば再現性が高くバズりやすい、と市場を啓蒙。

　結果的にこれらの言葉は、Instagram運用者なら誰もが知る当たり前の概念となり、ブラックボックスだったInstagram運用が適切にPDCAを回せるようになることで、企業のInstagram運用も加速しました。

　これは、前述した参考企業のコンセプトの事例とは毛色が異なりますが、言葉の開発が自社のマーケティング、ひいては市場の啓蒙につながった事例です。

　当時、まだ市場が黎明期だった頃に「Instagram運用の流れを1年早める」ことを社内で合言葉に、市場の啓蒙に取り組んだ結果が、今の事業成長につながりました。

具体的な市場啓蒙方法

1．マス広告で認知率を一気に引き上げる
　テレビCMを打ったり、タクシー広告を出したりするなど、お金をかけてできる戦い方です。

2．業界のターゲットが注目している人やメディアとコラボする
　例えば、「PIVOT」などのメディアへの出演や、自社のセミナーやイベン

トに有名人を招聘するなど手法は様々あります。これにより、一気に認知を拡大し、市場を啓蒙します。

3. コンテンツマーケティングで足元から積み上げる

1つのコンテンツをマルチユースし、成功事例やセオリーを市場に出すことで、ユーザーが「自分たちでもやれそう」という感覚を醸成します。

ニッチな業界でのマーケティング

ニッチな業界の場合、顧客がWeb上にいないこともあります。この場合は、展示会や地域の代理店を活用しましょう。こういったケースでは、業界を束ねている組織や業界に特化したメディアの存在が大きいです。

相談事例6：CPAが高騰して困っている

課題

　広告のCPA（Cost Per Acquisition）が高騰している→リード数が不足する/利益が減少する

解決策

　CPAの上昇は、業界の成熟と競合の広告出稿量増加による自然な現象です。焦る必要はありませんが、対策は必要です。以下の3つの対策を講じることで、CPAの上昇に対応できます。

1．LTVを伸ばし許容CPAを上げる

　真っ先に考えるべきは、LTVを伸ばし、許容CPAを上げるという考え方です。つまりは、広告のCPAは少しずつ右肩上がりになる前提で考えるということです。

> 例：CPAが3万円から4万円に上がっても許容できるように単価を上げる
> 　　/アップセルを設計する

2．オーガニックのコンテンツマーケティングを組み合わせる

　例えば、広告でCPAが5万円、オーガニックでCPAが0円なら、トータルで2件リードを獲得すれば、1件あたり2.5万円となります。やはり中長期的にCPAを維持する（改善する）なら、コンテンツマーケティングに取り組むことは必須の選択肢となります。

3. 業界のブランド力を高め、第1想起を狙う

　広告のCPAが上がるレッドオーシャンの市場では、認知度や第1想起が差別化の鍵となります。ブランド力を高めることで、広告費を抑えつつ高い効果を得ることができます。

　また、根本的に広告クリエイティブ自体を見直す際のPointは下記のように、マインドマップに細かくまとめました。

　こちらはLINEを追加後に合言葉「広告」で受け取ることができますので、ご活用ください。

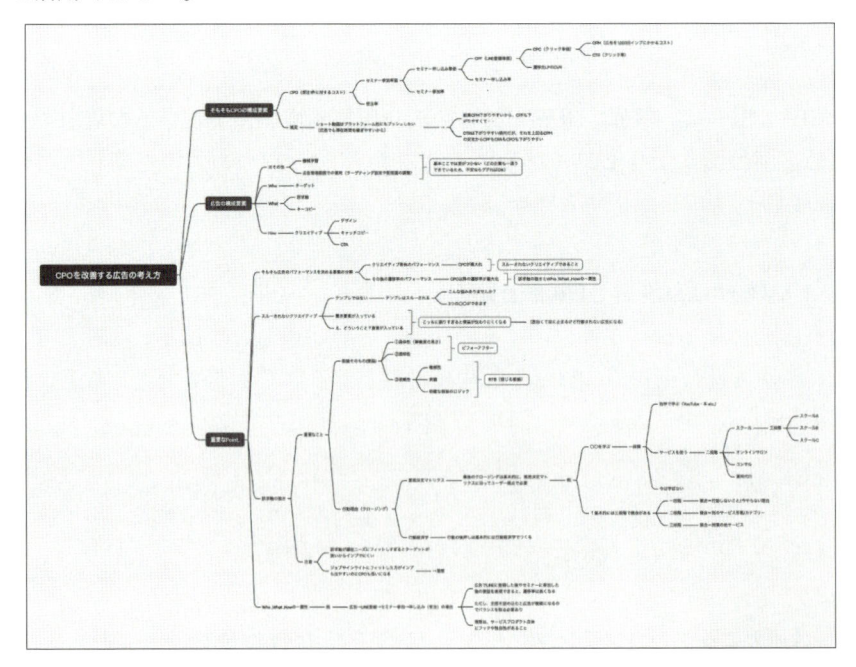

〈LINEを追加して「広告」と合言葉を入力し、マインドマップを受け取る〉

相談事例7：指名検索数を どうやって増やすか?

課題

- 第1想起を取るために指名検索を増やしたい
- 問い合わせ経由が一番受注率が高いので、指名検索を増やしたい

解決策

指名検索数を増やすための施策（ショートカット）を実施することは、正直あまり現実的ではないと思います。

ベースに置くべき考え方は「**あらゆるマーケティング施策の総量が多くなるほど露出が増え、結果的に指名検索数は増える**」です。

具体的には、コンテンツ量や広告出稿量などのマーケティング活動の総合量が多ければ多いほど、また、そのためのマーケティング予算が多ければ多いほど、結果的に指名検索数が増えるということです。

私も指名検索経由の受注率が他チャネルと比較して圧倒的に良かったため「指名検索をどうしたら増やせるのか？」と考え、試行錯誤した時期がありました。

その結果辿り着いた答えは、
「あくまでも指名検索は結果指標であり、狙って増やすものではない」
「事業成長に伴ってマーケティング予算と施策数が増え、結果露出が増え

て指名検索数が増える」

というものです。

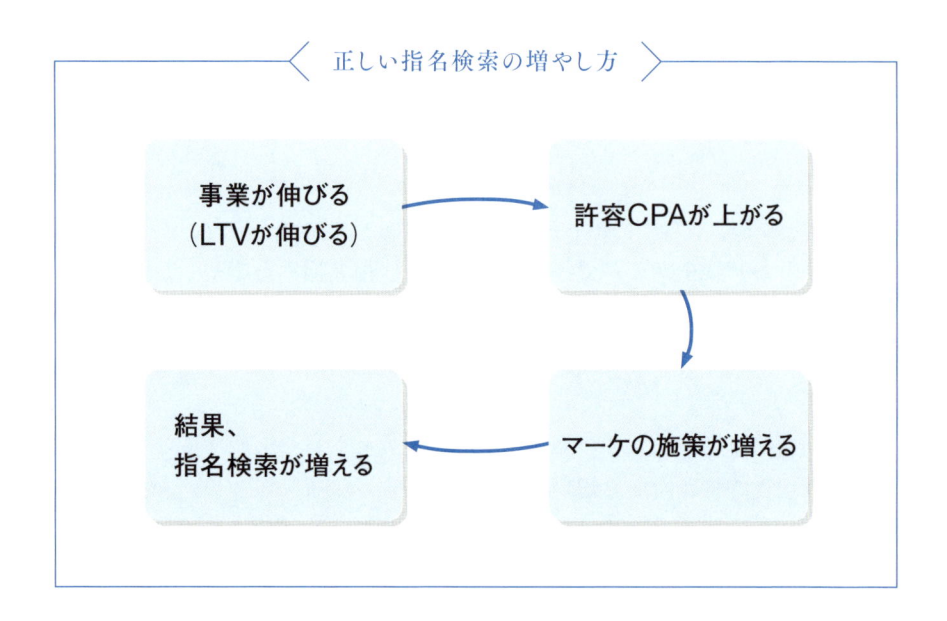

正しい指名検索の増やし方

事業が伸びる
（LTVが伸びる）

許容CPAが上がる

結果、
指名検索が増える

マーケの施策が増える

唯一の例外はテレビCMやタクシー広告のようなマス広告です。

ただ、これは「資金調達をしている or 潤沢な予算のある大手企業である」という、SAKIYOMIには該当しない前提条件がありました。同じような状況にある方も多いのではないでしょうか？

そうなると、**基本的な戦略は「いかにマーケティング予算を増やすか？」**であり、以下の通りすでに行なっているマーケティング活動で重要なこととおおよそ一致するはずです。

1．LTVを増やす

解約率を下げ、単価を上げることでLTV（顧客生涯価値）を増やし、マーケティング予算の拡大を図ります。

2．CACを下げる

遷移率、アポ率、受注率を改善し、顧客獲得コスト（CAC）を下げることで、マーケティング投資の効率を高めましょう。

3．コンテンツマーケティングを強化する

広告費の依存を減らし、オーガニックなコンテンツを増やすことで、総合的な指名検索数の増加を図りましょう。

「この施策を行えば、指名検索が伸びますよ」と本来はお伝えしたいところですが、ここまで話してきたことが実情だと思います。

実際に「指名検索を増やすためのマーケティング戦略を考えたいんだけど」と知り合いに相談された時も、同様の話をし、マス広告を使える予算がない限りは、これまで通り1つずつ目の前の事業成長にコミットするべきだと伝えています。

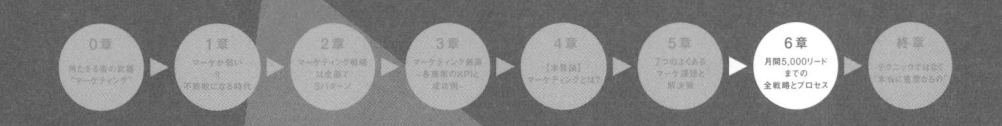

0章
持たざる者の武器
"マーケティング"

1章
マーケが弱い
=
不器用になる時代

2章
マーケティング戦略
は全部で
3C1キーソ

3章
マーケティング施策
〜各施策のKPIと
成功例〜

4章
【本質論】
マーケティングとは?

5章
7つのよくある
マーケ課題と
解決策

6章
月間5,000リード
までの
全戦略とプロセス

終章
テクニックではなく
"本当に重要なもの"

第6章

月間5,000リード獲得までの全戦略とプロセス（4年分）

この章では私が所属するInstagram支援会社
SAKIYOMIの辿ってきた事業ストーリーを
全数値公開しながらシェアします。

本書で紹介している内容は施策における数字や
結果をもとにしています。そこには関わってきた
メンバー、一人ひとりの努力がストーリーとして
刻まれています。

私自身もそうですが、やはり頭で理解できても
心の奥で受け止められなければ、明日の行動
は何も変わりません。

SAKIYOMIのストーリーを知っていただくことで、
心から共感していただき、本書で紹介している
施策を取り組んでいただけるきっかけとなったら
うれしいです。

あくまでも1つの事例ですが、この内容があなたの
挑戦の一歩を後押しできることを信じています。

未経験で0からBtoBマーケティングを 立ち上げた理由

今でも忘れられない、2020年4月7日—

この日に、主要7都府県に緊急事態宣言が発令され、すべては始まりました。

新型コロナウイルスによって世の中がパニックになり、テレアポをしても、どの企業もオフィスに人はおらず、電話の自動応答が流れるばかりでした。

SAKIYOMIには当時、Instagramの事業はなく、メインの事業は新卒採用支援の事業でした。私はその時、toBの新規開拓をミッションに"テレアポ"をしていたのですが、それがコロナで一気に絶望的な状況に追い込まれました。

結果として事業撤退をせざるを得なくなり、この時の経験から"アウトバウンド営業"に頼った経営の不安定さを痛感しました。当時の新卒採用支援事業のメンバーは、私を除いて全員が退社することになったのです。

私はこの悔しさを胸に、当時たった4人で立ち上げ始めていた、新規事業のInstagram運用支援事業にジョインしました。始めてまだ数ヵ月の事業で、赤字事業でした。

そこで不安だったのは、新卒採用支援事業の時と同様に、テレアポや代表からの紹介営業でしか売上が作れていないことでした。アウトバウンド営業の限界を痛感した私は、代表に直談判し、BtoBマーケティングをゼロから立ち上げることに決めたのです。

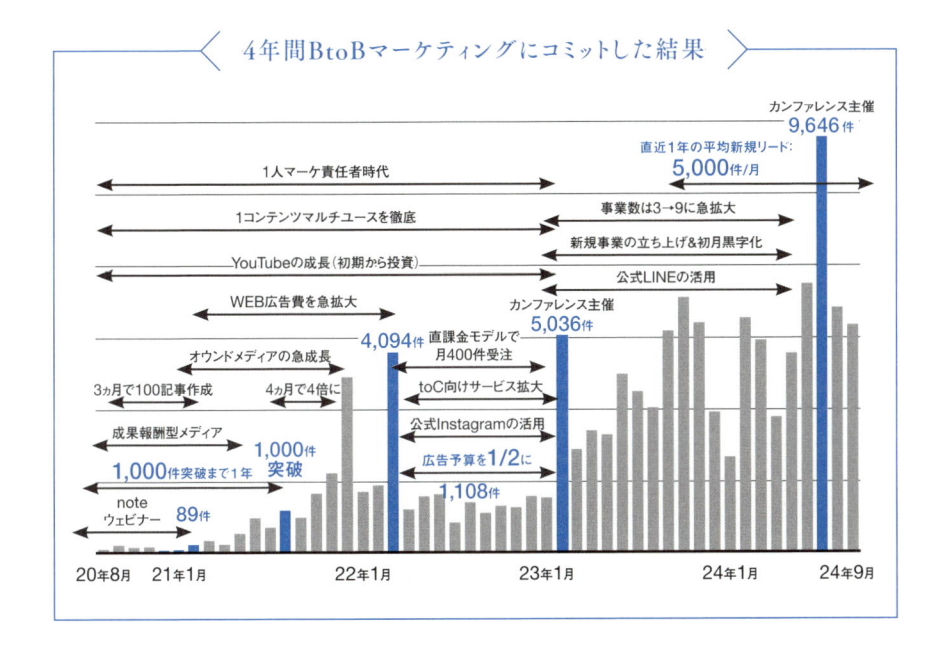

4年間BtoBマーケティングにコミットした結果

そこからの4年間は濃い時間をすごしました。**結果としては直近1年の平均新規リードは5,000件/月と、成果を残すことができています。**

　本章では、この4年間の具体的な戦略やプロセスを解説します。私の経験した「激動の4年間」を疑似体験し、ぜひ自社のマーケティングに活かしてみてください。

毎年のテーマと合計リード数・最大リード数（4年分）

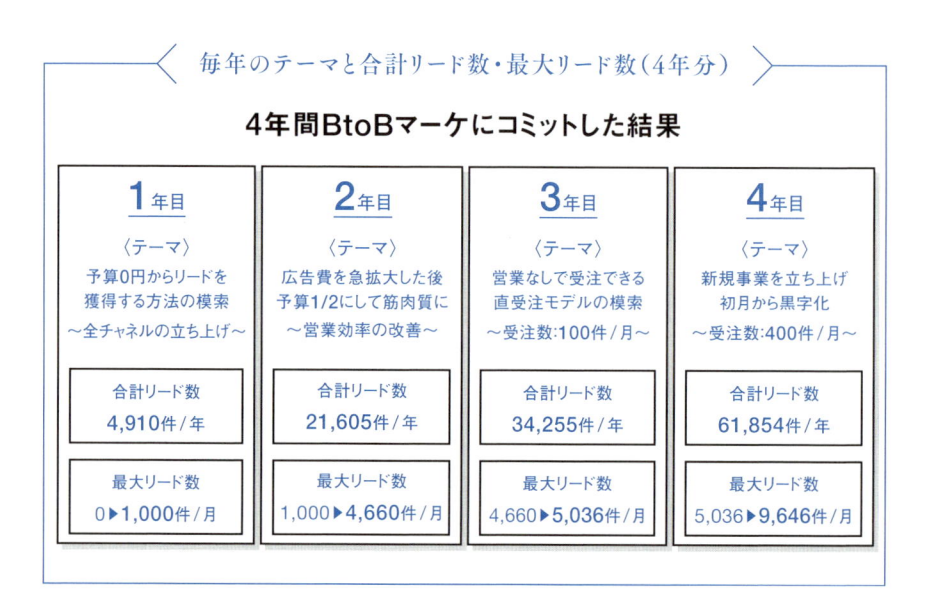

4年間の事業成長をまずは、ざっくりと「テーマ」や「定量的なリード数」をもとに整理してみました。ここからは、各年ごとに取り組んだことや目標に掲げていたことを、社内向けのプレゼン資料を含めて赤裸々にシェアします。

昔の資料も含まれている関係で拙い資料も多いのですが、リアルな裏事情をシェアすることに意味があると考えています。

1年目：マーケティングの立ち上げ時に確信を持っていた勝ち筋とは?

▼1年目の目標に掲げていたこと（社内向けプレゼンより）

　Instagram（SNS）の市場を分析した時に、企業のSNS運用支援のポジションは空いているように感じました。まずはマーケティングを起点に「Instagram運用といえばSAKIYOMI」の第1想起を獲得することを目標に設定しました。

▼上記の目標達成のための方針（大枠の戦略）

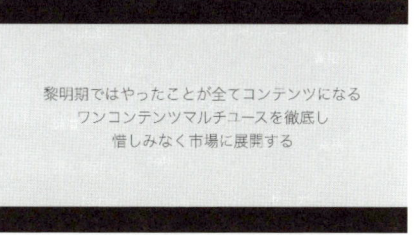

　そもそも、Instagram運用の市場は「黎明期である＝これから大きく伸びる」という前提。今思えば、この前提を定義したことが、事業にとっては1

つ目の分かれ道でした。

黎明期であるがゆえに、市場は小さい。それゆえに、**小さいマーケットで
競合とシェアの奪い合いをしても意味がない。**一番の競合は「Instagram運
用支援会社」ではなく「Instagram運用に挑戦しないという意思決定」だと
社内ではよく話していました。

実は当時、コンペの受注率が高かったのです。それは「**コンペ＝Instagram
運用に投資すると決めている可能性が高い**」からで、逆に「Instagram運用
に挑戦するか迷っている企業」に対して、意思決定を後押しする方が難しか
ったことを覚えています。

これは黎明期の市場であるがゆえの特徴です。だからこそ競合企業を意識
せずに、**まずは市場を広げることを目指しました。**そのために、あらゆるノ
ウハウや成功事例を「全公開スタイル」でコンテンツマーケティングにフル
ベットしたのです。

そうすれば、ニーズを前だおしできるはずだと考えました。

　結果的にそのトレンドが本格化した時に、

「一番参考になるInstagram運用ノウハウを公開している会社」
「Instagramの運用に困ったら、SAKIYOMIのノウハウを調べよう」

という状態を作ることができる。このポジションを取ることこそ、マーケティング戦略において最重要視すべきだと考えたのです。

▼当時のざっくりとしたロードマップ

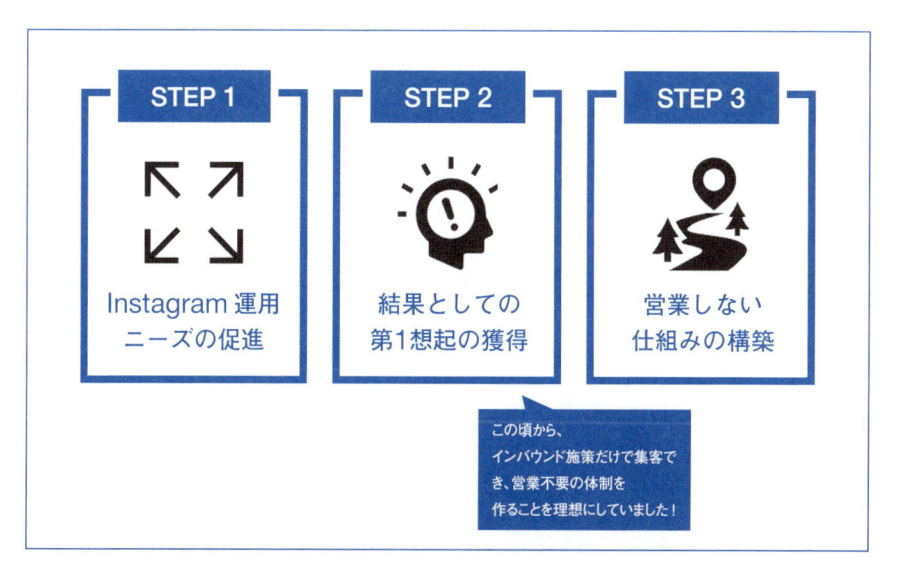

　よく、商談先で、

「SAKIYOMIさん、ノウハウそんなに公開して大丈夫ですか？」
「競合企業に真似されませんか？」

と聞かれることがありましたが、その度に「認知が広がってきている。まさ

に狙い通りだ！」と心の中でガッツポーズをしていました。

──黎明期においては一番の競合は
「競合となる企業」ではなく「挑戦しないこと」──

初期に決めたこの方針が、SAKIYOMIの強力なマーケティング基盤を築くきっかけになりました。その上で1年目に取り組んだことは下記の図版のようなものになります。

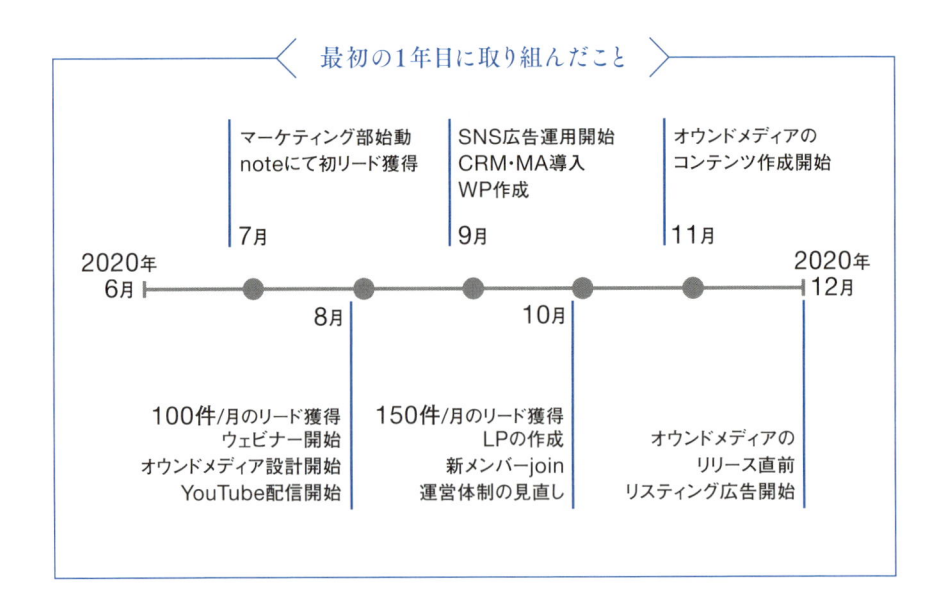

初期は未経験なりに、膨大なインプットと仮説検証を繰り返していました。あらゆるマーケティングの本や記事も読み込みました。オウンドメディアの立ち上げでは、3ヵ月で100記事を私ともう1名の"たった2人"で書き上げました。この辺りは無知がゆえの行動量で、少しクレイジーな側面はあったかもしれません。

　ただ、実際にそのおかげで4年前に書いた100記事がいまだに「Instagram」関連の検索キーワードで上位を独占しています。そのほかで行くと、2020年からBtoBマーケティングに「YouTube」が使えると確信し、いち早く運用していたのは、珍しい事例かもしれません。

2年目：リード数は急増し
1,000件超え（1年で44倍に）

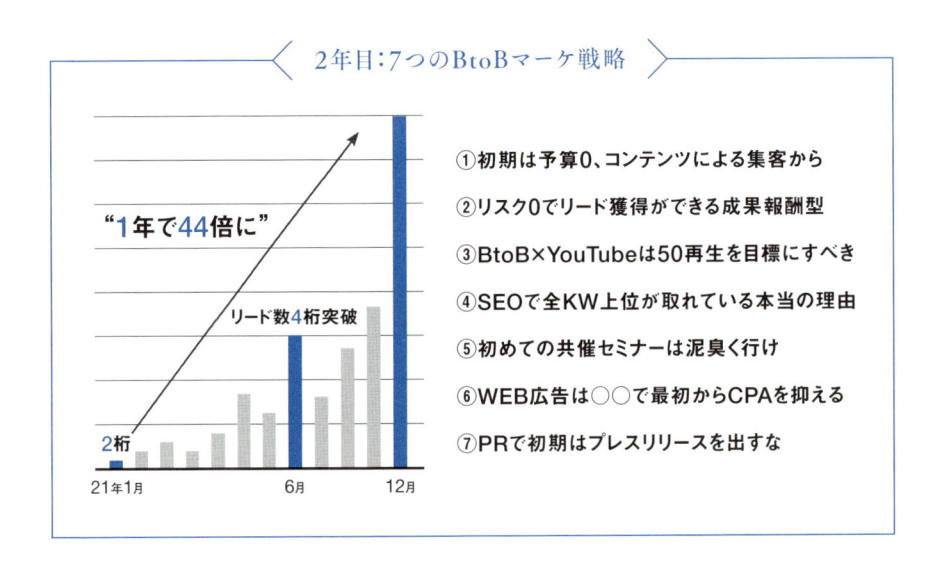

2年目：7つのBtoBマーケ戦略

"1年で44倍に"

リード数4桁突破

2桁

21年1月　6月　12月

①初期は予算0、コンテンツによる集客から

②リスク0でリード獲得ができる成果報酬型

③BtoB×YouTubeは50再生を目標にすべき

④SEOで全KW上位が取れている本当の理由

⑤初めての共催セミナーは泥臭く行け

⑥WEB広告は○○で最初からCPAを抑える

⑦PRで初期はプレスリリースを出すな

　2年目は一気にリード数が急増します。ちょうどマーケティングを立ち上げてから丸1年経ったタイミングで、リード数は1,000件/月を突破しました。図に紹介している7つのマーケティング戦略については、詳しくはこちらのYouTube動画で解説していますので、よかったらぜひ参考にしてみてください。

〈7つのマーケティング戦略を確認〉

3年目：営業なしで受注できる状態を構築（月間100件の受注）

　3年目は、SAKIYOMIのマーケティングにとって大きな"変革の1年"でした。これまで「運用代行/コンサルティング」という形式で、企業のInstagram運用を支援してきましたが、このままだと「事業の成長に組織のキャパシティが追いつかなくなる」それを見越して、新しく「Instagramの分析ツール（月額1万円）」を立ち上げました。

　この新規事業は私が事業責任者として全体を統括しました。初めての新規事業立ち上げという挑戦に戸惑いながらも、必死にピボットを繰り返しました。

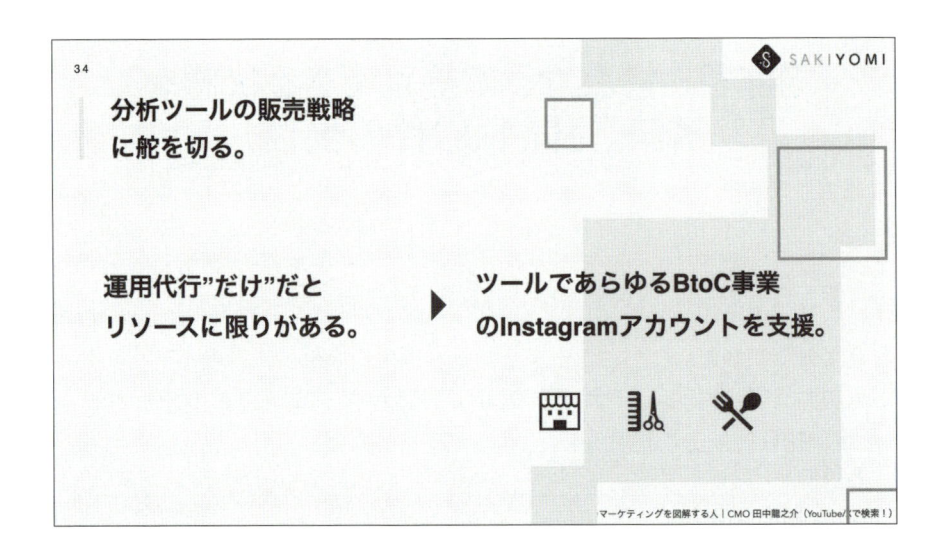

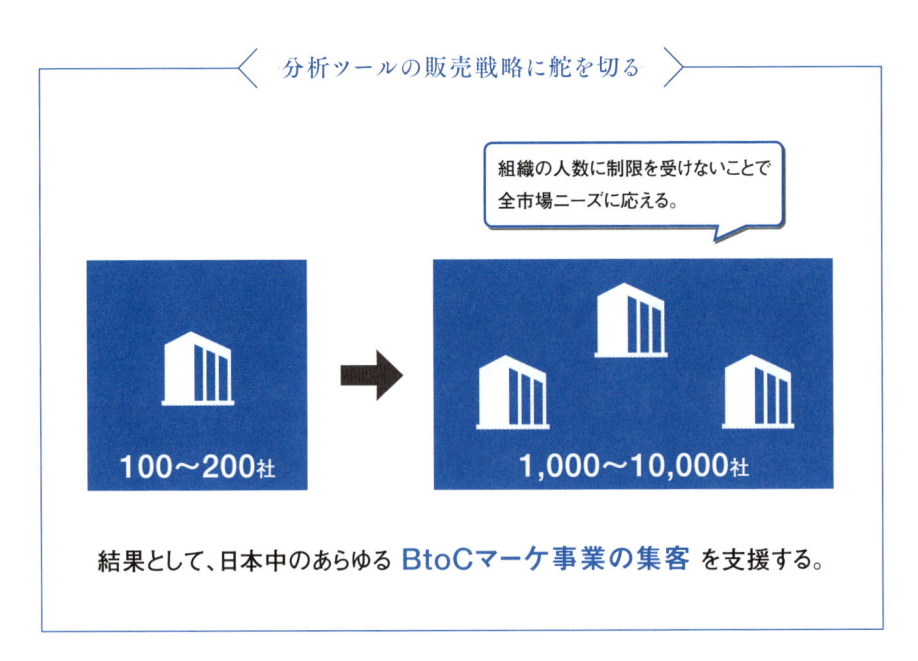

この時のネックは「低単価」ゆえに、商談をしてしまうと"営業マンの人件費"だけで、目標の受注単価を超えてしまうことでした。そこで"営業なしで直受注する"事業モデルの構築を目指しました。

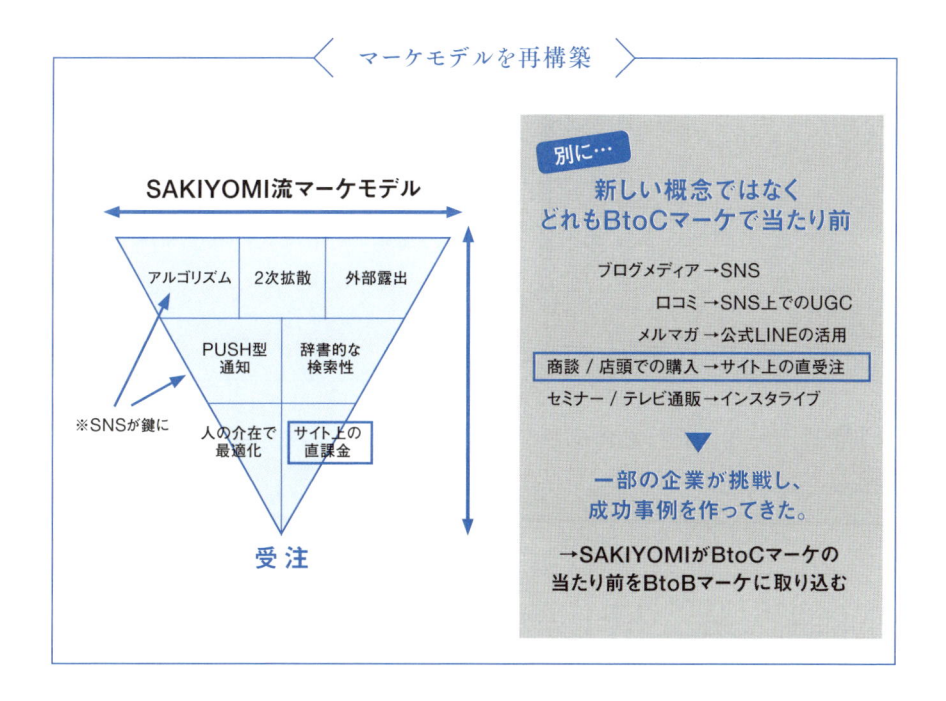

実は、BtoBマーケティングでも「SNS」が鍵でした。会社員もビジネスの情報をSNSで取得するようになっていたので、BtoBマーケティングでも活用できました。実際に、YouTubeやInstagramをフル活用しながらマーケティングを磨いた結果、**毎月3桁の受注が当たり前に発生**するようになりました。

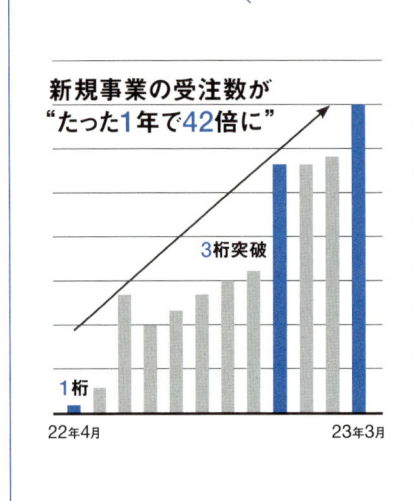

新規事業の受注数が
"たった1年で42倍に"

3桁突破

1桁

22年4月　　　　23年3月

① 既存事業の広告予算を½にして筋肉質に

② 営業なしで受注できるフローの模索

③ 上記を実現するための自社メディアの強化

④ マーケ起点でサービスをピボットする

⑤ 自社の市場で第1想起を獲得する

⑥ マーケ全体で一貫してブランド（約束）を守り続ける

▼1年間のハイライト（社内向けプレゼン）

〈 1年間のハイライト（社内向けプレゼン） 〉

公式インスタアカウント
1,424
▼
2.9万フォロワー

オウンドメディア
17万
▼
50万PV / 月
（368万PV / 年）

コンテンツ作成数
動画：**72**本
記事：**48＋189**本
インスタ投稿：**258**本

対個人への影響力の獲得
インフルエンサーとのコラボ

インスタで
Google検索すると
全KWでSAKIYOMIの
記事が露出

SAKIYOMIの
コンテンツだけで
インスタノウハウが完結

1年間のハイライト(社内向けプレゼン)

公式インスタアカウント
1,424
▼
2.9万フォロワー

オウンドメディア
17万
▼
50万PV / 月
(368万PV / 年)

コンテンツ作成数
動画:72本
記事:48+189本
インスタ投稿:258本

**広告費に依存しない
集客力の獲得**

**人的資本の構築
(22人)**

対個人への影響力の獲得
インフルエンサーとのコラボ

インスタで
Google検索すると
全KWでSAKIYOMIの
記事が露出

SAKIYOMIの
コンテンツだけで
インスタノウハウが完結

1年間のハイライト(社内向けプレゼン)

マーケ起点でのツールの
サービス内容のピボット

低価格帯サービスにて
コンテンツによる
直課金モデルを確立

Instagramにおける
No.1のポジションを確立

分析ツール
▼
SAKIYOMI会員+ツール

営業を前提とした受注
▼
サイト上で受注まで完結

Instagram運用のプロ
＝
ブランド(約束)構築

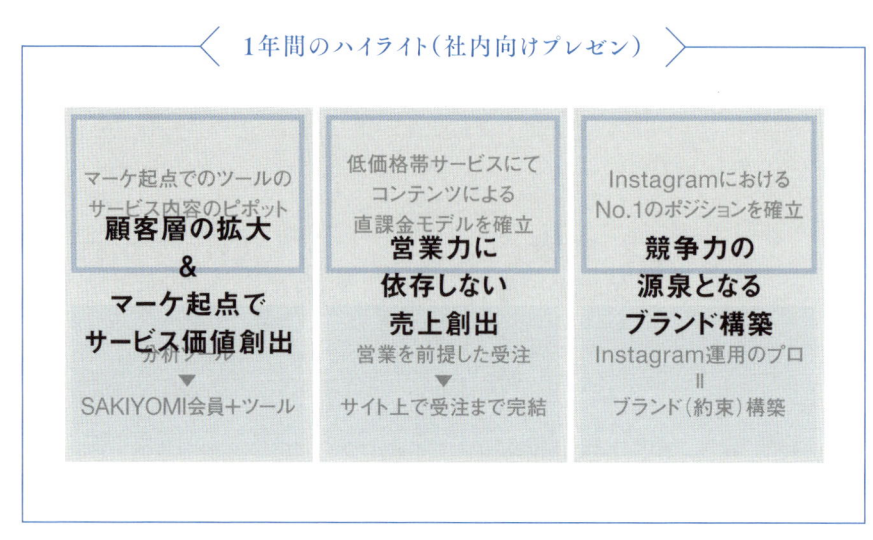

ちなみに、この時社内で同じくプレゼン用に競合優位性とマーケティングモデルの詳細を記載したのがこちら。

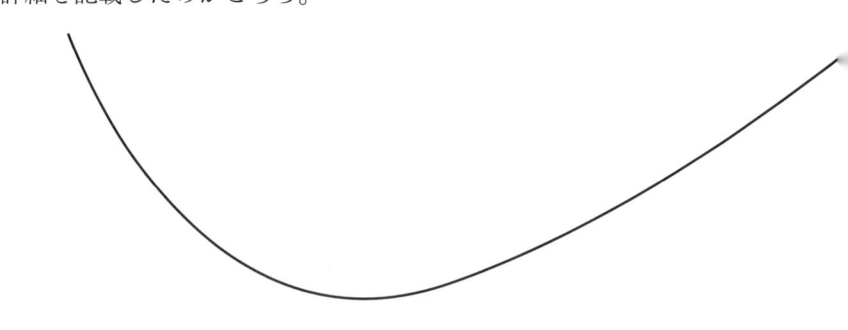

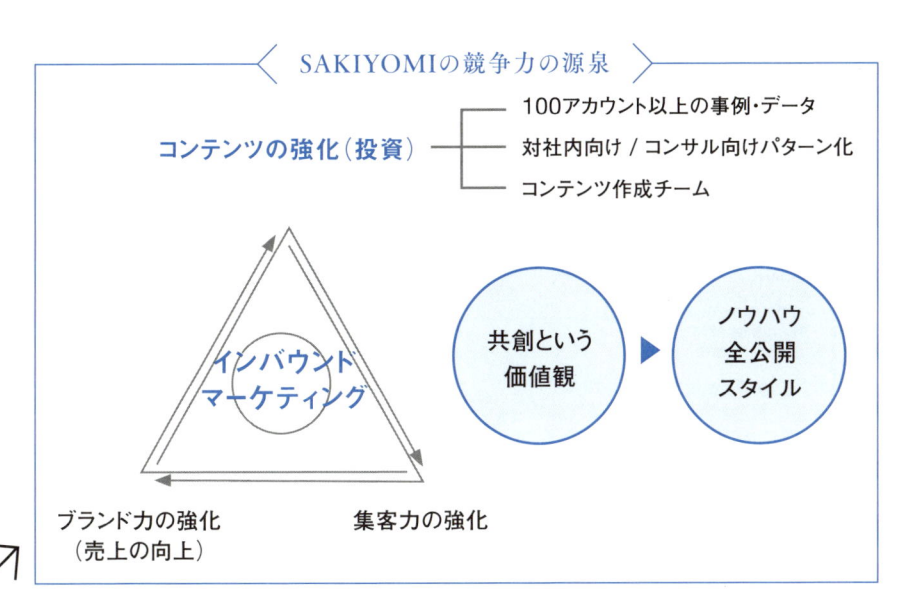

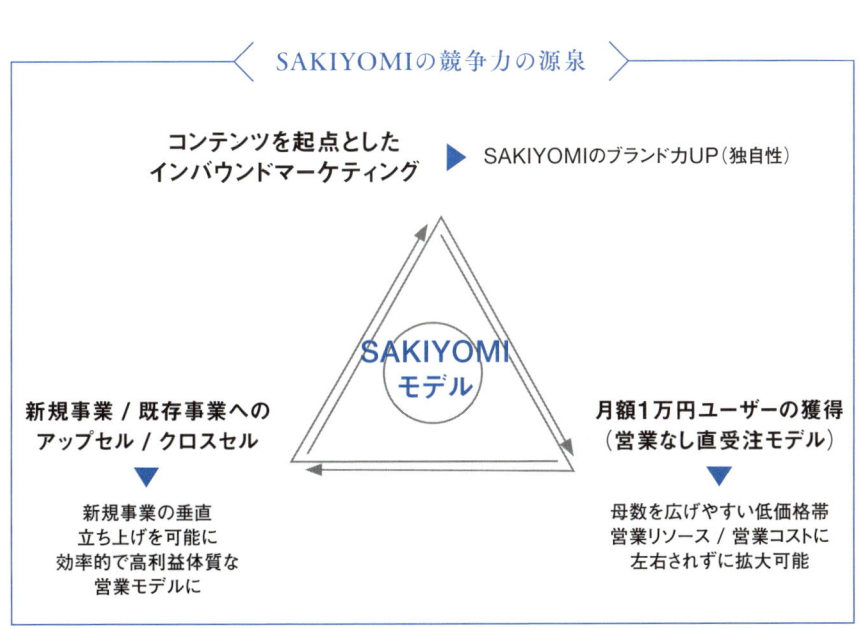

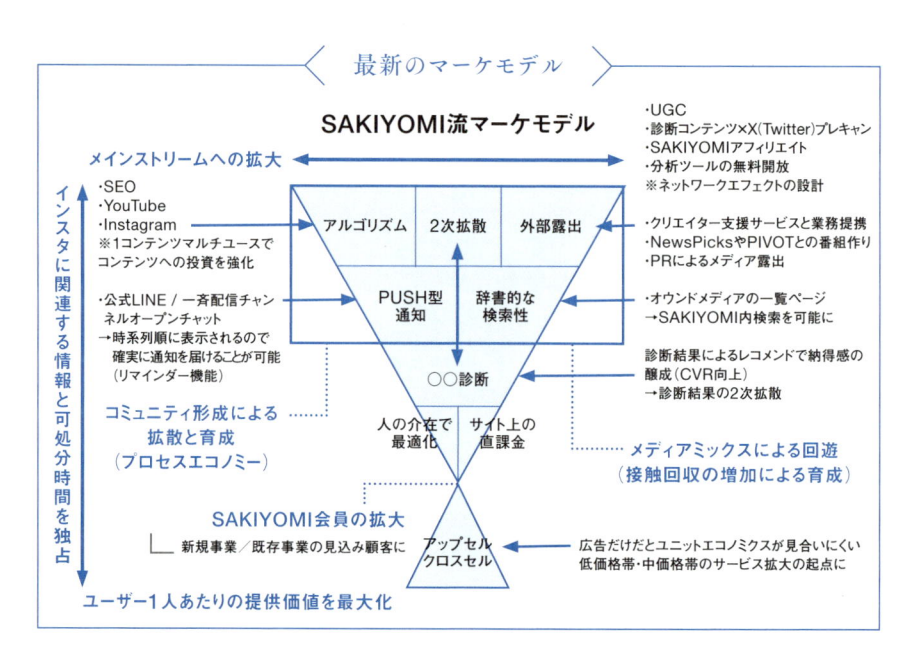

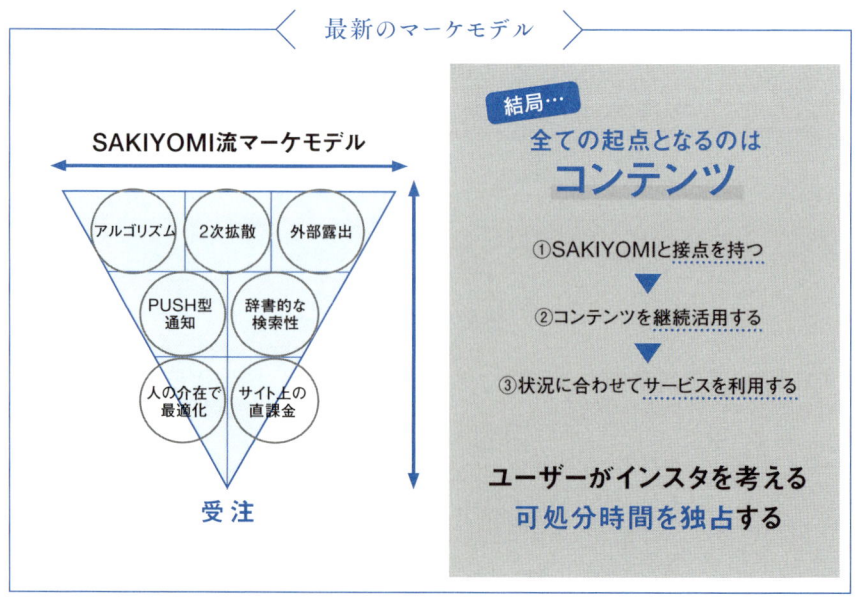

4年目：書籍・カンファレンス・新規事業への挑戦（月間400件受注）

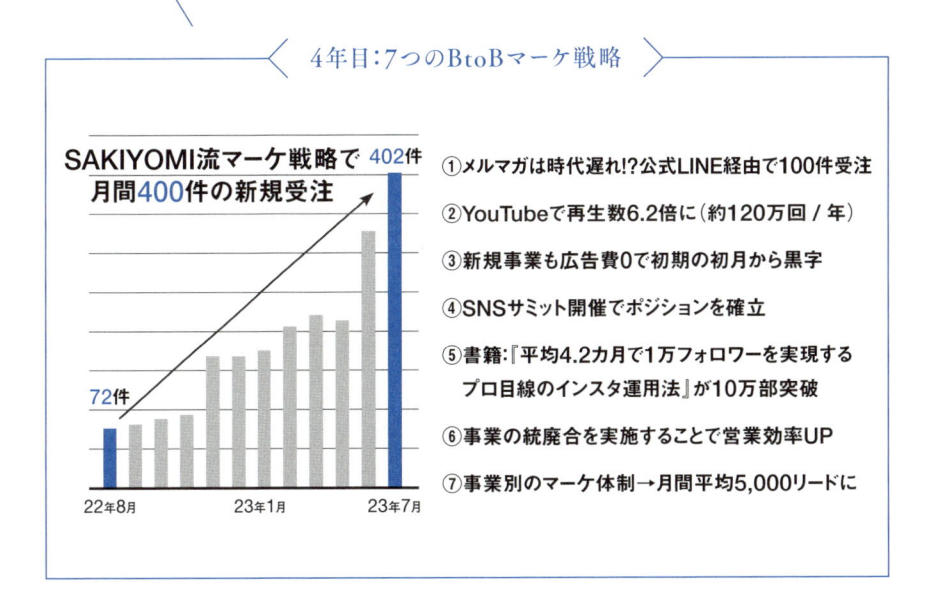

さて、いよいよ4年目です。

　この辺りは直近の取り組みのものが多いのですが、主要なものを紹介して終わりにしたいと思います。

▼累計発行部数10万部突破の書籍：『平均4.2カ月で1万フォロワーを実現する　プロ目線のインスタ運用法』

書籍を出版して以降、
確実に大手企業からの
問い合わせが増えました。
大手企業や地方企業など、
書籍でしか届かない顧客が
存在することを痛感しました！

▼SNSサミットの主催

毎年開催している
SNSサミット。
毎年回を重ねるごとに、
登壇者が
豪華になっています…！

▼ 事業別にマーケティング体制を構築し、
→結果的に平均リード数は月間5,000件に

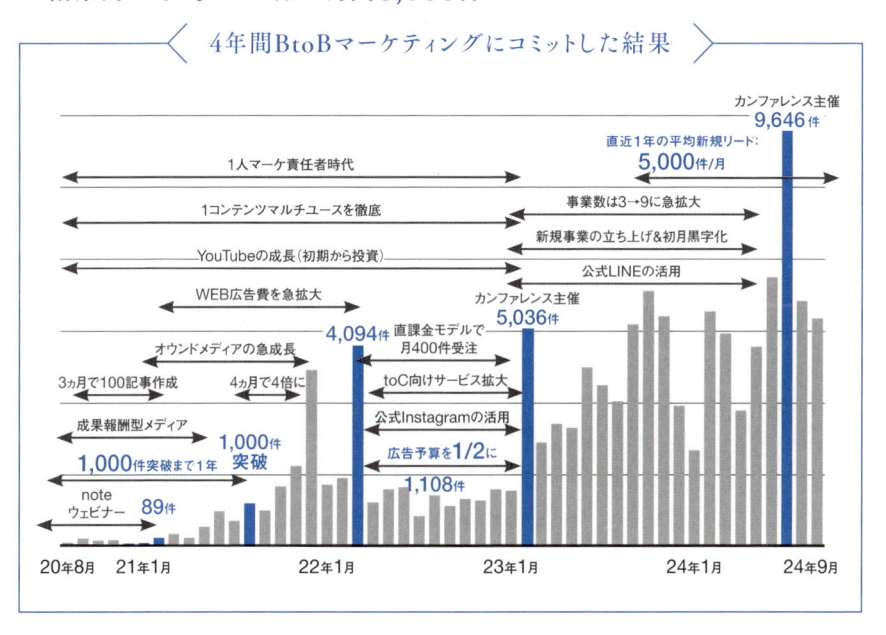

なぜBtoBマーケティングの現場で
”本当に”役に立つコンテンツが少ないのか?

　未経験からBtoBマーケティングを立ち上げた当時、求めている情報に出会えずに苦戦していました。当時はそれがなぜなのかわかりませんでしたが、今ならこの問いに対する答えがわかります。

1. “ゼロから”BtoBマーケティングを立ち上げた人がいない

　積極的にマーケティングの情報を発信している企業は、すでに成功している“有名企業”が多いです。そうなると自然と下記の状況になりやすいのです。

> 　マーケティングを立ち上げた人≠マーケティングを発信する人（今担当している人）

　また、BtoBマーケティング支援会社の記事も同様です。あくまでもクライアントの企業のマーケティング事業が立ち上がった後に支援を開始するケースが多いため、本当の「0→1」を経験している人が少ないのです。

2. 全チャネルでマーケティング施策を自ら実践していない

　マーケティングは施策の種類がとにかく多いです。そのために、事業の規模が大きければ大きいほど、分業することになります。そうなると「広告を担当してきた人」「SEOを担当してきた人」などのように、マーケティングの“一部しか実践したことのない人”が多くなるのです。

3. マーケティング支援会社は、クライアントの支援内容を全公開できない

　本来、最もノウハウが溜まっているのは、たくさんのマーケティングの事例を知っているマーケティング支援会社です。

　ただ、マーケティング支援会社の成功事例はあくまでも「クライアント」の事例のため、数字をすべて出せなかったり、施策もオブラートに包みながらの説明であったりします。

　これらの3つの理由から、本当に役に立つ現場の実践知が血肉化された「生々しいノウハウ」にはなかなか出会えないのです。

　だからこそ、若輩者ではありますが本書を執筆することを決めました。まだ語り足りない内容がたくさんあります。それらは、下記の公式LINEでまとめて配布することにします。

　現時点で決まっているものとしては
・数百枚のマーケティング図解集（総集編）
・全マーケティング施策の数値管理シート
・各施策の穴埋めテンプレート
です

〈LINEを登録して読者特典を受け取る〉

ただ、決してこれで完結するつもりはありません。私自身、日々目の前の事業に向き合う中でたくさんの新たな発見があります。ついついその発見の喜びと興奮に目が覚めてしまい、夜な夜な図解に自分の考えをまとめる、そんな日々を過ごしています。今後、私のマーケティング理論がアップデートされるたびに、この公式LINEを通じて皆さんにシェアしますので、ぜひ楽しみにしてください。

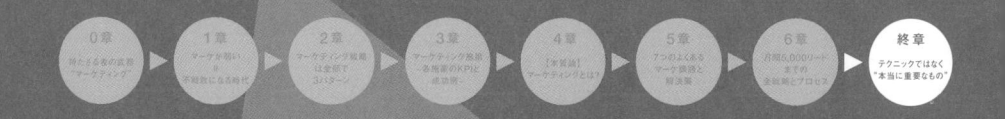

0章
時代と合わせの広告
マーケティング

1章
マーケが難い＝
不毛数になる時代

2章
マーケティング戦略
は全部で
3パターン

3章
マーケティング施策
各施策のKPIと
成功例

4章
「M解論」
マーケティングとは？

5章
7つのよくある
マーケ課題と
解決策

6章
月間6,000ワード
までの
全戦略とプロセス

終章
テクニックではなく
"本当に重要なもの"

終 章

これらのテクニックではなく
"本当に重要なもの"

最後に・・・

本当は本書で一番皆さんに伝えたかったことを
書いています。

ここまで、先人の知恵として様々な戦略や施策、
フレームワークを紹介してきましたが、

あくまでもこれらは1つの"テクニック"です。

短期的にはこれらを学ぶことはもちろん重要ですが
本当に一番大事なことは、もっと他にあります。

最後にこの章を読んで、ぜひ明日からの仕事が、
マーケティングについて熟考する時間が、

今よりもっと"楽しい時間"に変わってほしいと、
心から思ってこの章を付け足しました。

最後にどんでん返しを食らわせるようですが、**ここまで述べてきたことは私が本当に皆さんに伝えたいことではありません。**

　言葉を選ばずに言うのであれば、この本で紹介したことは1つの「**知識（テクニック）**」にすぎません。本の内容を暗記したからといって、何かが変わるわけではありません。

　本書の本当の目的は、これから**あなたがマーケティングに取り組んでいく"きっかけ"を生み出すこと**です。そのために、私が常に意識しているコツをシェアします。本書をきっかけに様々な情報をインプットする時やそれらを実践し経験を得る上で、きっと役に立つはずです。

　それは「**知識**」を「**知識体系**」に昇華することです。

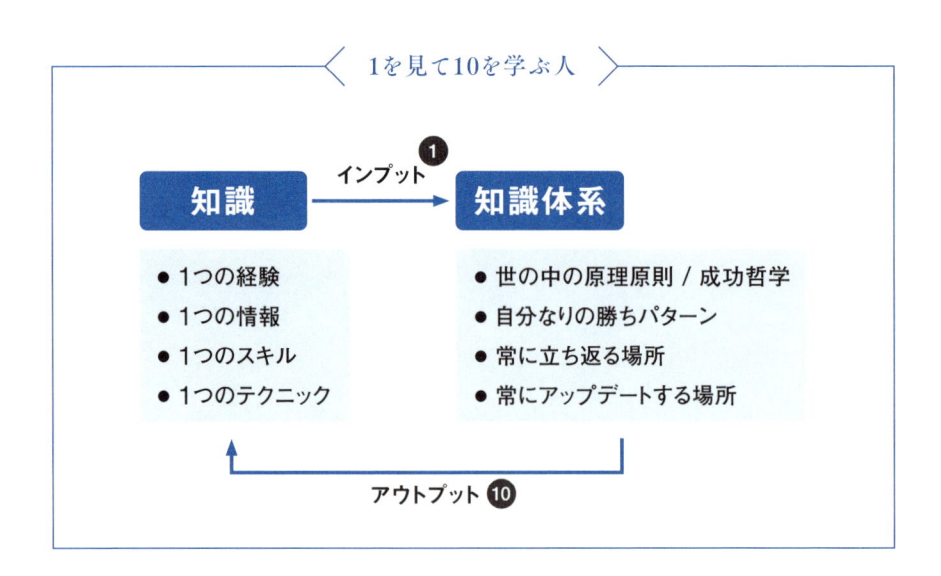

　マーケティングにおいて、ビジネスの現場において、必要なインプットは

無限にあります。1つの課題をクリアしたら、すぐに次の課題が見つかります。

　当然その度にゼロからスタートしては、時間がいくらあっても足りません。理想を実現するには、果てしない道のりのように感じるはずです。

　しかし、実際に仕事をしていると、多くの場面で「1を見て1を学ぶ人」と「1を見て10を学ぶ人」がいるように感じます。

"一体、この差はどこから生まれるのでしょうか？"

　できることならだれだって「1を見て10を学ぶ人」になりたいものです。この差は「『努力』や『センス』だけでは、説明できない」と感じ、整理してみました。

　その結果たどり着いたのが、「知識→知識体系」が習慣づけられているかどうかです。

　1つの知識をインプットするときに、それで終わらずに、知識体系にまで昇華するのです。もっと言えば、最初からこの知識体系（10）を身につけるために、何かしらの具体的な知識（1）をインプットするのです。

> 1の知識を得るために、1のインプットをすると、当然1しか学べない
> ↕
> 10の知識体系を作るために、1をインプットすると、結果10を学べる

　営業、マーケティング、マネジメントなどジャンルは違えど、本質はすべて共通しています。

僕は自分なりの「マーケティング論」をもとに、営業やマネジメントを考えますが、別の人は「営業論」をもとにマーケティングやマネジメントを考えるでしょう。

　ただ、その2人がたどり着く結論は、きっと一致するはずです。

　"知識体系に昇華すること"をサボってしまうと、常に毎回ゼロからキツイスタートを切る必要があります。**この"知識体系"こそが"強くてニューゲーム"を成功させるために、必要な唯一の要素なのです。**

　思えば、**優秀なビジネスマンの共通項として「自分なりの〇〇論を持っている」こと**が非常に多いように感じます。これも、まさに知識体系を作る習慣があるからこそでしょう。

　1つの知識・経験を知識体系に昇華させないと、単なる時間を切り売りした労働になりがちです。そうなると、自分の将来の理想を実現するための資産は一切増えません。

　結局、自分の中に何も溜まらないのです。

「今までそんなこと、あまり考えてもなかった…」
「自分にはそんなことできるのか…？」

という方もいらっしゃるでしょう。不安になる気持ちはよくわかります。しかし、落ち込む必要はありません。

人間にはもともと「知識をアイデアによって結びつけずにはいられない」

という性質があります。例えば、星を結びつけて動物の形（星座）を見出すのは人間の特殊な能力です。

　そう考えると、**この力は本来全員が最初から持っている類稀なる才能**なのです。

　もしあなたが何かをインプットしたり、ビジネスの現場で何かを経験したりしたときに、知識を知識体系に昇華させるために、"少しだけ"立ち止まり考えることができれば、きっとその知識や経験は10年後もあなたを支えてくれる"資産"になっているはずです。

　そして、さらにもう1つ付け加えるなら、**知識をインプット**するための**"原動力"も見つめ直してみましょう。**

　きっとそれは、**飽くなき欲求からくる"知的好奇心"と目の前の課題に本気で向き合う"当事者意識"なはずです。**きっとあなたもこの2つを持っていたからこそ、本書の表紙を見て購入することを決め、ここまでお読みいただいたはずです。

　そう考えると本当に重要なことは、"知的好奇心"と"当事者意識"を忘れずに常に目の前の事業に向き合う、そんな「**プロセスを楽しむ力**」かもしれません。

　"マーケティングは本当に面白い。"

　心の底からそう思えるようになると、目の前の生活や世の中のトレンドを自分なりのマーケティング論をもとに読み解けるようになり、新しい世界が広がります。

例えば……

・**漫画**：「鬼滅の刃」と「呪術廻戦」（同時期にジャンプで大ヒット）

→一見似てるジャンルに見える2つの作品ですが、ヒットの仕方や興行収入に大きな違いがあり、その違いはたった1つの理由に集約されます。さてその差は、何でしょう？

・**映画**：「シン・ゴジラ」と「ゴジラ-1.0」

→ゴジラ映画が伸び悩む中で異例の大ヒットになったシン・ゴジラ。あのエヴァを手掛けた天才庵野監督の次という誰もが逃げたくなる強烈なプレッシャー。

→そんな中、大ヒットした「ゴジラ-1.0」は、これまでとは全く違う戦略でゴジラ映画をヒットさせた。その戦略とは？

・**アイドル**：「AKB48」と「乃木坂46」

→あの天才秋元康のアイドルプロデュースから紐解く、AKBと乃木坂の異なる大ヒットの仕掛けとは？

これらをマーケティングの目線で深掘りすると、天才たちの能力に感服するとともに、さらなるマーケティングの面白さにとりつかれます。

どれも書くと長くなってしまうので割愛しますが、これらの話はいずれ、公式LINEかYouTubeで解説しようかなと思います。

世の中のエンターテインメントやトレンドは、一見BtoBマーケティングとは無縁に感じるでしょう。しかし、重要なことは同じです。

最近ハリウッドの脚本論やプロの漫画家の漫画論が講義になっている書籍

を読みあさっていますが、世の中の"マーケティング本"の何十倍も本質的で、面白かったりします。

　本書は私の経験を元に本気で作り上げた1つの作品ですが、ここで紹介した"テクニック"に満足しないでください。

　私自身も現在進行形で"マーケティングの奥深さ"に飽きることなく魅了され続けています。

　本書が、あなたにとって、このマーケティングの面白さに気づくきっかけになりますように。

「今日でこの事業は撤退します」

　次の日、オフィスに行くと僕以外のメンバーは誰もいませんでした。

　憧れていた先輩も、一緒に歯を食いしばりながら頑張っていた同期も。

　空っぽのオフィスを見て、初めて「今までの当たり前の日常」がもう戻ってこないことに気づきました。コロナ禍の緊急事態宣言の中、たった1日ですべてが変わったこの日のことは、今でもふとした時にフラッシュバックします。

　最初の1年目は「この時の悔しさ」と「自分の情けなさ」が奮い立たせてくれました。私の「マーケティング」に没頭するキャリアはこの日から始まったのです。

　この日から4年が経ちました。気づけば、誰も知らない無名のベンチャー企業は「InstagramといえばSAKIYOMI」と言ってもらえるほど、大きくなりました。メンバーも事業の撤退時は一桁まで減りましたが、今では500名を超え、多くの仲間に恵まれました。

　あの日から、

「いつか辞めていった人たちが戻って来たくなるような会社を作ろう」
「昔いたメンバーが誇れるような会社を作ろう」

　そう思いながら今日まで必死にもがいてきました。まだまだ、SAKIYOMIの理想には届いていませんが、この初心を忘れずに目の前の事業に向き合っていこうと思います。

おわりに

この本は過去の暗中模索の中でひたすらもがいていた自分に向けて書きました。

結果的に本書は、マーケティングのノウハウを詰め込んだだけではなく、私のこれまでのキャリアを反映するような一冊になりました。

そして改めて、本書を企画し、執筆する中で、やはり自分はマーケティングが好きで、「自分なりの理論を導き、それをコンテンツにすることが好き」なのだとより強く気付かされました。

自分自身にとっても初めての挑戦をする中で、執筆・編集を手伝っていただいたチームのメンバーには、かなり無茶なリクエストを何度もさせていただきました。この場を借りて心から御礼申し上げます。

本書のテーマは0章に記載したように、私自身が培ってきたマーケティングという"武器"をみなさんにシェアすることです。

目の前の事業を伸ばすことに没頭しているあなたに
暗中模索の中でも諦めずに取り組むあなたに

この本が今、少しでも役に立つことができたなら嬉しいです。もし、皆さんの周りに、同じように暗中模索の中で必死に事業の突破口を探している人がいたら、ぜひこの"武器"をシェアしてあげてください。

株式会社SAKIYOMI執行役員 CMO田中龍之介

〈 書籍特典のご案内（購入者限定LINE） 〉

【マーケティングの全施策60】10の書籍特典まとめ

①マーケ図解集まとめ（PDF）
書籍で紹介した図解を全てまとめています！
- ✓ 📄 Google Docs マーケの全施策60_図解集.pdf

②オウンドメディア/SEOの全施策（55個）
オウンドメディアの施策をチェックリスト形式でご紹介！優先順位の高いものから実施してみましょう。
- ✓ 📄 Google Docs SEO全55の施策管理シート_書籍用

③広告のCPO/CPAを改善する考え方（マインドマップ）
広告の数値改善における考え方と次の一手を学べます。
- ✓ 📄 xmind.ai Xmind AI

④広告やマーケ施策のイケてるクリエイティブ集
参考になるイケてるクリエイティブを集めました！
- ✓ 📁 広告の参考になるクリエイティブ集
  📁 Google Drive 広告の参考になるクリエイティブ集 - Google Drive
- ✓ 📁 イケてるマーケ施策のクリエイティブ集
  📁 Google Drive イケてるマーケ施策のクリエイティブ集 - Google Drive

New：営業資料テンプレート
受注率を改善する営業資料テンプレートです。(全業界で使える汎用的なものです。)
- ✓ 📄 営業資料テンプレートはこちら
  📁 1Fv5ZD1KwKJWQ727YbdNZdOkpiTRzNPWGQyknsnzInGfU

⑤テレアポ改善シート
商談設定率をグッと上げるための改善施策をまとめています！
- ✓ ＊ 【完全版】テレアポ改善シート_書籍用

⑥商談改善シート
有意義な商談と受注率を上げるための改善施策をまとめています！
- ✓ ＊ 【完全版】商談改善シート_書籍用

⑦マーケ全体数値report（リード〜商談〜受注）
リード獲得から受注までのKPIを管理するreportフォーマットです。
- ✓ 📄 マーケ全体数値のフォーマットはこちら
  📄 Google Docs 【書籍特典】数値report全種類まとめ

⑧広告数値report
更新不要が最小限&見やすい！おすすめの広告reportフォーマットです。
- ✓ 📄 広告数値reportのフォーマットはこちら
  📄 Google Docs 【書籍特典】数値report全種類まとめ

こちらのQRコードより、書籍購入者限定LINEを登録し、
合言葉「マーケ本」と入力してください。
今回の書籍の全特典を一覧にしたまとめページが届きます。

著者

田中 龍之介（たなか・りゅうのすけ）

株式会社 SAKIYOMI 執行役員 CMO
BtoB マーケティングをすべてゼロから立ち上げ、6,000 件 / 月のリードを獲得。

▼自社マーケの実績
・オウンドメディア：月間 50 万 PV
・YouTube　　　　：2.9 万人
・Instagram　　　：6.8 万人
・広告の CPA　　　：500 円台
・新規事業　　　　：複数立ち上げ全て初月から黒字化を達成
・広告費なしで毎月 1,000 件以上のリード獲得

マーケティング未経験ながらも、あらゆるジャンルでゼロから試行錯誤を続け、全ジャンル自ら手を動かしながら上記の成果を創出。

〈LINEを追加し合言葉「マーケ本」で特典を受け取る〉

営業してない相手から"契約したい"と言わせる マーケティングの全施策 60

2024 年 11 月 25 日　　初版第 1 刷発行
2025 年 6 月 30 日　　初版第 3 刷発行

著　者	田中龍之介
発行者	菊池奈起
発行所	株式会社ブックダム

〒 171-0022　東京都豊島区南池袋 1-16-15 ダイヤゲート池袋 5 階
https://bookdam.co.jp/
TEL：03-5657-6744（代表）

発売元　　日販アイ・ピー・エス株式会社

〒 113-0034　東京都文京区湯島 1-3-4
TEL：03-5802-1859　FAX：03-5802-1891

編集担当	三田智朗
編集協力	大浜拓也
ブックデザイン	池上幸一
DTP	VP デザイン室
印刷・製本	ベクトル印刷株式会社